Für Laurin

Liquidation der GmbH

Gesellschaftsrecht – Steuerrecht – Rechnungslegung

von
Peter Eller
Fachanwalt für Steuerrecht

2., neu bearbeitete Auflage

ERICH SCHMIDT VERLAG

Bibliografische Information der Deutschen Nationalbibliothek
Die Deutsche Nationalbibliothek verzeichnet diese Publikation in der Deutschen Nationalbibliografie; detaillierte bibliografische Daten sind im Internet über http://dnb.d-nb.de abrufbar.

Weitere Informationen zu diesem Titel finden Sie im Internet unter
ESV.info/978 3 503 12957 7

1. Auflage 2009
2. Auflage 2012

ISBN 978 3 503 12957 7

www.ESV.info

Dieses Papier erfüllt die Frankfurter Forderungen der deutschen Nationalbibliothek und der Gesellschaft für das Buch bezüglich der Alterungsbeständigkeit und entspricht sowohl den strengen Bestimmungen der US Norm Ansi/Niso Z 39.48-1992 als auch der ISO-Norm 9706.

Gesetzt aus der 10/12 Garamond

Satz: multitext, Berlin
Druck und Bindung: Danuvia Druckhaus, Neuburg/Donau

Vorwort

Die GmbH ist mit über 1 Mio. Registrierungen die weitaus beliebteste Gesellschaftsform in Deutschland. Wird die wirtschaftliche Betätigung einer GmbH – auch in Form einer Unternehmergesellschaft (haftungsbeschränkt) – gleichgültig aus welchem Grund eingestellt, steht früher oder später die Frage nach deren rechtlicher Beendigung an, schon weil eine wirtschaftlich inaktive GmbH ständig Kosten verursacht. Das Liquidationsverfahren ist allerdings langwierig, kostspielig und rechtlich in vielfacher Hinsicht schwierig. Das gilt übrigens auch für die legalen, effektiven Ausweichgestaltungen. Da der Markt für GmbH-Mäntel im Anschluss an eine Änderung der Rechtsprechung 2003 vollständig zum Erliegen gekommen ist, rückt das Liquidationsrecht der GmbH stärker in den Blickpunkt.

Dieses Werk ist an der Praxis orientiert und hat sich zum Ziel gesetzt, in kompakter und leicht verständlicher Form alle gesellschafts- und steuerrechtlichen Aspekte zu beleuchten, die am Ende des Lebens einer GmbH relevant sind. Für den gesellschaftsrechtlichen Teil wurde die gesamte relevante Rechtsprechung umfassend und aktuell eingearbeitet. Die steuerlichen Folgen einer Liquidation werden eingehend und insbesondere anhand der Rechtsprechung von BFH und Finanzgerichten dargelegt. Ein besonderes Augenmerk wird darauf gelegt, soweit sich in der Liquidation Abweichungen von der regulären Besteuerung sowohl der GmbH als auch der Anteilseigner – dort vor allem im Rahmen des § 17 EStG – ergeben. Neu in der 2. Auflage werden auch die Steuervorteile der „ertraglosen Beteiligung" und die Reaktion der Finanzgerichte hinsichtlich der Auswirkungen des MoMiG, insbesondere zu Gesellschafterdarlehen und nachträglichen Anschaffungskosten, erörtert.

Angesprochen sind in erster Linie Steuerberater, Rechtsanwälte, sowie sonstige Liquidatoren und deren Berater, die anhand dieses Leitfadens die gestalterischen Spielräume und problematischen Punkte während des Liquidationsverfahrens erkennen und meistern können. Es werden auch die Alternativen zur Auflösung einer GmbH aufgezeigt, die im Einzelfall zulässig und vorteilhaft sein können. In erster Linie kommen dabei die stille Liquida-tion, die Fortsetzung der aufgelösten GmbH und deren Umwandlung in Betracht. Schließlich werden die vielfältigen Probleme bei der Abwicklung von Pensionszusagen erörtert und Lösungsmöglichkeiten aufgezeigt. Die unsachgemäße Behandlung von Pensionszusagen in der Liquidation kann teuer zu stehen kommen und die steuerlichen Folgen sind oft unbezahlbar.

Musterfälle, Checklisten und Vertragsmuster erleichtern dem Praktiker den Umgang mit der komplexen Materie. Das Jahressteuergesetz 2010 und die bis Juni 2011 veröffentlichten Urteile sind vollständig eingearbeitet.

München, im September 2011 Peter Eller

Inhaltsverzeichnis

Teil 2

Rechnungslegung und Steuerrecht

Anhang

Abkürzungsverzeichnis

a.A.	anderer Ansicht
a.a.O.	angegeben anderen Orts
Abs.	Absatz
a.E.	am Ende
a.F.	alte Fassung
AG	Amtsgericht
AktG	Aktiengesetz
AnfG	Anfechtungsgesetz
Anh.	Anhang
Anm.	Anmerkung
Aufl.	Auflage
BAG	Bundearbeitsgericht
BayObLG	Bayerisches Oberstes Landgericht
BayObLGZ	Sammlung von Entscheidungen des BayObLG in Zivilsachen
BB	Betriebsberater
BetrAVG	Gesetz zur Verbesserung der Betrieblichen Altersversorgung
BewG	Bewertungsgesetz
BFH	Bundesfinanzhof
BFH/NV	Sammlung amtlich nicht veröffentlichter Entscheidungen des BFH
BGB	Bürgerliches Gesetzbuch
BGBl.	Bundesgesetzblatt
BGH	Bundesgerichtshof
BGHZ	Amtliche Sammlung von Entscheidungen des Bundesgerichtshofes in -Zivilsachen
BMF	Bundesminister der Finanzen
BRAGO	Bundesrechtsanwaltsvergütungsordnung
BR-Drucks.	Bundesratsdrucksache
BStBl.	Bundessteuerblatt
Buchst.	Buchstabe
BVerfG	Bundesverfassungsgericht
DB	Der Betrieb
d.h.	das heißt
DNotZ	Deutsche Notarzeitschrift
DStZ	Deutsche Steuerzeitung
EFG	Entscheidungen der Finanzgerichte
EStG	Einkommensteuergesetz
EuGH	Europäischer Gerichtshof
EuGHE	Entscheidungen des EuGH, amtliche Sammlung
EWiR	Entscheidungen zum Wirtschaftsrecht
ff.	fortfolgende
FamFG	Familiensachen und- Freiwillige Gerichtsbarkeitsgesetz
FG	Finanzgericht
FGG	Gesetz über die Freiwillige Gerichtsbarkeit

FGO	Finanzgerichtsordnung
GStB	Gestaltende Steuerberatung
GewStG	Gewerbesteuergesetz
GewStDV	Gewerbesteuer-Durchführungsverordnung
gfs.	gegebenenfalls
GmbH	Gesellschaft mit beschränkter Haftung
GmbHG	Gesetz betreffend die Gesellschaften mit beschränkter Haftung i.d.F. des MoMiG
GmbHG a.F.	Gesetz betreffend die Gesellschaften mit beschränkter Haftung i.d.F. vor In-Kraft-Treten des MoMiG
GmbH-StPr	GmbH-Steuerpraxis
GmbHR	GmbH-Rundschau
GmbH-StB	GmbH-Steuerberater
GuV	Gewinn- und Verlustrechnung
HGB	Handelsgesetzbuch
h.M.	herrschende Meinung
i.d.F.	in der Fassung
i.d.R.	in der Regel
i.E.	im Einzelnen
i. L.	in Liquidation
i.S.d.	im Sinne des/der
INF	Die Information über Steuer und Wirtschaft
InsO	Insolvenzordnung
InsOE	Gesetzesentwurf zur Änderung der Insolvenzordnung
i.V.m.	in Verbindung mit
JKomG	Justizkommunikationsgesetz
JZ	Juristenzeitschrift
JW	Juristische Wochenschrift
KG	Kammergericht, Kommanditgesellschaft
KÖSDI	Kölner Steuerdialog
KStG	Körperschaftsteuergesetz
KStH	Körperschaftsteuer-Hinweise
KStR	Körperschaftsteuerrichtlinien
LöschG	Löschungsgesetz
MDR	Monatsschrift für Deutsches Recht
m.E.	meines Erachtens
MoMiG	Gesetz zur Modernisierung des GmbH-Rechts und zur Bekämpfung von Missbräuchen
n.F.	neue Fassung
NJW	Neue Juristische Wochenschrift
NJW-RR	NJW Rechtsprechungsreport Zivilrecht
Nr.	Nummer
m.w.Nw.	mit weiteren Nachweisen
NWB	Neue Wirtschaftsbriefe
NZG	Neue Zeitschrift für Gesellschaftsrecht

OFD	Oberfinanzdirektion
OLG	Oberlandesgericht
OLGZ	Entscheidungen der Oberlandesgerichte in Zivilsachen
PKH	Prozesskostenhilfe
RBerG	Rechtsberatungsgesetz
Rdnr.	Randnummer
rkr.	rechtskräftig
RStV	Rundfunkstaatsvertrag
RVG	Rechtsanwaltsvergütungsgesetz
Rz.	Randziffer
s.o.	siehe oben
StB	Der Steuerberater
StGB	Strafgesetzbuch
StuB	Steuern und Bilanzen
s.u.	siehe unten
TDG/MDStV	Teledienstegesetz/Mediendienste-Staatsvertrag
TMG	Telemediengesetz
u.a.	unter anderem
UmwG	Umwandlungsgesetz
UmwStG	Umwandlungssteuergesetz
UntStFG	Gesetz zur Fortentwicklung des Unternehmenssteuerrechts
UStG	Umsatzsteuergesetz
UStDV	Umsatzsteuer-Durchführungsverordnung
UStR	Umsatzsteuerrichtlinien
VereinsG	Vereinsgesetz
WM	Wertpapiermitteilungen
ZIP	Zeitschrift für Wirtschaftsrecht und Insolvenzpraxis

Teil 1
Gesellschaftsrecht

A. Einführung

I. Abwicklung und Liquidation

1. Terminologie

Eine wirksam errichtete GmbH besteht als juristische Person solange fort, bis sie in einem streng formalisierten Verfahren abgewickelt wird und aufhört zu existieren. Dieses Verfahren wird allgemein als Liquidation bezeichnet. Die Begriffe werden allerdings nicht einheitlich verwendet. Schon den gesetzlichen Begriffen gebricht es an dogmatischer Stringenz. Dazu einige Bespiele: Der in der Überschrift des fünften Abschnitts des GmbHG und in den einleitenden §§ 60 bis 62 GmbHG gebrauchte Begriff „Auflösung der GmbH" suggeriert, dass damit die GmbH nicht mehr existiert. Auflösung bedeutet jedoch nur, dass die GmbH als werbende Gesellschaft beendet wird. Der Begriff Löschung im Handelsregister assoziiert ein endgültiges Verschwinden der GmbH, wobei im Fall des nachträglich zu Tage getretenen Vermögens die GmbH rückwirkend tatsächlich noch nicht beendet wurde. § 74 GmbHG trägt die Überschrift „Beendigung der Liquidation", regelt aber sowohl die Beendigung der Abwicklung als auch die Beendigung der GmbH als solche. 1

Auch die Literatur verwendet die maßgeblichen Begriffe nicht einheitlich. Der Ausdruck Abwicklung wird teilweise im engeren Sinne nur für die Verwertungsphase des Gesellschaftsvermögens gebraucht. Es bietet sich jedoch an, an den ursprünglichen Wortsinn von „abwickeln" (den Wollknäuel bis zum Ende auflösen) und „liquidieren" (die Vermögenswerte verflüssigen) anzuknüpfen und immer dann von Abwicklung (im weiteren Sinne) zu sprechen, wenn der gesamte Prozess der Beseitigung einer GmbH angesprochen wird und von Liquidation (im engeren Sinne), wenn nur die Verwertungsphase einschließlich der Schlussverteilung gemeint ist.[1] Damit lassen sich terminologisch sauber die drei Phasen abgrenzen, in die das Verfahren gemeinhin eingeteilt wird. Am Anfang der Abwicklung wird die Auflösung der GmbH beschlossen, sodann werden die Vermögenswerte der GmbH durch den Liquidator liquidiert und schließlich wird die GmbH beendet im Regelfall bereits durch die Löschung der Gesellschaft im Handelsregister. Dabei ist die Liquidationsphase die bei Weitem längste und bedeutendste.

2. Die Abwicklungsphasen im Überblick

Für die Auflösung der GmbH muss sich ein Rechtsgrund insbesondere in den §§ 60 ff. GmbHG finden lassen. Da auch der bloße Beschluss der Gesellschafterversammlung ausreicht, kommt im Normalfall der Rechtsgrundlage keine besondere Bedeutung zu. Mit dem Auflösungsbeschluss beendet die Gesellschaft – sofort oder aufgeschoben je nach dem Willen der Gesellschafter – ihre werbende Tätigkeit. Der Gesellschaftszweck wird geändert, die GmbH nimmt am Wirtschaftsverkehr nicht mehr teil, sondern verwertet nur noch das Gesellschaftsvermögen. 2

---

[1] Allerdings hat sich für das hier als Abwicklung bezeichnete Schlussstadium der GmbH-Existenz der Begriff der Liquidation weitgehend durchgesetzt: Auch der Titel des Werkes macht sich die eingeführte Terminologie zu Nutze.

Es wird damit erforderlich, alle schwebenden Geschäfte der GmbH zu beenden, das Vermögen zu versilbern, die Verbindlichkeiten zu tilgen und einen etwaig überschießenden Rest an die Gesellschafter auszukehren.

Die Beendigung tritt erst ein, wenn die GmbH im Handelsregister gelöscht ist und kein Gesellschaftsvermögen mehr vorhanden ist (Lehre vom Doppeltatbestand).

Die drei Phasen der Abwicklung (Liquidation) im Überblick

	Auflösung	**Liquidation**	**Beendigung**
Zeitpunkt bzw. Dauer	Variabel Ausnahme: Zeitpunkt in der Satzung bestimmt	Minimum Sperrjahr nach Gläubigeraufruf	vom Registergericht abhängig
Voraussetzungen	Auflösungsbeschluss etc. (§§ 60 GmbHG ff.)	Ende erst, wenn Aktiva verwertet, Passiva beseitigt und das Restvermögen an die Gesellschafter ausgekehrt wurde	Eintragung der Löschung auf Antrag im Handelsregister und kein nachträgliches Vermögen vorhanden (Doppeltatbestand)

3 Nach dem Abschluss der eben bezeichneten Phasen kann sich noch eine zusätzliche Abwicklungsphase anschließen. Das ist dann der Fall, wenn eine GmbH zwar bereits vollständig beendet ist, weil alles bekannte Vermögen an die Eigner verteilt und die GmbH im Handelsregister gelöscht wurde, aber später neues Vermögen der untergegangenen GmbH zu Tage tritt, etwa eine Forderung gegen den früheren Geschäftsführer. Wie die GmbH diese Forderung geltend machen und anschließend an die Anteilsinhaber weiterleiten kann, wird gesetzlich durch das Institut der Nachtragsliquidation (§ 66 Abs. 5 GmbHG und Rückgriff auf das AktG) geregelt.

3. Alternativen zur Liquidation

4 In manchen Fällen empfiehlt sich als Alternative zur Liquidation eine Verschmelzung auf den Alleingesellschafter bzw. auf eine andere Kapitalgesellschaft oder die Umwandlung in eine Personengesellschaft. In allen drei Fällen geht die GmbH unter, obwohl Abwicklung bzw. Liquidation entfallen. Eine GmbH kann also ohne Abwicklung beendet werden, wenn sie mit einer anderen Personen- oder Kapitalgesellschaft verschmolzen wird (§ 20 Abs. 1 Nr. 2 UmwG). Bei der zweiten Fallgruppe – Umwandlung in eine andere Rechtsform (§§ 190, 191 UmwG) – besteht die GmbH zwar in der neuen Rechtsform weiter, aber nur insofern als die Rechte und Pflichten in der neuen Rechtsform gewahrt werden müssen. Mit Eintragung der Umwandlung ist die GmbH beendet.[2] Daher sind Verschmelzungen und Umwandlungen eine stets in Betracht zu ziehende Alternative, wenn eine überflüssige GmbH aus der Welt geschafft werden soll.

Ferner bietet sich ein Verkauf an einen nahen Angehörigen an. In diesem Fall kann auch die Realisierung eines Veräußerungsverlusts durch Verkauf einer wertlosen GmbH an den Ehegatten zeitlich exakt gesteuert werden, beispielsweise bevor der Alleingesellschafter ins Aus-

2 *Baumbach*/Hueck, § 60 Rz. 4.

land umzieht und so die letztmalige Chance auf die steuerliche Geltendmachung des Veräußerungsverlustes wahrnimmt. Ein Gestaltungsmissbrauch durch Anteilsveräußerung kommt nur in extremen Fällen in Frage, nicht aber bei einem Verkauf zum wahren niedrigen Wert an den Ehegatten.[3]

Außerdem kann auch eine so genannte stille Liquidation erwogen werden, bei der einer GmbH – stets allerdings ohne Gläubigerbenachteiligung – die Vermögenswerte entzogen werden, bis sie nur noch als leere Hülle existiert. Der GmbH-Mantel kann dann schließlich veräußert werden, wenn auch unter erschwerten Rahmenbedingungen. Sämtliche Alternativen zur Liquidation werden noch ausführlich erörtert.[4]

Die Liquidation ist schließlich entbehrlich, wenn eine GmbH keine Vermögenswerte (mehr) besitzt, ohne dass es je zu einer Insolvenzsituation gekommen wäre (aber auch nach Ablehnung des Insolvenzverfahrens mangels Masse). Der Grund dafür liegt ganz einfach darin, weil es nichts zu verteilen gibt.[5] Die GmbH erlischt in diesem Ausnahmefall allein durch die Löschung wegen Vermögenslosigkeit (§ 60 Abs. 1 Nr. 7 GmbHG), Auflösung und Beendigung fallen dann in einem Zeitpunkt zusammen.

4. Fortsetzung der GmbH

Während des gesamten Abwicklungsprozesses kann die GmbH unter bestimmten Voraussetzungen wiederbelebt werden. Sie kann in derselben Rechtsform fortgesetzt oder in eine andere Rechtsform umgewandelt werden. Im ersten Fall erlischt die GmbH nicht. Im zweiten Fall erlischt die GmbH nach dem oben Ausgeführten nur insoweit nicht, als Rechte und Pflichten in der Identität der neuen Gesellschaftsform gewahrt werden müssen. *5*

II. Rechtsgrundlagen

Die Abwicklung der GmbH ist im 5. Abschnitt des GmbHG (§§ 60 bis 74 GmbHG) geregelt. *6* Allerdings ist für die eigentliche Liquidationsphase überwiegend auch das übrige GmbHG von Bedeutung. § 69 Abs. 1 GmbHG, der nur den 2. und 3. Abschnitt also die §§ 13 bis 52 GmbHG für anwendbar erklärt, wird erweiternd auslegt, so dass der 1., 4. und 6. Abschnitt des GmbHG während der Abwicklung für die Rechtsverhältnisse zwischen Dritten, Gesellschaft und Gesellschaftern fort gelten, soweit sich aus dem 5. Abschnitt oder den Liquidationszwecken nichts anderes ergibt.

Das GmbHG ist im Vergleich zum AktG weit weniger umfangreich. Für viele Praxisfragen im Zusammenhang mit der Abwicklung einer GmbH fehlen ausdrückliche gesetzliche Regelungen. So ist § 74 GmbHG, der die Beendigung der Abwicklung (dort als Liquidation bezeichnet) regelt, recht lückenhaft. Im Einzelnen ist daher vieles umstritten. Daran ändert auch nichts, dass oftmals Regelungen des AktG analog auf die GmbH angewandt werden. Nur im Aktienrecht ist beispielsweise die Fortsetzung einer aufgelösten Gesellschaft geregelt (§ 274 AktG). Bei beiden Kapitalgesellschaften sind allerdings viele Problemstellungen gleich oder

---

[3] FG Saarland, Urteil vom 17. 06. 2008, 2 K 1179/04. Einerseits steht es einem Gesellschafter stets frei, über den Zeitpunkt der Anteilsveräußerung zu entscheiden. Andererseits sind in § 17 Abs. 2 Satz 4 EStG die Missbrauchstatbestände bei Anteilsveräußerungen abschließend normiert.

[4] Dazu Teil 1 C. II. 2.3.3., C.VII.2.3.3. und E.II.

[5] Dazu Teil 1 B.III.7.

ähnlich gelagert. Auf das AktG wird daher in der Kommentarliteratur zu Recht regelmäßig zurückgegriffen, wenn sich im Zuge einer Abwicklung Probleme einstellen, die sich mit den Vorschriften des GmbHG nicht zufrieden stellend lösen lassen. Rechtssicherheit bei Lücken schafft jedoch nur die Rechtsprechung.

B. Die Auflösung

I. Zwecke und Ziele der Auflösung

Die Auflösung – insbesondere durch den Auflösungsbeschluss der Gesellschafter als wichtigsten Unterfall – hat zunächst nur den Zweck, die werbende GmbH in eine abzuwickelnde Gesellschaft umzuwandeln. Dazu müssen sich allerdings gesetzlich geregelte Gründe finden lassen. Sie können sich aus dem Willen der Gesellschafter und/oder aus zwingenden gesetzlichen Vorschriften, insbesondere in den §§ 60 bis 62 GmbHG, ergeben. *7*

Immer hat die Auflösung jedoch das Ziel, nach Ablauf des Sperrjahres die Kapitalerhaltungsvorschriften bei der GmbH (§§ 30, 31 GmbHG) außer Kraft zu setzen. Vor der Auflösung darf nämlich gem. § 30 Abs. 1 GmbHG „das zur Erhaltung des Stammkapitals erforderliche Vermögen der Gesellschaft nicht an die Gesellschafter ausgezahlt werden.“ Diese Vorschrift ist zwingendes Recht und wird von der Rechtsprechung gegen alle Umgehungsgestaltungen rechtsgestaltend strikt in Schutz genommen.

Die GmbH-Reform hat das Eigenkapitalersatzrecht hingegen völlig neu geregelt. Die einschlägige Rechtsprechung wurde damit obsolet: anhand des neu gefassten § 135 InsO und des neuen § 44a InsO sowie der §§ 6 und 6a AnfG kann angefochten werden, wenn die GmbH innerhalb eines Jahres vor Eröffnung des Verfahrens einem Gesellschafter ein Darlehen zurückzahlt. Außerdem wurden die §§ 32a Abs. 2 und 32b GmbHG a.F. aufgehoben und unter einem neuen § 44a InsO in das Insolvenzrecht verlagert: Danach treten Gesellschafterdarlehen und gleichgestellte Forderungen in der Insolvenz unterschiedslos stets hinter alle anderen Gläubigerforderungen zurück. Das komplizierte Eigenkapitalersatzrecht der Rechtsprechung wurde abgeschafft. Auf die Liquidation wirkt sich die Reform insofern aus, als Gesellschafterdarlehen erst nach der Befriedigung der anderen Gläubiger zurückgewährt werden dürfen. *8*

Die Zwecke der Liquidation greifen im Vergleich zur Auflösung weiter aus. Einerseits muss die Gesellschaft schuldenfrei gestellt werden und andererseits sollen folgende Vermögenswerte an die Gesellschafter zurückgewährt werden: die bei der Gründung investierten Stammeinlagen, die späteren Aufstockungen, die nicht in das Nennkapital geleisteten Einlagen und der erzielte Liquidationserlös. Diese Rückzahlungen sind jedoch erst nach der Auflösung in einem formalisierten Verfahren möglich, bei dem die Auflösung offen gelegt und publik gemacht werden muss (s.u. Teil 1 C.II.1.).

II. Auflösungsverfahren und Rechtsfolgen

Die Auflösung einer GmbH muss vom Liquidator zur Eintragung im Handelsregister angemeldet werden (§ 65 Abs. 1 GmbHG). Anders nur, wenn das Gericht von Amts wegen zur Eintragung verpflichtet ist: Dies ist der Fall bei Eröffnung des Insolvenzverfahrens oder bei dessen Ablehnung mangels Masse. *9*

Der Liquidator hat ferner die Auflösung der Gesellschaft im elektronischen Bundesanzeiger und gfs. in den Gesellschaftsblättern – verbunden mit dem Gläubigeraufruf – bekannt zu machen (§ 65 Abs. 2 GmbHG). Diese beiden Akte im Zusammenhang mit dem Auflösungsverfahren werden allgemein aber bereits der Liquidation als nächster Abwicklungsphase zugerechnet. Begründet wird dies damit, dass beide Akte nicht zur Wirksamkeit der Auflösung erforderlich sind. Von beiden Akten hängt vielmehr ab, dass die Liquidation ordnungsgemäß durchgeführt werden kann.

Der Gesellschaftszweck richtet sich ab Auflösung auf die Verwertung des Gesellschaftsvermögens. An die Stelle des Geschäftsführers tritt der Liquidator. Die Gesellschaft bleibt jedoch Handelsgesellschaft. Im Innenverhältnis bleiben alle Befugnisse der Gesellschaftsorgane bestehen, soweit sich aus dem Wesen der Liquidation nichts anderes ergibt. Die Auflösung bedeutet also nicht das Ende der juristischen Person GmbH, diese wird erst durch die so genannte Beendigung der GmbH erreicht.

III. Die Auflösungsgründe

1. Statutarische Auflösungsgründe (§ 60 Abs. 1 Nr. 1, Abs. 2 GmbHG)

10 Auflösungsgründe können sich zunächst aus dem Gesellschaftsvertrag selbst ergeben. Im Gesellschaftsvertrag kann bestimmt sein, dass die Gesellschaft nach dem Ablauf einer Zeitspanne aufzulösen ist. Dies wird in § 60 Abs. 1 Nr. 1 GmbHG angesprochen.

Neben dem bloßen Zeitablauf können nach § 60 Abs. 2 GmbHG weitere im Gesellschaftsvertrag verankerte Gründe zur Auflösung der Gesellschaft führen, etwa Tod oder Insolvenz eines Gesellschafters, die Erfüllung des Gesellschaftszwecks, die Kündigung irgendeines oder eines bestimmten Gesellschafters, die Einstellung des operativen Geschäftes oder eine Unterbilanz der GmbH.

Die Satzung der GmbH kann die gesetzlichen Auflösungsgründe zwar nicht abbedingen aber weitere satzungsmäßige schaffen. Sie müssen allerdings ausreichend bestimmt sein, mangelnde Rentabilität genügt beispielsweise nicht.[6]

11 Auslegungsprobleme bringen oft Kündigungsklauseln mit sich, weil die Rechtsfolgen nicht eindeutig festgelegt sind („Die Gesellschaft kann mit einer Frist ... zum ... gekündigt werden." so genannte einfache Kündigungsklausel). Damit kann der Austritt des Gesellschafters gegen Abfindung seines Anteils zu Liquidationswerten aber auch die Auflösung der GmbH durch rechtsgestaltende Erklärung gemeint sein. Ob im Zweifel Auflösung oder Fortbestand anzunehmen ist, darüber gehen die Meinungen auseinander.[7] M.E. würden sich die Satzungsgeber regelmäßig auf die weniger gravierende Rechtsfolge des Fortbestandes einigen, wenn ihnen die Problematik beim Vertragsschluss bekannt gewesen wäre. Das gilt auch, wenn das Kündigungsrecht nur einem Gesellschafter eingeräumt wird.

2. Gesellschafterbeschluss (§ 60 Abs. 1 Nr. 2 GmbHG)

12 Der in der Praxis weitaus häufigste Auflösungsgrund ist der Auflösungsbeschluss der Gesellschafter. Er bedarf der 3/4-Mehrheit der abgegebenen Stimmen (§ 60 Abs. 1 Nr. 2 GmbHG). Im Gesellschaftsvertrag kann die Mehrheit weiter oder enger gefasst werden. Mindestens wird jedoch die einfache Mehrheit gefordert, weil andernfalls, wenn also Minderheitsgesellschaftern die gleichen Rechte eingeräumt werden sollen, begrifflich eine Kündigung mit

---

6 *Lutter/Hommelhoff*, § 60 Rz. 26; allerdings darf beim Handelsregister nur noch elektronisch angemeldet werden, so dass die entsprechende Software benötigt wird.

7 *Rotthege*, Kap. O Rz. 9 m. w. Nw.

ausdrücklich bestimmter Auflösungsfolge vorliegt.[8] In umgekehrter Richtung ist eine Verschärfung bis zur Einstimmigkeit zulässig; als solche ist auch zu interpretieren, wenn die Gesellschaft im Vertrag als unauflöslich bezeichnet wird. Nicht zulässig ist es allerdings, die Auflösungskompetenz auf ein anderes Organ zu übertragen, z. B. auf die Geschäftsführung oder einen Aufsichtsrat/Beirat.[9]

Ein ordnungsgemäß zustande gekommener Beschluss ist sofort wirksam und nicht erst mit Eintragung im Handelsregister. Falls der Beschluss keine zeitliche Angabe dazu enthält, ist der Auflösungszeitpunkt der Tag der Beschlussfassung. Es ist allerdings zulässig, den Auflösungszeitpunkt in die Zukunft zu verlegen, z. B. dass dieser mit dem Beginn eines neuen Wirtschaftsjahres zusammenfallen soll.[10] In diesem Fall wird eine zusätzliche Abschlussbilanzierung auf den Tag vor dem Auflösungszeitpunkt entbehrlich, weil zu diesem Zeitpunkt sowieso der regelmäßige Jahresabschluss aufgestellt werden muss.

Der Liquidator ist verpflichtet, im Anschluss an den Auflösungszeitpunkt unverzüglich die Eintragung der Auflösung in das Handelsregister zu beantragen (§ 65 Abs. 1 GmbHG). Eine notarielle Beurkundung ist lediglich dann erforderlich, wenn die Satzung eine Vertragsdauer enthält, die durch den Beschluss unterschritten wird.[11]

Eine sachliche Rechtfertigung ist für den Beschluss nicht erforderlich. Die Rechte der überstimmten Minderheit kommen nur im Rahmen einer konkret nachgewiesenen Treuwidrigkeit zum Tragen: Das kann der Fall sein, wenn die Minderheit aus dem Unternehmen entfernt werden soll oder das Gesellschaftsvermögen auf den Mehrheitsgesellschafter übergeleitet werden soll.[12]

Muster Auflösungsbeschluss

Die unterzeichnenden Gesellschafter der X-GmbH, A, B und C treten hiermit unter Verzicht auf alle Form- und Fristvorschriften zu einer Gesellschafterversammlung zusammen und beschließen einstimmig:

1. Die Gesellschaft wird mit Ablauf des 31. 12. 2010 aufgelöst.
2. Der Gesellschafter A wird zum alleinigen Liquidator bestimmt.
3. Die Bücher und Schriften der Gesellschaft werden nach Beendigung der Abwicklung von A verwahrt.

Der Auflösungsbeschluss kann von einem der Gesellschafter im Klagewege angefochten und daraufhin für nichtig erklärt werden. Die GmbH ist dann so zu behandeln, als wäre der Geschäftsbetrieb von vorneherein nicht eingestellt worden. Für die Dauer dieses Schwebezustandes bleibt die Entscheidung über die Betriebsfortführung offen. Das Recht zur Fortführung der Firma der GmbH geht deshalb nicht verloren. Andernfalls würde jede Anfechtungsklage gegen einen rechtswidrigen Auflösungsbeschluss teilweise leer laufen.[13] *13*

8 *Rotthege*, Kap. O Rz. 4.

9 *Baumbach/Hueck*, § 60 Rz. 17 m. w. Nw.

10 OLG Hamm, Beschluss vom 08. 02. 2007, 15 W 34/07, GmbHR 2007, 762.

11 *Lutter/Hommelhoff*, § 60 Rz. 5.

12 Für das Aktienrecht BVerfG ZIP 2000, 1670; *Morgen*, WM 2003, 1553.

13 BGH, Urteil vom 21. 03. 1985, I ZR 190/82, BB 1985, 1932.

Keine Auflösung liegt bei der so genannten stillen Liquidation vor (dazu i.E. Teil 1 C. VII.). Dabei wird zwar ebenfalls die werbende Tätigkeit der GmbH eingestellt und das Vermögen bis auf das Stammkapital ausbezahlt. Der zurückbleibende GmbH-Mantel kann dann, falls sich ein Käufer findet, weiter verwertet werden.

3. Auflösung durch Gerichtsurteil (§ 60 Abs. 1 Nr. 3 GmbHG)

3.1. Auflösung durch Zivilgerichtsurteil

14 § 61 GmbHG sieht für Minderheitsgesellschafter ein unabdingbares[14] Recht zu einer Auflösungsklage vor, wenn diese 10 % der Gesellschaftsanteile halten und der Gesellschaftszweck entweder unmöglich wird oder wichtige Gründe vorliegen. Beispiele sind ständiges Patt in den Abstimmungen der Gesellschafterversammlung[15], dauernde Unrentabilität oder ein tief greifendes Zerwürfnis, das vom Mehrheitsgesellschafter verursacht wurde, wenn die Minderheitsgesellschafter die GmbH nicht fortführen wollen oder können[16]. Allerdings ist die Klage unbegründet, wenn ein milderes Mittel zur Verfügung steht, das die Störung ebenso beseitigt: das – gesetzlich nicht normierte aber von der Rechtsprechung seit langem anerkannte – Austrittsrecht des Gesellschafters oder die Ausschlussklage gegen Mitgesellschafter.[17] Die Gesellschaft wird mit Rechtskraft des Urteils aufgelöst.

3.2. Auflösung durch Verwaltungsgerichtsurteil

15 Die praktisch wenig bedeutsame Vorschrift des § 62 GmbHG ermöglicht eine Klage der zuständigen Ordnungsbehörde vor dem Verwaltungsgericht am Sitz der GmbH. Voraussetzung ist die Gefährdung des Gemeinwohls durch gesetzwidrige Handlungen der Organe (i. E. s. § 62 GmbHG, Rechtsfolge wie unter 3.1.) Die Vorschrift könnte somit an Bedeutung gewinnen.

4. Auflösung bei Eröffnung des Insolvenzverfahrens (§ 60 Abs. 1 Nr. 4 GmbHG)

16 Die Eröffnung des Insolvenzverfahrens (§ 27 InsO) über das Vermögen einer GmbH auf Antrag des Geschäftsführers oder eines Gläubigers führt zwingend zu deren Auflösung. Auflösungszeitpunkt ist die Stunde der Insolvenzeröffnung. Die Liquidation wird ersetzt durch das Insolvenzverfahren. Sie kommt einerseits aber wieder zum Zuge, wenn nach Beendigung des Insolvenzverfahrens noch insolvenzfreies Vermögen übrig geblieben ist, was selten der Fall ist. Andererseits ist eine Liquidation erforderlich, wenn das Insolvenzverfahren mangels Mas-

---

[14] Wenn in der Satzung die Einziehung von Gesellschaftsanteilen angeordnet ist, sobald Minderheitsgesellschafter von ihrem Recht zur Auflösungsklage Gebrauch machen, so können sich diese auf die Unwirksamkeit der Satzungsklausel berufen und damit auf die Unwirksamkeit der Einziehung ihrer Gesellschaftsanteile. Die Satzung mit der unwirksamen Klausel muss demgegenüber eingetragen werden, da § 9c Abs. 2 Nr. 1–3 GmbHG nicht einschlägig ist, OLG München, Urteil vom 01. 07. 2010, 31 Wx 102/10: Streitfälle über unentziehbare Individual- und Minderheitenrechte sollten nur auf Initiative der Betroffenen ausgetragen werden.

[15] OLG München, Urteil vom 02. 03. 2005, 7 U 4795/04, GmbHR 2005, 428; zur legalen Erwerbsmöglichkeit des Auflösungsklägers: *Knies*, GmbHR 2005, 1386ff.

[16] Ist der gesetzliche Tatbestand gegeben, *ist* die GmbH aufzulösen, der Gesetzeswortlaut („kann") ist insofern missverständlich, s. *Knies*, GmbHR 2005, 1387.

[17] *Lutter/Hommelhoff*, § 61 Rz 1 m w. Nw. nicht uneingeschränkt anerkannt.

se abgelehnt wurde (dazu die nächste Ziffer 5.). Die rudimentären Vermögenswerte müssen dann vom Liquidator im Rahmen einer Abwicklung an die Gläubiger verteilt werden.

Im Anschluss an die Auflösung einer GmbH kann es vorkommen, dass die Liquidation abgebrochen werden muss, weil die Überschuldung der GmbH festgestellt wird. Die Liquidatoren sind in diesem Fall ebenso wie die Geschäftsführer nach § 64 GmbHG verpflichtet, nach Eintritt der in dieser Vorschrift genannten Gründe Insolvenz anzumelden oder sie sind zum Ersatz von trotzdem geleisteten Zahlungen verpflichtet und zwar auch der Gesellschaft. Die Vorschrift des § 60 Abs. 1 Nr. 4 GmbHG geht daher bei einem späteren Insolvenzantrag ins Leere, da die GmbH bereits aufgelöst ist.

Wird das Insolvenzverfahren auf Antrag des Schuldners eingestellt oder nach Bestätigung eines Insolvenzplanes, der den Fortbestand der GmbH vorsieht, aufgehoben, so können die Gesellschafter die Fortsetzung der Gesellschaft beschließen. Ein Antrag des Schuldners kann sich aus § 212 Satz 1 InsO (Wegfall des Insolvenzgrundes) oder § 213 Abs. 1 Satz 1 InsO (Zustimmung aller Gläubiger) ergeben. *17*

5. Auflösung wegen Ablehnung des Insolvenzverfahrens mangels Masse (§ 60 Abs. 1 Nr. 5 GmbHG)

Wird die Eröffnung des Insolvenzverfahrens mangels Masse abgelehnt, weil das vorhandene Vermögen nicht zur Deckung der Verfahrenskosten ausreicht, führt dies ebenfalls zur Auflösung der GmbH. Auflösungszeitpunkt ist der Termin, zu dem der Ablehnungsbeschluss rechtskräftig wird. Die GmbH kann gegen den Beschluss innerhalb von zwei Wochen die sofortige Beschwerde gem. §§ 34, 4 InsO i.V.m. § 577 Abs. 2 ZPO einlegen. *18*

Die GmbH ist aber noch nicht gelöscht, sie ist lediglich aufgelöst. Deshalb muss sich noch die Liquidation anschließen, um rudimentäres Restvermögen zu verwerten. Die Amtslöschung kommt daher so lange nicht in Frage, als bei einer GmbH noch Restvermögen vorhanden ist, auch wenn die Eröffnung des Insolvenzverfahrens mangels einer die nicht unbeträchtlichen Verfahrenskosten nicht deckenden Masse abgelehnt wurde. Bis zu welchen Geldwerten ein die Amtslöschung hinderndes Vermögen angenommen werden kann, ist strittig.[18]

Die Liquidatoren werden auch in dieser Auflösungskategorie nach allgemeinen Grundsätzen bestellt, also in erster Linie aufgrund der in der Satzung vorgesehenen Regelung oder eines Gesellschaftsbeschlusses, nicht von Amts wegen. Das Restvermögen ist an die Gläubiger zu verteilen allerdings nicht gleichmäßig, da nach h.M. die insolvenzrechtlichen Grundsätze nicht gelten.[19] Sobald die Vermögenslosigkeit tatsächlich eingetreten ist, steht der Amtslöschung nach § 394 FamFG[20] nichts mehr im Wege. *19*

18 OLG Frankfurt, Beschluss vom 10. 10. 2005, 20 W 289/05. Dort gehörte der Gesellschaft noch ein Grundstück und ein Guthaben auf einem Treuhandkonto über 3.000 Euro. Zu dieser Frage ausführlich Teil 1 D.I.2.3.1.

19 *Baumbach/Hueck*, § 60 Rz. 27 m.w.Nw.

20 Das „Gesetz über das Verfahren in Familiensachen und in den Angelegenheiten der Freiwilligen Gerichtsbarkeit", in Kraft seit 01. 09. 2009 löste das frühere FGG ab. In älteren Fundstellen und Kommentaren finden sich zu den §§ des FamFG die in Klammern angegebenen §§ des FFG: § 394 (§ 141 a); § 395 (§ 142); §§ 397, 398 (§ 144); § 399 (§ 144a); § 141b FGG wurde aufgehoben.

6. Auflösung durch Verfügung des Registergerichts (§ 60 Abs. 1 Nr. 6 GmbHG)

20 Nach § 60 Abs. 1 Nr. 6 GmbHG wird die GmbH mit Rechtskraft der Verfügung des Registergerichts aufgelöst, in der nach § 399 FamFG ein Mangel des Gesellschaftsvertrages festgestellt worden ist.[21] Nach § 399 Abs. 2 FamFG hat das Registergericht nach einer erfolglosen Abmahnung und Fristsetzung den Mangel des Gesellschaftsvertrages der GmbH festzustellen. Es muss sich um wesentliche Mängel handeln, z.B. der Gesellschaftsvertrag enthält keine oder nichtige Bestimmungen über die Firma, den Sitz oder die einzelnen Stammeinlagen.[22]

Das Verfahren nach § 60 Abs. 1 Nr. 6 GmbHG i.V.m. § 399 FamFG darf auch bei einem nachträglichen Satzmangel, der mit einem anfänglichen Nichtigkeitsgrund vergleichbar ist, angewendet werden. Der BGH wendet die Vorschrift analog an, wenn der tatsächliche vom statuarischen Satzungssitz abweicht. Er begründet dies damit, dass § 4a Abs. 2 GmbHG zwingend vorschreibt, dass der tatsächliche mit dem statuarischen Satzungssitz übereinstimmen muss, um Gläubigern und öffentlichen Stellen den Zugriff auf die GmbH zu ermöglichen. Dies aber würde vereitelt, wenn nach Eintragung der GmbH der tatsächliche Satzungssitz sanktionslos verlegt werden kann und daher nicht durchgesetzt werden kann, dass die Verlegung des Sitzes aus dem Handelsregister ersichtlich ist.[23]

Einen weiteren Fall eines schwerwiegenden Mangels i.S.v. § 60 Abs. 1 Nr. 6 GmbHG eröffnet der durch das MoMiG neu eingeführte § 5 Abs. 3 Satz 2 GmbHG. Die Vorschrift verlangt, dass „die Summe der Nennbeträge aller Geschäftsanteile mit dem Stammkapital übereinstimmen muss." Dieses Korrespondenzgebot erstreckt sich im Gegensatz zur früheren Regelung in § 5 Abs. 3 Satz 3 GmbHG a.F. nicht nur auf das Gründungsstadium, sondern auf sämtliche Phasen der GmbH. Wird per Gesellschafterbeschluss ein GmbH-Anteil (genauer Geschäftsanteil) eingezogen, so ist er in diesem Augenblick vernichtet, falls der Beschluss rechtswirksam ist. Im gleichen Moment wird gegen das absolute Gebot in § 5 Abs. 3 Satz 2 GmbHG verstoßen, weil die Summe der Geschäftsanteile nicht mehr mit dem Stammkapital übereinstimmt. Der Beschluss ist unwirksam, da er nach § 134 BGB gegen ein gesetzliches Verbot verstößt. Gravierend ist die Rechtsfolge in den Altfällen, weil im MoMiG keine Übergangsregelung ab den 01.11.2008 zu finden ist und gleichwohl nach bestätigender Rechtsprechung für alle Alt-GmbHs im vollen Umfang das neue Recht gilt. Da der Einzug in der Regel eingetragen worden ist, folgt daraus die Nichtigkeit der Satzung, da es sich um einen schwerwiegenden Mangel handelt.[24]

Im Amtslöschungsverfahren nach § 399 FamFG kann die unterlassene Handlung allerdings durch die GmbH, auch noch bis zum letzten Termin der mündlichen Verhandlung vor dem

---

21 Nach altem GmbH-Recht waren in §§ 7 Abs. 2 Satz 3, 19 Abs. 4 GmbHG a.F. Sicherheitsleistungen bei einer Einmann-GmbH und bei Nichteinhaltung der Verpflichtung ebenfalls die Amtslöschung, § 60 Abs. 1 Nr. 6 GmbHG a. F., vorgesehen.

22 Dazu *Lutter/Hommelhoff*, § 60 Rz. 11.

23 BGH, Beschluss vom 02. 06. 2008, II ZB 1/06; *Lutter/Hommelhoff* § 4 Rz. 25; *Roth/Altmeppen*, § 4a Rz. 11. Das Registergericht wollte sich im Urteilsfall von der tatsächlichen Verlegung des Satzungssitzes überzeugen, konnte die GmbH aber unter der zur Anmeldung eingereichten Adresse nicht erreichen. Nach fruchtlosem Fristablauf zur Rückäußerung hat das Registergericht dann die Auflösung und Löschung der GmbH gemäß § 60 Abs. 1 Nr. 6 GmbHG betrieben.

24 Zu weiteren Fallgestaltungen und zu Lösungsmöglichkeiten *Römermann*, DB 2010, 209 m. w. Nw.

für die weitere Beschwerde zuständigen Gericht, nachgeholt und aktenmäßig nachgewiesen werden.[25]

7. Auflösung wegen Vermögenslosigkeit (§ 60 Abs. 1 Nr. 7 GmbHG)

§ 60 Abs. 1 Nr. 7 GmbHG ist missglückt, weil er das Pferd von hinten aufzäumt – wenn nicht gar eine überflüssige Aussage trifft. Wenn eine GmbH vermögenslos ist, kann sie das Registergericht löschen (§ 394 Abs. 1 Satz 1 FamFG); sie ist zu löschen bei masseloser Insolvenz (§ 394 Abs. 1 Satz 2 FamFG). Die Löschung ist die praxisrelevante Rechtsfolge der Vermögenslosigkeit und dass die GmbH damit gem. § 60 Abs. 1 Nr. 7 GmbHG gleichzeitig aufgelöst wird, ist eher zweitrangig.[26] 21

Weil allerdings schon – auch unerkanntes – Vermögen in geringem Umfang die Vermögenslosigkeit und damit die Befugnis des Registergerichts zur Löschung ausschließt[27], stellen sich in diesem Zusammenhang schwierige Rechtsfragen, die nicht befriedigend gelöst sind. Sie werden im Zusammenhang mit der Beendigung und Löschung der GmbH unter Teil 1 D.I.2. eingehend behandelt. Zwei Grundkonstellationen sind dabei zu unterscheiden:

Nur bei einer rechtmäßigen und endgültigen Löschung nach § 394 FamFG fallen Auflösung, Liquidation und Beendigung praktisch zusammen, da mangels Vermögens keine Verwertung möglich ist.

Hat die GmbH aber noch verwertbares Vermögen, führt der Löschungseintrag nicht zur Beendigung der GmbH sondern lediglich zur deren Auflösung. Es muss sich eine Liquidation anschließen. Begründet wird dies mit der Lehre des Doppeltatbestandes bei der Beendigung[28]: Die GmbH ist erst beendet, wenn neben der Löschung auch alles Restvermögen verteilt wurde – zunächst an die Gläubiger und außerhalb der Insolvenz schließlich an die Anteilseigner. 22

Umstritten ist, ob bei § 60 Abs. 1 Nr. 7 GmbHG eine Fortsetzungsmöglichkeit gegeben ist (dazu Teil 1 E.I.3. und 4.).

8. Auflösung bei Nichtigkeit (§ 75 GmbHG, § 397 ff. FamG) und weiteren schwerwiegenden Mängeln

8.1. Nichtigkeitsklage

Gesellschafter, Geschäftsführer und Aufsichtsratmitglieder können die Nichtigkeitsklage gem. § 75 Abs. 1 GmbHG erheben, wenn 23

- der Gesellschaftsvertrag keine Bestimmungen über die Höhe des Stammkapitals enthält,
- der Gesellschaftsvertrag keine Bestimmungen über den Gegenstand des Unternehmens enthält oder
- wenn die Bestimmungen im Gesellschaftsvertrag über den Gegenstand des Unternehmens nichtig sind.

---

25 BayOLG, Beschluss vom 07. 02. 2001, 3Z BR 258/00, DB 2001, 644. In diesem Fall ging es um eine Sitzverlegung einer GmbH, die trotz Aufforderung des Registergerichtes nicht zum Handelsregister angemeldet wurde.

26 *Schmidt*, GmbHR 1994, 829.

27 BayObLG, Beschluss vom 20. 12. 1983, 3 Z 90/83, GmbHR 1985, 53.

28 *Schmidt*, GmbHR 1988, 209.

Mit seiner Rechtskraft stellt das Urteil die Nichtigkeit der Gesellschaft fest. Die Rechtsfolgen finden sich in § 77 GmbHG. Danach sind die Regelungen für den Fall der Auflösung entsprechend heranzuziehen.[29] Allerdings ist eine Heilung durch einstimmigen Gesellschafterbeschluss und anschließender Eintragung der Satzungsänderung bis zur Rechtskraft des Urteils möglich (§ 76 GmbHG). Nach Rechtskraft des Urteils wirkt der Beschluss unter den sonstigen Voraussetzungen als Fortsetzungsbeschluss.[30]

Die Vorschrift hat praktisch keine Bedeutung, da das Registergericht vor Eintragung den Gesellschaftsvertrag auf diese Mängel hin prüft und bei Vorliegen die Eintragung verweigert. Sollte trotzdem eine nichtige Satzung eingetragen werden, würden die Klagebefugten ausnahmslos den einfacheren Weg beschreiten, und formlos ein Amtslöschungsverfahren nach § 399 FamFG auslösen.

8.2. Amtslöschungsverfahren

24 Wenn das Registergericht von einem der drei vorstehenden Mängel erfährt (etwa durch bloße Anregung eines Dritten), muss es die Amtslöschung nach § 399 FamFG einleiten. Dasselbe gilt bei weniger gravierenden Mängeln, etwa zu Sitz, Firma und Stammeinlagen, auf Mitteilung eines jedes Gesellschafters nach § 399 Abs. 1, Abs. 4 FamFG i.V.m. § 3 Abs. 1 Nr. 1 und Nr. 4 GmbHG. Wenn die Gesellschafter der Aufforderung zur Heilung der Mängel nicht fristgerecht nachkommen, beschließt das Registergericht die Auflösung und trägt den Beschluss als Vermerk „Die GmbH ist im Handelsregister zu löschen" von Amts wegen ein.

9. Auflösung im Falle der Kein-Mann-GmbH

25 Ein weiterer – gesetzlich nicht geregelter – Auflösungsgrund ist nach ganz h.M., wenn die GmbH alle Gesellschaftsanteile erwirbt oder einzieht. In diesem Fall ist sie aufzulösen, weil es an dem gesetzlichen Erfordernis mindestens eines Gesellschafters fehlt. Für die h. M.[31] tritt dieser Auflösungsgrund auch sofort mit dem Erwerb des letzten Gesellschaftsanteils ein. Die gesellschafterlose Situation muss sich nicht erst zum Dauerzustand verfestigt haben.[32] Erwirbt ein Dritter, der sich nicht lediglich an der Liquidation beteiligen will, nach der Auflösung einen Gesellschaftsanteil, so ist dies als Fortsetzungsbeschluss zu werten (hierzu i. E. Teil 1 E.I.).

10. Auflösung einer Vor-GmbH

26 Sobald der GmbH-Gesellschaftsvertrag notariell beurkundet wird, spricht man von einer Vor-GmbH. Nimmt diese bereits ihren Geschäftsbetrieb auf und wird nicht in das Handelsregister eingetragen, so erstarkt die Gesellschaft nicht zur GmbH. Oft wird die Eintragung schon deshalb nicht beantragt, weil das Stammkapital von den Gesellschaftern nicht oder nicht in ausreichendem Maße aufgebracht werden kann. Die Satzungen gehen von der planmäßigen „Inbetriebnahme" einer GmbH aus und berücksichtigen diese Fallgestaltung i. d. R.

---

[29] *Baumbach/Hueck*, § 77 Rz. 2 will aus dem gesetzlichen Verweis und aus systematischen Gründen die Nichtigkeit der Gesellschaft nicht den Auflösungsgründen zuordnen.

[30] *Baumbach/Hueck*, § 76 Rz. 13.

[31] Vgl. *Lutter/Hommelhoff*, § 60 Rz. 24.

[32] So aber *Scholz*, § 33 Rz. 44.

nicht. Insbesondere das Austrittsrecht des Gesellschafters aus wichtigem Grund setzt die Entstehung der Geschäftsanteile durch Eintragung in das Handelsregister voraus.

Das Gesellschaftsverhältnis kann jedoch unter bestimmten Umständen auch aus wichtigem Grund gekündigt werden. Der BGH hält § 723 Abs. 1 Satz 2 und 3 Nr. 1 BGB für einschlägig[33], weil eine Vorgesellschaft, die die Eintragungsabsicht aufgibt, als BGB-Gesellschaft und nicht als OHG zu beurteilen ist.[34] Der Rechtsgedanke folgt auch aus § 314 BGB, der bei Dauerschuldverhältnissen dem Vertragspartner das außerordentliche Kündigungsrecht einräumt, wenn ihm das weitere Festhalten am Vertrag nicht mehr zugemutet werden kann. 27

Für den wichtigen Grund im Sinne dieser Vorschrift reicht es nach Ansicht des BGH aus, wenn ein Gesellschafter nach Aufforderung nicht willens oder in der Lage ist, die Stammeinlage einzuzahlen.[35] Ist die Einzahlung sofort fällig, bedarf es hierzu nicht einmal eines Geschäftsführerbeschlusses. Auf den Weg der Auflösungsklage braucht der kündigungswillige Gesellschafter nicht verwiesen werden. Geborene Liquidatoren sind auch vor der Eintragung der GmbH die designierten Geschäftsführer, nicht die Gesellschafter.

11. Sitzverlegung der Gesellschaft ins Ausland

Der Auflösungsgrund einer Sitzverlegung der Gesellschaft ins Ausland wird von der h. M. de lege lata noch aufrecht erhalten, ist jedoch im Hinblick auf die Rechtsfolgen – Auflösung oder bloß nichtiger Satzungsänderungsbeschluss? – und auf das EU-Recht zweifelhaft. Allerdings haben sich die beiden Bahn brechenden EuGH-Urteile zur grenzüberschreitenden Verlegung der Gesellschaftstätigkeit nicht gegen Beschränkungen des Wegzugsstaates bei Sitzverlegungen ausgesprochen.[36] Auch in der Begründung zur Änderung von § 4a GmbHG hat der Gesetzgeber daran festgehalten, dass deutsche Kapitalgesellschaften ihren Satzungssitz nicht ins Ausland verlegen und gleichzeitig die deutsche Rechtsform beibehalten können. Der BGH wendet § 60 Abs. 1 Nr. 6 GmbHG analog an, weil § 4a Abs. 2 GmbHG zwingend vorschreibt, dass der tatsächliche mit dem statuarischen Satzungssitz übereinstimmen muss.[37] Andernfalls würde die „deutsche" Kapitalgesellschaft ohne Registeranbindung in Deutschland praktisch „in der Luft hängen".[38] 28

Diese Problematik ist im Übrigen von der bloßen Verlegung des Verwaltungssitzes ins Ausland zu unterscheiden.[39] Deutsche Kapitalgesellschaften können ihren tatsächlichen Verwaltungssitz (Geschäftsleitung) in das EU-Ausland verlegen. Dieser Wegzug führt zu keiner Auflösung der Gesellschaft. Außerdem können deutsche Kapitalgesellschaften jedenfalls auch in solche Drittländer außerhalb der EU ohne Auflösungsfolge ziehen, die auf zugezogene Gesellschaften die Gründungstheorie anwenden. In all diesen Fällen kommt es zu keinem Wechsel des Gesellschaftsstatuts nach dem Grenzübertritt. 29

---

33 BGH, Urteil vom 23. 10. 2006, II ZR 162/05, GmbH-StPr 07, 187.

34 BGH, Urteil vom 04. 11. 2002, II ZR 204/00.

35 BGH, Urteil vom 23. 10. 2006, II ZR 162/05, GmbH-StPr 07, 187.

36 EuGH, Urteil vom 30. 09. 2003, Rs C 167/01, Inspire Art, BB 2003, 2195 und EuGH, Urteil vom 05. 11. 2002, Rs C 208/00, *Überseering*, ZIP 2002, 2037.

37 BGH, Beschluss vom 02. 06. 2008, II ZB 1/06; s.o. Rz. 20.

38 *Triebel/von Hase*, BB 2003, 2415.

39 Zur gesamten Problematik im Einzelnen *Lutter/Hommelhoff*, § 4a Rz. 20ff.

Für die GmbH wurde § 4a Abs. 2 GmbHG a. F. gestrichen, so dass für diese Rechtsform nunmehr ohne weiteres ein ausländischer Verwaltungssitz gewählt werden kann, der Satzungssitz jedoch weiter im Inland verbleiben muss. Deutsche GmbHs können dann in der Rechtsform der GmbH ausländische Tochtergesellschaften betreiben, wobei für die Besteuerung dann die entsprechenden Vorschriften für das ausländische Parallelkonstrukt maßgeblich werden.

12. Weitere Auflösungsgründe

30 Weitere Auflösungsgründe sind:[40]

- Auflösung durch Verbot der Gesellschaft nach dem Vereinsgesetz (§§ 3, 17 VereinsG)
- Auflösung durch Anordnung des Bundesaufsichtsamtes für Finanzdienstleistungen (§ 38 KWG)

13. Keine Auflösungsgründe

31 Bei einer Reihe von Ereignissen ist kein gesetzlicher Auflösungsfall gegeben: Tod oder Insolvenz eines Gesellschafters, Entzug einer behördlichen Genehmigung, Veräußerung des Unternehmens, Einstellung des Betriebes und die Unmöglichkeit, den Gesellschaftszweck zu erreichen.[41]

---

40 I.E. *Lutter/Hommelhoff*, § 60 Rz. 19 ff.
41 *Lutter/Hommelhoff*, § 60 Rz. 25.

C. Die Liquidation

I. Wesen und Begriff der Liquidation

1. Die Liquidationszwecke

Die Zeitspanne zwischen Auflösung und Beendigung wird als Liquidationszeitraum bezeichnet. Das GmbHG schreibt keine bestimmte Zeitspanne vor, innerhalb der die Liquidation abgeschlossen sein muss. 32

Der Zeitraum der Abwicklung in der hier verwendeten Terminologie stimmt praktisch fast mit dem Liquidationszeitraum überein. Die Auflösung ist auf einem Zeitpunkt beschränkt, der gleichzeitig den Beginn des Liquidationszeitraums markiert. Lediglich die Beendigungsphase nimmt eine geringfügige Zeitdauer in Anspruch, da sie sich von der Anmeldung der Löschung bis zum Eintrag der Löschung hinzieht. Das elektronisch geführte Handelsregister ohne gegenständliche Parallelbearbeitung verkürzt diese Zeitspanne noch erheblich.

Mit der Auflösung verwandelt sich die werbende GmbH in eine abzuwickelnde Gesellschaft. 33
Die sich anschließende Liquidation bezweckt die Beendigung der Geschäfte der Gesellschaft, die Einziehung von Forderungen, die Tilgung der Schulden und die Versilberung des übrigen Vermögens, um möglichst alle Gesellschafter in Geldvermögen auszahlen zu können.

Wesentlich ist dabei, dass die Gesellschafter nicht zu Lasten außen stehender Gläubiger bevorzugt werden. Darunter fallen:

- bekannte Alt-Gläubiger;
- bekannte neue Gläubiger; (beide haben Anspruch auf Tilgung der Schulden oder Sicherstellung)
- unbekannte Gläubiger.

Dafür sieht das Gesetz den Gläubigeraufruf im elektronischen Bundesanzeiger bzw. gfs. zusätzlich in den Gesellschaftsblättern[42] und ein Sperrjahr vor.

2. Kontinuität in der Liquidation

In vielerlei Hinsicht ändert sich für die GmbH während des Liquidationszeitraums – abgesehen von der Ausrichtung auf den Abwicklungszweck – nichts. Die GmbH bleibt bis zur ihrer Beendigung, d.h. der Löschung im Handelsregister, als juristische Person und als Handelsgesellschaft bestehen. Die GmbH i.L. bleibt partei- und rechtsfähig, die Verfolgung von abgetretenen Forderungen ist aber nur noch eingeschränkt möglich (s. sogleich unter 3.3.). 34

Die Gesellschafterversammlung und ggf. der Aufsichtsrat behalten ihre Funktion bei. Von einer GmbH erteilte Prokuren bestehen nach zutreffender Auffassung nach Auflösung der Gesellschaft unverändert weiter.[43] Es ist auch unbestritten, dass der Liquidator im Rahmen des Abwicklungszwecks neue Prokuren erteilen kann.[44]

---

42 Sind gesetzlich oder in der Satzung nicht weitere Publikationsmedien bestimmt, so ist dies seit 01. 01. 2007 nur der elektronische Bundesanzeiger (Gesellschaftsblatt); § 12 Satz 1 und Satz 2 GmbHG eingefügt durch Artikel 12 des Justizkommunikationsgesetzes (JKomG) vom 22. 03. 2005, BGBl. I 2005, 837.

43 *Schmidt*, BB 1989, 232.

44 *Schmidt*, BB 1989, 231.

35 Der Gesellschaftsvertrag darf während der Abwicklung geändert werden, soweit sich dies im Rahmen des Abwicklungszwecks hält oder dadurch die GmbH fortgesetzt werden kann. Auch kann der Firmensitz verlegt werden, wenn die Liquidation tatsächlich von einem anderen Ort aus betrieben wird oder sonst nachvollziehbare Gründe vorliegen.[45]

Jeder Gesellschafter kann weiter seinen Geschäftsanteil an einen Mitgesellschafter oder einen außen stehenden Dritten übertragen, soweit der Gesellschaftsvertrag nicht entgegensteht. Denn der Liquidationszweck wird dadurch nicht gefährdet. Es wechseln lediglich die Personen, die eine Beteiligung am möglichen Liquidationserlös beanspruchen können.[46]

Ein Gesellschafter einer GmbH kann auch noch im Abwicklungsstadium aus wichtigem Grund ausgeschlossen werden. Voraussetzung hierfür ist jedoch, dass sich der wichtige Grund auf die Vereitelung oder wesentliche Erschwerung der Abwicklung der Gesellschaft bezieht.[47]

36 Ferner ändert sich auch die Firma der GmbH durch die Auflösung nicht. Es ist lediglich der Zusatz „in Liquidation" oder „in Abwicklung" anzubringen. Die Firma darf in diesem Stadium allerdings nicht mehr geändert werden, weil dafür in der Regel kein Grund ersichtlich ist.[48] Vielmehr ginge damit die Gefahr einher, dass Gläubiger über ihren Schuldner getäuscht werden und dass die angesprochenen Verkehrskreise von einer werbenden Gesellschaft ausgehen. Dies gilt insbesondere, wenn eine abgelehnte Insolvenzeröffnung voraus geht.

Schließlich bleibt die volle Steuerpflicht der abzuwickelnden GmbH im Hinblick auf Körperschaft-, Umsatz- und Gewerbesteuer erhalten. Lediglich für die ersten drei Jahre der Liquidation gilt körperschaftsteuerlich der besondere Besteuerungszeitraum des § 11 KStG.

3. Diskontinuität in der Liquidation

3.1. Liquidator als geschäftsführungsbefugtes Organ

37 Anstelle des Geschäftsführers führt ein Liquidator (ggf. auch mehrere Liquidatoren) die Abwicklungsgeschäfte. Da der Geschäftsführer allein den Gesellschaftsinteressen verpflichtet ist (und damit letztendlich den Gesellschaftern), gilt dies zunächst auch für den Liquidator: Er hat bei der Verwertung des Gesellschaftsvermögens und der Tilgung der Schulden einen möglichst hohen Überschuss zu erwirtschaften, der in der Schlussauskehrung den Gesellschaftern zufließt. Während der Liquidator insoweit genauso gewinnorientiert handelt wie ein Geschäftsführer, wird dem Liquidator zusätzlich eine uneigennützige Aufgabe überantwortet. Er hat als gewissenhafter und neutraler Sachwalter die Interessen der Gesellschaftsgläubiger vorrangig gegenüber den Interessen der Gesellschaft bzw. der Gesellschafter zu wahren (Prinzip des Vorrangs der Gläubigerinteressen in der Liquidation).

Der Liquidator hat dieselben Befugnisse wie ein Geschäftsführer, ist im Außenverhältnis nicht durch die Liquidationszwecke beschränkt und ist im Innenverhältnis den Gesellschaftern verantwortlich. Nach der Rechtsprechung endet allerdings mit Auflösung der Gesell-

[45] OLG Thüringen, Urteil vom 08. 11. 2005, GmbH-StPr 2006, 351. Wenn lediglich Firmenunterlagen am auswärtigen Kanzleisitz eines von mehreren Liquidatoren aufbewahrt werden, genügt hingegen nicht.

[46] KG Berlin, Urteil vom 24. 05. 1995, GmbHR 1996, 860.

[47] OLG Frankfurt, Urteil vom 02. 10. 2001, 5 U 31/00, DB 2002, 2154.

[48] LG Frankfurt/Oder, Beschluss vom 16. 05. 2002, 32 T 5/01, DB 2003, 494.

schaft die dem Geschäftsführer gesellschaftsvertraglich erteilte Befreiung vom Verbot des Selbstkontrahierens sowie eine Allein- bzw. Einzelvertretungsbefugnis.[49] Beide Geschäftsführerrechte wirken nicht in die Liquidation hinein.[50] Das gilt auch für den ehemaligen Alleingesellschafter-Geschäftsführer als geborenen Liquidator.

Auch bei der Abberufung des Liquidators zeigt sich, dass dessen Rechtsstellung gegenüber derjenigen des Geschäftsführers insgesamt schwächer ausgestaltet ist, bedingt durch die nur vorübergehende und auf Beendigung der GmbH abzielende Aufgabe.[51] 38

Für den Spezialfall einer Klage gegen den früheren Geschäftsführer wird demgegenüber seine Kompetenz gegenüber einem Geschäftsführer sogar ausgeweitet, weil § 46 Nr. 8 GmbHG nicht mehr anzuwenden ist.[52]

3.2. Ausschüttungssperre und besonderer Besteuerungszeitraum

Für die Dauer des Sperrjahres herrscht eine strenge Ausschüttungssperre[53] im Hinblick auf den Liquidationserlös – nicht jedoch auf Gewinne aus abgelaufenen Wirtschaftsjahren. Die Reichweite der Ausschüttungssperre ist im Einzelnen umstritten.[54] 39

Bei einer GmbH in Liquidation ersetzt der Liquidationszeitraum begrifflich das handels- und steuerrechtliche Wirtschaftsjahr. Für die ersten drei Jahre der Liquidation gilt außerdem der besondere körperschaftsteuerliche Besteuerungszeitraum des § 11 KStG.

3.3. Die begrenzende Zwecksetzung der Liquidation

Die begrenzende Zwecksetzung der Liquidation zeigt sich an drei weiteren Abweichungen zur werbenden GmbH. 40

Eine sicherungshalber abgetretene Forderung kann die abtretende GmbH nur so lange im eigenen Namen gerichtlich geltend machen, als sie werbend am Markt tätig ist.[55] Im Liquidationsstadium ist der Sicherungszedent nicht mehr prozessführungsbefugt. Eine GmbH kann im Liquidationsstadium also eine sicherungshalber abgetretene Forderung nicht mehr im eigenen Namen einziehen oder gerichtlich geltend machen. Droht der zu liquidierenden GmbH durch eine Zwangsvollstreckung die Insolvenz, so stellt dies in der Regel keinen nicht zu ersetzenden Nachteil im Sinne von § 707 Abs. 1 Satz 2 ZPO dar. Dies jedenfalls dann, wenn die GmbH nicht mehr werbend tätig ist. Schließlich ist ein Gesellschafter in der Liquidation nur einer verminderten Treuepflicht hinsichtlich von Nachschüssen unterworfen.[56]

---

49 Beide Begriffe sind synonym, BGH, Beschluss vom 19. 03. 2007, II ZB 19/06, GmbHR 2007, 704, GmbH-StPr 2007, 250.

50 Dazu eingehend Teil 1 C.III.5.

51 Dazu i.E. unten Teil 1 C.III.2.4 und 2.5.

52 BGH, Urteil vom 14. 07. 2004, VIII ZR 224/02, DB 2004, 2417, BB 2004, 2033; Näheres dazu unten Teil 1. C.III.5.2.

53 BGH, NZG 2003, 813; OLG Brandenburg, BB 2002, 1610.

54 S.u. Teil 1 C.II.2.2.

55 Für den Fall der werbenden GmbH in wirtschaftlichen Schwierigkeiten bejahend, OLG Brandenburg, Urteil vom 02. 07. 2002, 11 U 185/01, DB 2003, 388.

56 OLG Frankfurt, Urteil vom 12. 02. 1985, 5 U 19/85, BB 1985, 832. Für den Kommanditisten einer KG entschieden vom BGH im Beschluss vom 2. 7. 2007, II ZR 181/06.

II. Die Liquidation bis zur Schlussverteilung

1. Der Ablauf der Liquidation im Überblick

41 Gleichzeitig mit dem Auflösungsbeschluss werden auch die Liquidatoren bestimmt, damit die GmbH in ihrem Endstadium handlungsfähig bleibt. In den anderen Auflösungsfällen ist die Bestellung eines Liquidators aus dem gleichen Grund ebenfalls notwendig.

Ab diesem Zeitpunkt ergänzt der Zusatz „i. L." die Firma der GmbH.[57] Der Liquidator muss die Liquidation beim Handelsregister anmelden (§ 65 Abs. 1 Satz 1 GmbHG). Wenn die Liquidation unter einer Befristung beschlossen wurde, das heißt, dass die Auflösung der Gesellschaft und die Bestellung des Liquidators erst zu einem späteren Zeitpunkt wirksam werden sollen, dann kann dies zwar bereits vorher beim Handelsregister angemeldet werden, die Eintragung ist allerdings erst ab dem beschlossenen Wirksamkeitszeitpunkt zulässig.[58]

Er hat ferner die Auflösung der Gesellschaft bekanntzumachen (§ 65 Abs. 2 GmbHG). Für die Zeitspanne zwischen Auflösung und deren Bekanntmachung ist gesetzlich keine Frist bestimmt. Wird eine tatsächliche Liquidation ohne Anmeldung und Bekanntmachung und damit heimlich betrieben, spricht man von einer stillen Liquidation.[59]

42 Die Bekanntgabe der Auflösung und der Gläubigeraufruf ist seit der Reform des § 12 Satz 1 GmbHG[60] im elektronischen Bundesanzeiger zu veröffentlichen, wenn nicht die Satzung weitere Medien für die Bekanntmachungen der GmbH vorschreibt (§ 12 Satz 2 GmbHG). In diesem Fall reicht eine Veröffentlichung des Gläubigeraufrufs nur im elektronischen Bundesanzeiger nicht aus, um den Lauf des Sperrjahres in Gang zu setzen. Die Wirkung des Sperrjahres entfaltet sich daher erst ein Jahr nach der letzten der Veröffentlichungen, wenn in der Satzung mindestens ein Gesellschaftsblatt angegeben ist.[61] Aus diesem Grund empfiehlt es sich, isoliert oder spätestens im Zusammenhang mit anderen Satzungsänderungen alle Gesellschaftsblätter außer dem elektronischen Bundesanzeiger aus den GmbH-Satzungen zu verbannen.

Für bekannte Gläubiger bedarf es neben dem allgemeinen Gläubigeraufruf keiner zusätzlichen individuellen Aufforderung, da sie durch § 73 Abs. 2 GmbHG ausreichend geschützt sind.[62]

Die Bekanntmachung muss folgendes enthalten:

- Bezeichnung der aufgelösten Gesellschaft (Firma und Ort),
- Mitteilung der Auflösung (ohne Angabe des Auflösungsgrunds),
- Aufforderung an die Gläubiger, sich bei der Gesellschaft zu melden.

---

57 Der Liquidator einer Gesellschaft muss nach dem durch das MoMiG neu gefassten § 71 Abs. 5 GmbHG die GmbH auf den Geschäftspapieren als in Liquidation befindlich bezeichnen und auch das gezeichnete und eingezahlte Stammkapital angeben.

58 OLG Hamm, Beschluss vom 08. 02. 2007, 15 W 34/07, GmbHR 2007, 762. Bei einer derartigen Befristung handelt es sich nicht um eine – die Eintragung hindernde – unzulässige Bedingung.

59 Dazu s. Teil 1 C.VII.

60 Eingefügt durch Artikel 12 des Justizkommunikationsgesetzes (JKomG) vom 22. 03. 2005, BGBl. I 2005, 837. Nach Satz 3 – angefügt durch Art. 10 EHUG vom 10. 11. 2006 BGBl. I, 2553 – gilt der in Satzungen bezeichnete Bundesanzeiger als elektronischer Bundesanzeiger.

61 OLG Stuttgart, Beschluss vom 12. 11. 2010, 8 W 444/10, GmbHR 2011, 38; das Registergericht kann sich – obwohl ansonsten die Liquidation völlig abgeschlossen ist – in diesem Fall weigern, die Löschung der GmbH einzutragen.

62 *Roth/Altmeppen*, § 65 Rz. 41; *Luther/Hommelhoff*, 65 Rz. 9.

Mehr als eine Veröffentlichung im elektronischen Bundesanzeiger sieht das GmbHG nicht mehr vor, lediglich in der Satzung der GmbH können weitere Veröffentlichungsorgane (noch) vorgesehen sein. Mit der Veröffentlichung des – (bei zusätzlichen Gesellschaftsblättern) letzten – Gläubigeraufrufs beginnt das Sperrjahr (§ 73 GmbHG). Vor dessen Ablauf darf das Vermögen der GmbH nicht an die Anteilseigner verteilt werden. Das Sperrjahr ist – von zwei allgemein anerkannten Ausnahmen abgesehen – zwingend, so dass der Jahreszeitraum nicht beeinflussbar ist. 43

Ausnahmsweise entbehrlich ist die Einhaltung des Sperrjahres, wenn die GmbH wegen Vermögenslosigkeit (§ 394 FamFG) ohne Liquidation gelöscht wurde.[63] Auch die öffentliche Bekanntmachung nach § 65 Abs. 2 GmbHG ist dann nicht vorgeschrieben. Ferner muss das Sperrjahr nicht eingehalten werden, wenn die GmbH vollständig vermögenslos ist und der Liquidator in öffentlich beglaubigter Form versichert, dass verteilbares Vermögen nicht mehr vorhanden ist (dazu im Einzelnen unten Ziffer 2.5).

Im weiteren Verlauf der Liquidation müssen die laufenden Geschäfte beendet werden. Langfristige Verträge müssen – sofern möglich – gekündigt werden oder mit Zustimmung des Vertragspartners auf Dritte übertragen werden. Alle Schulden müssen getilgt und alle Forderungen eingezogen werden. Es dürfen keinerlei Verbindlichkeiten der GmbH mehr bestehen, sonst kann sie nicht beendet werden. Besondere Schwierigkeiten ergeben sich aus der Ablösung von Pensionszusagen, die die GmbH ihren Geschäftsführern oder sonstigen Mitarbeitern eingeräumt hat (dazu s.u. 5.). 44

Das Aktivvermögen der GmbH, das Anlage- und Umlaufvermögen, wird regelmäßig in Geld umgesetzt also veräußert. Ist dies nicht oder nicht kurzfristig und zu einem angemessenen Erlös möglich, so können sich Gesellschafter bereit erklären, in Anrechnung auf den auszukehrenden Liquidationserlös die Aktivwerte zu Marktpreisen zu übernehmen. Voraussetzung ist, dass das versilberte Vermögen ausreicht, um alle Verbindlichkeiten vollständig zurückzuführen.

Die Liquidatoren haben nach § 70 Satz 1 GmbHG die Forderungen der GmbH einzuziehen. Damit sind auch die Forderungen gegen die Gesellschafter umfasst. Da die Gesellschafter einer werthaltigen GmbH – zeitversetzt – die Auszahlung des anteiligen Liquidationserlöses von der GmbH beanspruchen können, ergibt sich aus der Konstellation gegenläufiger Ansprüche von GmbH und Gesellschafter eine Reihe von umstrittenen Einzelfragen, die unten Teil 1 C. II. 3.1. erörtert werden.

2. Funktion und Wirkungen des Sperrjahrs

2.1. Funktion des Sperrjahrs

Vor Ablauf des – von den zwei eben erwähnten Ausnahmen abgesehen – obligatorischen Sperrjahres darf das Vermögen der GmbH nicht an die Anteilseigner verteilt werden (§ 73 GmbHG). Weder der Liquidationsgewinn noch das Stammkapital dürfen ausgeschüttet werden. Die häufig gebrauchte Formulierung einer „strengen Ausschüttungssperre“[64] ist allerdings begrifflich zu weit gefasst. Auch nach dem Auflösungszeitpunkt können nämlich nach 45

[63] OLG Hamm, Urteil vom 11. 11. 1986, 15 W 70/86, RPfl. 1987, 162.

[64] BGH, NZG 2003, 813; OLG Brandenburg, BB 2002, 1610.

allgemeiner Ansicht Gewinne ausgeschüttet werden, die für ein Wirtschaftsjahr festgestellt wurden, das vor dem Auflösungszeitpunkt geendet hat. Das gleiche gilt für ein Rumpfwirtschaftsjahr, das in Folge des Auflösungsbeschlusses zum Stichtag gebildet werden kann.[65] Unerheblich ist dabei, zu welchem Zeitpunkt die Ausschüttungen beschlossen wurden. Er kann vor demjenigen der Auflösung oder nachher liegen.

Rechtsprechung und herrschende Meinung haben es bislang abgelehnt, das Sperrjahr aufzuweichen und weitere zuzulassen.[66] Es ist insbesondere auch einzuhalten, wenn der Liquidator versichert, dass alle bekannten Forderungen beglichen oder Sicherheiten für sie gestellt wurden, weil – neben dem Gläubigeraufruf – das Sperrjahr gerade die unbekannten Gläubiger schützt, die nach Ablauf mit ihren Forderungen rasch ausfallen können.[67] Daran ändert auch nichts, dass der Liquidator bei Fehlverhalten zur Gläubigersicherung zusätzlich persönlich haftet.[68]

2.2. Reichweite der Ausschüttungssperre und Sanktionen bei Verstößen

46 Das Schrifttum ist sehr strikt.[69] Wenn der ausschüttbare Gewinn eines Wirtschaftsjahres nicht schon in der Bilanz festgestellt wurde, bevor die Auflösung beschlossen wurde, sind vorhandene Gewinnrücklagen im Sperrjahr eingefroren. Dies kann vermieden werden, wenn zunächst die Umwandlung von Rücklagen in ausschüttbaren Gewinn beschlossen wird und erst anschließend die Auflösung der GmbH.[70]

Es ist auch unzulässig, die voraussichtliche Liquidationsquote durch Darlehen vorzufinanzieren, weil damit das Sperrjahr auf einfachste Art und Weise ausgehebelt würde.[71] Nach allgemeiner Ansicht können demgegenüber Individualansprüche der Gesellschafter befriedigt werden.[72]

47 Sehr viel enger sieht Erle[73] den Umfang der Ausschüttungssperre: Der Gläubigerschutz gebiete weder ein Verbot der Vorfinanzierung noch einer Vorabauskehr oder Abschlagszahlung auf das Liquidationsendvermögen (ausgenommen das Stammkapital), wenn die als Darlehen an die Gesellschafter ausgereichten Mittel nach den vertraglichen Vereinbarungen jederzeit rückzahlbar sind und wenn die Bonität und Liquidität der Zahlungsempfänger außerhalb jeden Zweifels steht. Bestehen berechtigte Zweifel sollte der Liquidator laut Erle schnell liquidierbare Sicherheiten verlangen. Da der Liquidator alle diese Voraussetzungen vor einer Aus-

65 BFH, Urteil vom 22. 10. 1998, 1 R 15/98, BFH/NV 1999, 829. Entgegen § 11 Abs. 4 Satz 3 KStG, §§ 30, 73 GmbHG lässt die Verwaltungsauffassung zu, das Rumpfwirtschaftjahr dem besonderen Besteuerungszeitraum der Liquidation zuzuschlagen – Abschn. 46 Abs. 1 Satz 4 KStR s.u. Teil 2, B.II.2.2.

66 Dies fordert nachdrücklich und ausführlich begründet Erle, GmbHR 1998, 215ff.

67 Das Sperrjahr bewirkt keine Ausschlussfrist für Gläubiger der zu liquidierenden GmbH vgl. *Michalski*, § 73 Rz. 11; Näheres u. 2.4.

68 Zur Haftung des Liquidators in dieser Hinsicht s.u. Teil 1 C.III.6.1.

69 Es spricht von „totaler Ausschüttungssperre" *Lutter/Hommelhoff*, § 73 Rz. 1; „Thesaurierungsgebot" *Baumbach/Hueck*, § 73 Rz. 1;„verschärften Ausschüttungsverbot" *Scholz*, § 73 Rz. 1; „allgemeiner Ausschüttungssperre" *Hachenburg/Hohner*, § 73 Rz. 2.

70 *Erle*, GmbHR 1998, 216, dazu nächste Ziffer 2.3.1.

71 *Schmidt*, DB 1994, 2014; *Erle*, GmbHR 1998, 218, will umgekehrt aus dieser einfachen Umgehungsmöglichkeit, deren Zulässigkeit er behauptet, die Reichweite der Ausschüttungssperre begrenzen.

72 Ganz h.M., vgl. nur BGH, GmbHR 1971, 199; *Hachenburg/Hohner*, § 73 Rz. 2; *Lutter/Hommelhoff*, § 73 Rz. 9.

73 *Erle*, GmbHR 1998, 221, der aber seiner Ansicht vereinzelt geblieben ist.

zahlung zu überprüfen hat und nach § 73 Abs. 3 GmbHG für deren Einhaltung persönlich haftet, lässt sich wohl kein vernünftig handelnder Liquidator auf dieses Risiko infolge des einseitigen Gesellschafterinteresses ein, insbesondere wenn er nicht aus dem Gesellschafterkreis stammt.

Die Auszahlung unter Verstoß gegen § 73 GmbHG ist jedoch grundsätzlich dinglich wirksam[74], es sei denn, es liegt bewusstes und gewolltes Zusammenwirken zwischen Liquidator und Gesellschafter vor.[75] Nach überwiegender Ansicht hat die Gesellschaft einen Erstattungsanspruch gegen die Gesellschafter.[76] Der Erstattungsanspruch ist einerseits durch die Höhe der Forderung des übergangenen Gläubigers und andererseits durch die Höhe des bei der Vermögensverteilung Empfangenen begrenzt.[77] Weitere Sanktionen gegen die Gesellschafter bestehen nicht. Sie werden im Übrigen für ausreichend gehalten. Das Registergericht ist daher nicht befugt, ein Ordnungsgeld zu verhängen, damit das Sperrjahr eingehalten wird.[78] Als weitere Sanktion zählt, dass der übergangene Gläubiger Ansprüche auch direkt gegen die Liquidatoren gem. § 73 Abs. 3 GmbHG geltend machen kann.[79]

2.3. *Ausweichgestaltungen*

2.3.1. Rechtzeitiger Gewinnverwendungsbeschluss

Die Zwangsthesaurierung von Gewinnrücklagen während des Sperrjahres lässt sich auf relativ einfache Weise umgehen: Die Gesellschafter beschließen zunächst die Auflösung aller Rücklagen und danach die Ausschüttung des vollständigen Bilanzgewinns. Anschließend kann die Auflösung der Gesellschaft gefahrlos beschlossen werden, weil zu den auch während des Sperrjahres zu erfüllenden Gläubigeransprüchen auch die Gewinnauszahlungsansprüche der Gesellschafter gezählt werden.[80] *48*

2.3.2. Umwandlungen

Ein weiterer Weg, die Sperrfunktion des § 73 GmbHG zu vermeiden, ist es, die Gesellschaft auf den Alleingesellschafter zu verschmelzen oder bei mehreren Gesellschaftern die GmbH in eine Personengesellschaft umzuwandeln und anschließend zu liquidieren. Eine Verschmelzung auf eine natürliche Person ist jedoch nur dann möglich, wenn sie Alleingesellschafter ist (§ 120 Abs. 1 UmwG). In diesem Sonderfall ist allerdings § 22 UmwG ebenfalls anwendbar, wonach die Gläubiger der an der Verschmelzung beteiligten Rechtsträger ihren Anspruch *49*

[74] *Scholz*, § 73 Rz. 19; *Hachenburg/Hohner*, § 73 Rz. 43; *Baumbach/Hueck*, § 73 Rz. 17; *Lutter/Hommelhoff*, § 73 Rz. 11;

[75] BGH, Urteil vom 04. 07. 1973, VIII ZR 156/72, BB 1973, 1280; NJW 1973, 1695; *Scholz*, § 73 Rz. 19, 21 m. w. Nw.; steuerlich gilt dies wiederum nicht, s.u. Teil 1 C.IV.1.

[76] Umstritten ist die Rechtsgrundlage; die h. M. stellt, soweit das Stammkapital nicht angegriffen wurde, auf § 812 BGB ab, *Erle*, GmbHR 1998, 220; die Gegenansicht, vgl. *Baumbach/Hueck*, § 73 Rn. 17 m. w. Nw., wendet § 31 GmbHG analog an.

[77] *Baumbach/Hueck*, § 73 Rz. 19; *Scholz*, § 73 Rz. 21; *Rowedder/Schmidt-Leithoff*, § 73 Rz. 11; *Lutter/Hommelhoff*, § 73 Rz. 15.

[78] *Fietz/Fingerhuth*, GmbHR 2006, 961.

[79] *Baumbach/Hueck*, § 73 Rz. 12.

[80] *Scholz*, § 73 Rz. 3; *Hachenburg/Hohner*, § 69 Rz. 24, § 73 Rz. 2; *Baumbach/Hueck*, § 72 Rz. 22; *Lutter/Hommelhoff*, § 69 Rz. 7; *Rowedder/Schmidt-Leithoff*, § 69 Rz. 5.

nach Grund und Höhe schriftlich anmelden und Sicherheit oder Befriedigung verlangen können.[81] Auf diesem Weg bleibt das Sperrjahr jedenfalls ohne Bedeutung.

Ausgeschlossen ist diese Möglichkeit, wenn mehrere natürliche Personen an der Kapitalgesellschaft beteiligt sind. Der Anwendungsbereich bleibt damit begrenzt. In diesen Fällen wäre aber daran zu denken, die Kapitalgesellschaft zunächst in eine Personengesellschaft umzuwandeln und diese anschließend aufzulösen und zu liquidieren. Das Recht der Personengesellschaft kennt ein dem Sperrjahr vergleichbares Institut nicht.

2.3.3. Stille Liquidation

50 Um auch die stillen Reserven vor der Auflösung an die Gesellschafter auskehren zu können, wird in der Praxis eine legale Spielart der stillen Liquidation gewählt. Dabei stellen die Gesellschafter via Geschäftsführer die werbende Tätigkeit ein und versilbern das Vermögen, ohne die Auflösung formal zu beschließen. Alle so aufgedeckten stillen Reserven und alle bereits vorhandenen offenen Rücklagen werden so ausgeschüttet. Der Auflösungsbeschluss wird erst nachgeholt, wenn in der Gesellschaft nur noch ein Restvermögen in Höhe des Stammkapitals vorhanden ist.

Der verbleibende GmbH-Mantel kann dann schließlich veräußert werden, wenn auch unter erschwerten Rahmenbedingungen. Für den Käufer stellt der Erwerb nämlich fast ausnahmslos eine wirtschaftliche Neugründung dar.[82] Sie liegt bereits vor, wenn die Gesellschafter das gesamte Anlagevermögen veräußern und anschließend mit Null bilanzieren, wenn diese Gesellschaft von anderen aufgekauft wird. Die GmbH muss eine leere Hülse sein, die kein aktives Unternehmen mehr betreibt, an das die Fortführung des Geschäftsbetriebes anknüpfen könnte, unabhängig davon ob das Tätigkeitsgebiet umgestaltet, eingeschränkt oder erweitert wird.[83] Zum Handelsregister muss wie bei einer Neugründung dann die Versicherung des Geschäftsführers angemeldet werden, dass das Stammkapital in voller Höhe eingezahlt und zur freien Verfügung des Geschäftsführers steht.

Solange bei der stillen Liquidation keine Gläubiger übergangen werden, gerät man mit dieser Taktik auch nicht in Konflikt mit § 73 GmbHG.[84] Auf die schwer wiegenden rechtlichen Folgen, wenn demgegenüber in der Liquidation Gläubiger übergangen werden, also in den so genannten Bestattungsfällen, wird unten im Teil 1 C.VII. näher eingegangen.

---

81 *Erle*, GmbHR 1998, 220; Die Zeitschranke von sechs Monaten nach dem Tag, an dem die Eintragung der Verschmelzung in das Register des Sitzes des jeweiligen Rechtsträgers, dessen Gläubiger sie sind, ist zu beachten. Die Sicherheitsleistung können die Gläubiger nur verlangen, wenn sie glaubhaft machen können, dass durch die Verschmelzung die Erfüllung ihrer Forderung gefährdet ist.

82 BGH, Beschluss vom 07. 07. 2003, II ZB 4/02, GmbHR 2003, 115.

83 BGH, Urteil vom 18. 01. 2010, II ZR 61/09, GmbHR 2010, 474, NZG 2010, 411. Andererseits soll eine relativ kurze Zeitspanne zwischen Leerbilanzierung und Anteilsveräußerung nicht schaden, LG Berlin, Urteil vom 26. 02. 2008, 92 U 24/07, EWiR 2008, 401. Weiterführend *Werner*, GmbHR 2010, 804, der eine erhebliche Rechtsunsicherheit, wann eine wirtschaftliche Neugründung im Sinne der BGH-Rechtsprechung vorliegt, konstatiert.

84 *Erle*, GmbHR 1998, 219.

2.4. Zeitpunkt der Ausschlusswirkung

Wenn alle Formalien des Sperrjahres eingehalten werden, kann sofort nach dessen Ablauf mit der Verteilung des Reinvermögens an die Gesellschafter begonnen werden. Eile ist aus folgendem Grund ratsam: Versäumt ein Gläubiger die Jahresfrist zur Anmeldung seiner Forderung, so muss er nach überwiegender Meinung berücksichtigt werden, solange das Vermögen noch nicht vollständig ausgekehrt wurde. Denn es wird für unangemessen gehalten, dem bisher unbekannten Gläubiger nach Ablauf des Sperrjahres automatisch die Durchsetzung seiner Forderungen zu verwehren, wenn noch Vermögen zur Deckung seiner Forderungen vorhanden ist. Eine bereits begonnene Vermögensverteilung ist dann sofort bis zur Klärung des Anspruches zu unterbrechen.[85] *51*

Meldet sich der bisher unbekannte Gläubiger aber erst, nachdem das Liquidationsendvermögen unter Beachtung der Regel des § 73 GmbHG an die Gesellschafter verteilt wurde, so fällt er mit seiner Forderung aus.[86] Es können zwar auch dann noch Mittel vorhanden sein, sie sind aber in aller Regel zur Begleichung nicht fälliger Forderungen oder für die Kosten der Verwahrung (§ 74 Abs. 2 GmbHG) gebunden. Es steht daher kein Reinvermögen mehr zur Verfügung, weil das vorhandene Vermögen nur noch die restlichen Verbindlichkeiten deckt.

Den Preis dafür, dass die Auskehrung an die Gesellschafter irgendwann endgültig sein muss, zahlen nach den Vorstellungen des Gesetzgebers nicht die Gesellschafter, wenn § 73 GmbHG beachtet wurde. Der unbekannte Gläubiger ist durch den Gläubigeraufruf und das Sperrjahr ausreichend geschützt. Versagt dieser Schutz, so geht dies bei Abwägung aller Interessen zu Lasten des bisher unbekannten Gläubigers.[87] *52*

2.5. Löschung der GmbH bei Vermögenslosigkeit vor Ablauf des Sperrjahres

Das Sperrjahr muss nicht eingehalten werden, wenn die GmbH vollständig vermögenslos ist. Denn in diesem Fall existiert kein einziger aktivierungsfähiger Vermögenswert mehr und damit überhaupt keine Zugriffs- und Verteilungsmasse.[88] Diese Ausnahmebehandlung wird im streng formalisierten Liquidationsverfahren damit begründet, dass bei dargelegter Vermögenslosigkeit keine Gläubigerinteressen gefährdet sind, da nichts mehr zu verteilen ist. *53*

Zusätzlich ist für das Unterlaufen der Sperrfrist erforderlich, dass der Liquidator in öffentlich beglaubigter Form versichert, dass verteilbares Vermögen nicht mehr vorhanden ist und die näheren Umstände darlegt.[89] Der Liquidator hat dabei zu bestätigen, dass das Gesellschaftsvermögen nach Befriedigung der Gesellschaftsgläubiger aufgebraucht, keine Gewinne an die Gesellschafter ausgeschüttet wurden und kein zu verteilendes Gesellschaftsvermögen mehr vorhanden ist.[90]

---

85 *Erle*, GmbHR 1998, 222.

86 RGZ 124, 214f.; RG, JW 1930, 2943; *Baumbach/Hueck*, § 73 Rz. 9; *Lutter/Hommelhoff*, § 73 Rz. 9, *Scholz*, § 73 Rz. 18 jeweils m. w. Nw. Der Zeitpunkt der Löschung ist nicht entscheidend.

87 *Erle*, GmbHR 1998, 222.

88 Zur Vermögenslosigkeit: *Scholz*, § 60 Rz. 49; im Gleichklang zur Zwangslöschung wegen Vermögenslosigkeit schadet nur ganz geringfügiges Vermögen nicht, dazu i. E. unten Teil 1 D.I.2.

89 OLG Köln, Beschluss vom 05. 11. 2004, 2 Wx 33/04, GmbHR 2005, 108; OLG Naumburg Beschluss vom 27. 05. 2002, 7 Wx 1/02, DB 2002, 2317.

90 OLG Köln, GmbHR 2005, 108.

Diese Konstellation ist einerseits jedoch kaum denkbar. Im Anschluss an eine abgelehnte Insolvenzeröffnung gehen die Gläubiger i.d.R. vollkommen gehen leer aus, so dass andererseits die wahrheitsgemäße Versicherung in diesem – häufig vorkommenden – Fall insofern davon abweichend aussprechen muss, dass die Gläubiger ganz oder ganz überwiegend nicht befriedigt wurden.

54 Das Insolvenzgericht benachrichtigt im Übrigen das Registergericht nach § 31 InsO automatisch davon, dass das Insolvenzverfahren aufgehoben, eingestellt oder die Eröffnung abgelehnt wurde, damit das Registergericht ein Amtslöschungsverfahren nach § 394 Abs. 1 Satz 2 Satz FamFG initiiert. In dessen Rahmen wird der Liquidator nach den genauen aktuellen Vermögensverhältnissen befragt. Der Liquidator kann diesem Verfahren zuvorkommen, indem er von sich aus die Löschung wegen Vermögenslosigkeit beantragt.

In der Praxis ist entscheidend, wie die Versicherung des Liquidators zur Vermögenslosigkeit der Gesellschaft inhaltlich ausgestaltet sein muss. Die Rechtsprechung und bedeutende Teile der Literatur[91] lassen die bereits eingangs erwähnte knapp formulierte Versicherung ausreichen.[92] Weitergehende Anforderungen in Literatur[93] und der registergerichtlichen Praxis sind abzulehnen.

Der Liquidator braucht daher nicht – wie es manche Registergerichte verlangen – zu versichern, dass die steuerlichen Angelegenheiten der Gesellschaft erledigt sind. Nach Fietz/Fingerhuth[94] ist dieses registergerichtliche Ansinnen zu weit gefasst, da die Möglichkeit einer Betriebsprüfung auch nach der Löschung der GmbH besteht und so dem Liquidator ein unabsehbares Haftungs- und Strafbarkeitsrisiko aufgebürdet würde.

Laut BFH bleibt die GmbH nämlich unabhängig von der Löschung bis zu Erfüllung aller steuerlichen Pflichten fortbestehen.[95] Sinnvollerweise kann also vom Liquidator nur verlangt werden, zu versichern, dass alle bekannten Steueransprüche aus der vermögenslosen Liquidation befriedigt sind. Dies wird aber bereits von der allgemeinen Versicherung abgedeckt, dass alle Schulden beglichen sind. Außerdem muss der Liquidator nach der Rechtsprechung des BFH sowieso schon für die Bezahlung künftiger zu erwartender Steuerschulden Mittel zurückbehalten und die Steuerschuld begleichen.[96] Andernfalls – also bei Steuerausfällen – haftet der Liquidator persönlich über § 69 AO.

55 Manche Registergerichte verlangen ferner, dass der Liquidator versichert, dass auch das Stammkapital der Gesellschaft voll eingezahlt ist. Dieser Punkt unterfällt allerdings bereits der allgemeinen Versicherung der Vermögenslosigkeit, da anderenfalls die Gesellschaft noch die

91 *Scholz*, § 74 Rz. 1; *Rowedder/Schmidt-Leithoff*, § 73 Rz. 4; *Baumbach/Hueck*, § 74 Rz. 2; *Luther/Hommelhoff*, § 74 Rz. 3; *Roth/Altmeppen*, § 73 Rz. 13.

92 *Fietz/Fingerhuth*, GmbHR 2006, 964 möchten die Versicherung dahingehend einschränken, dass echte Drittgeschäfte zwischen Gesellschaft und Gesellschaftern bzw. die Befriedigung deren Ansprüche daraus nicht mit aufzunehmen sind.

93 Nach *Munzig*, FFGPrax 2005, 81, muss die Versicherung die Angabe enthalten, dass kein Vermögen an die Gesellschafter ausgekehrt wurde und dass keine Aktivprozesse mehr geführt werden. *Fietz/Fingerhuth*, GmbHR 2006, 964 erweitern die Versicherungsumfang darauf, dass weder Aktiv- noch Passivprozesse geführt werden.

94 *Fietz/Fingerhuth*, GmbHR 2006, 964.

95 BFH, Urteil vom 26. 03. 1980, I R 111/79 BStBl. II 1980, 587.

96 BFH, Urteil vom 16. 06. 1971, 1 R 58/68 BStBl. II 1971, 614 sowie Urteil vom 01. 02. 1973, I R 170/70, BStBl. II 1973, 465; GmbHR 1973, 134.

Forderung aus ausstehenden Einlagen der Gesellschafter hätte. Dieses Erfordernis an die Versicherung zu stellen, ist daher überflüssig.[97]

3. Einzug und Pfändung von Forderungen gegen Gesellschafter

3.1. Einzug von Forderungen gegen Gesellschafter durch den Liquidator

Die Forderungen gegen die Gesellschafter können dem Gesellschaftsverhältnis – etwa ausstehende Einlagen – entstammen oder aber aus Verkehrsgeschäften wie Beratungsleistungen oder Darlehensgewährungen resultieren. Eine Aufrechnungsmöglichkeit für den Gesellschafter besteht im Liquidationsstadium noch nicht, da sich der Gegenanspruch auf Auszahlung des verbleibenden Gesellschaftsvermögens noch nicht konkretisiert hat. Die Forderung der Gesellschafter auf Auszahlung des Liquidationserlöses wird ferner erst fällig, sobald alle Gläubiger befriedigt sind und das Sperrjahr gemäß § 73 Abs. 1 GmbHG abgelaufen ist.[98] Solange in Mangelfällen Gesellschaftsgläubiger noch befriedigt werden müssen, versteht es sich von selbst, dass ausstehende Einlagen und sonstige Forderungen gegen die Gesellschaften beizutreiben sind, damit die GmbH über die nötigen Barmittel verfügt, diese Verbindlichkeiten zu tilgen. *56*

Im Übrigen soll der Liquidator jedoch nicht berechtigt sein, alle Forderungen gegen die Gesellschafter sofort und ohne Rücksicht auf die Vermögensverhältnisse der Gesellschaft im Übrigen geltend zu machen. Ist die Inanspruchnahme einzelner Gesellschafter auch nicht deswegen geboten, weil sonst die gleichmäßige (bzw. quotenmäßige) Verteilung des verbleibenden Gesellschaftsvermögens nicht gewährleistet ist, so wird die Einzugsberechtigung des Liquidators in Abrede gestellt, wobei die Details umstritten sind.

Die herrschende Meinung in der Literatur stellt sich auf den Standpunkt, dass – abgesehen von den beiden eben erwähnten Sonderfällen – ausstehende Einlagen von den Gesellschaftern nicht mehr eingefordert werden dürfen.[99] Wie dieses zutreffende Ergebnis rechtsdogmatisch begründet werden soll, dafür liefert die Literatur keine überzeugenden Hinweise. Überwiegend wird allgemein gehalten behauptet, dem Liquidator stehe die Einzugsbefugnis nur im Rahmen der Liquidationszwecke zu und damit begrenzt auf die beiden geschilderten Einzugsrechtfertigungen. Teilweise ist auch von einem Leistungsverweigerungsrecht des Gesellschafters die Rede.[100] *57*

Laut Hottmann werden die Gesellschafter zur Verpflichtung zur Leistung der Einlagen frei, wenn sie nicht mehr zur Erfüllung von Verbindlichkeiten der Gesellschaft – auch im Hinblick auf die Schlussauskehrung des Vermögens an andere Gesellschafter – gebraucht werden. Hottmann zieht als Begründung § 19 Abs. 2 und 3 GmbHG analog heran.[101]

Die herrschende Meinung will diese Gegenrechte dem Gesellschafter allerdings nur zugestehen, wenn es sich um gesellschaftsrechtliche Rechtsgründe der Verpflichtung handelt, also ausstehende Einlagen oder um Rückgewähr verbotener Auszahlungen aus dem Gesellschafts-

---

97 *Fietz/Fingerhuth*, GmbHR 2006, 965.

98 *Lutter/Hommelhoff*, § 70 Rz. 10.

99 *Scholz*, § 70 Rz. 12, *Baumbach/Hueck*, § 70 Rz. 7, *Lutter/Hommelhoff*, § 70 Rz. 10.

100 *Hachenburg/Hohner*, § 69 Rz. 20; *Rowedder/Schmidt-Leithoff*, § 70 Rz. 7; ähnlich *Scholz*, § 70 Rz. 12

101 *Hottmann*, N Rz. 36

vermögen.[102] Diese Differenzierung wird aber von vielen Autoren gar nicht getroffen und entbehrt, wie Müller überzeugend dargestellt hat, auch jeglicher Grundlage.[103]

58 Müller nimmt eine Einrede des Gesellschafters an. Nach Ablauf des Sperrjahres und der Befriedigung sämtlicher Gesellschaftsgläubiger ist der Auszahlungsanspruch der Gesellschafter fällig. Wenn der Liquidator in dieser Situation ausstehende Einlagen einfordern würde, könnte dem der Gesellschafter die auf § 242 BGB (Treu und Glauben) gestützte Einrede „dolo agit qui petit quod statim redditurus est" entgegenhalten. Der Liquidator soll also nicht einfordern dürfen, was er sofort zurückzugeben hätte. Diese Einrede greift allerdings erst nach Ablauf des Sperrjahres und nachdem alle Gläubiger der GmbH berücksichtigt wurden, weil es sonst am Tatbestandsmerkmal des sofortigen Zurückgebenmüssens mangelt.

Man darf jedoch im Hinblick auf die Liquidationszwecke vom Liquidator auch im Sperrjahr den Nachweis verlangen, in wieweit bestehende Verbindlichkeiten mit den Barmittel nicht getilgt werden können, wenn er eine Forderung gegen einen Gesellschafter einziehen will.[104] Oft ergibt sich die Einzahlungspflicht des Gesellschafters bereits aus der stets zu erstellenden Liquidationseröffnungsbilanz.

Zu einem wesentlich späteren Zeitpunkt wird der Liquidator in komplexen Fällen den Nachweis nur anhand einer Zwischenbilanz führen können. In einfacheren Konstellationen reicht wohl eine fortentwickelte Eröffnungsbilanz aus, die die neu hinzugekommenen Verbindlichkeiten und Barmittel auflistet.

In Fällen des Forderungsüberhangs einzelner Gesellschafter wird der Liquidator den Nachweis der Einzugsberechtigung einer Forderung gegen einen Gesellschafter nur anhand einer vorläufigen Liquidationsschlussrechnung führen können.

3.2. Pfändung von Forderungen gegen Gesellschafter durch Gesellschaftsgläubiger

59 Im Liquidationsstadium kann eine Einlageforderung unabhängig von ihrer Werthaltigkeit gepfändet werden, wenn kumulativ folgende Voraussetzungen gegeben sind:

- Die Gesellschaft hat ihren Geschäftsbetrieb eingestellt.
- Das Gesellschaftsvermögen erschöpft sich in der Einlageforderung.
- Es gibt keine weiteren Gläubiger oder diese verfolgen ihre Ansprüche nicht weiter.
- Die Gesellschaft hat weder die Mittel für einen Prozess gegen den Einlageschuldner noch erhält sie diese von einem der Gläubiger vorgeschossen.

Die Zulässigkeit der Pfändung hängt dann nicht davon ab, dass etwaige andere Gläubiger etwas von der noch offenen Einlageforderung wissen. Hat der Gesellschafter die Einlageforderung einverständlich mit einer eigenen Forderung gegen die Gesellschaft verrechnet und beruft sich auf die Erfüllung seiner Einlageschuld, so muss er im Streitfall beweisen, dass sein eigener Anspruch im Zeitpunkt der Verrechnung vollwertig war.[105]

102 *Michalski*, § 70 Rz. 25, weitere Nachweise bei *Müller*, DB 2003, 1940 Fn. 9.

103 *Müller*, DB 2003, 1939ff.

104 Der weitere Ausnahmetatbestand, dass andernfalls keine gleichmäßige Gesellschafterbefriedigung möglich ist, spielt in diesem Liquidationsstadium noch keine Rolle.

105 BGH, Urteil vom 15. 06. 1992, II ZR 229/91, BB 1992, 1515.

4. PKH-Bewilligung für eine GmbH in Liquidation

Ist für eine GmbH ein Insolvenzverfahren mangels Masse abgelehnt worden, so kommt für eine behauptete klageweise geltend zu machende Aktivforderung Prozesskostenhilfe gemäß § 116 Satz 1 Nr. 2 ZPO nur in Betracht, wenn die Kosten der Prozessführung weder von ihr selbst noch von denjenigen aufgebracht werden können, die am Gegenstand des Rechtsstreits wirtschaftlich beteiligt sind. *60*

Darüber hinaus müssen auch weitere vom Prozessausgang berührte Personen, wie Gesellschafter, leistungsunfähig sein. Gegenüber dem Prozessausgang als neutral zu beurteilen sind allerdings Gesellschafter, wenn ihnen auch beim endgültigen Erfolg der Klage voraussichtlich kein Liquidationsüberschuss verbleibt.

Schließlich muss die Unterlassung der Rechtsverfolgung allgemeinen Interessen zuwider laufen (§ 116 Satz 1 Nr. 2 ZPO). Dieser Begriff ist sehr weit zu fassen. Er ist nicht auf Fälle des allgemeinen Interesses beschränkt, in denen die Gesellschaft ohne die Durchführung des Rechtsstreits behindert würde, der Allgemeinheit dienende Aufgaben zu erfüllen oder vom Prozessausgang die Existenz eines Unternehmens mit vielen Arbeitsplätzen abhängt.[106]

Vielmehr sind „alle nur denkbaren allgemeinen Interessen zugunsten der juristischen Person in die Überlegung einzubeziehen, ob die Bewilligung der PKH gerechtfertigt ist". Dabei spielt auch der Gesichtspunkt der Bewährung der Rechtsordnung eine Rolle. Deshalb läuft die Unterlassung der Rechtsverfolgung allgemeinen Interessen auch dann zuwider, wenn der wirtschaftliche Gegenwert einer Forderung, deren Realisierung die Befriedigung einer Vielzahl von Gläubigern des Forderungsinhabers ermöglichen würde, deren Interessen an der Durchsetzung der Forderung sich aber nur mit Schwierigkeiten bündeln ließen, beim Schuldner verbliebe.[107] Der BGH hat dies für eine Zahlungsklage einer in Liquidation befindlichen GmbH ohne weiteres bejaht, weil im Fall des Obsiegens insgesamt 27 Gläubiger mit Forderungen von ca. 52.000 DM befriedigt werden sollten.[108] *61*

Anders ist die PKH-Bewilligung zu beurteilen, wenn Rechtsverfolgung allenfalls die Gesellschafter und den Geschäftsführer der GmbH betrifft.[109] PKH zu Recht abgelehnt hat das OLG Koblenz auch in einem Fall, in dem den Gläubigern der GmbH die Klageforderungen zu einem großen Teil abgetreten waren, die sich aber weigerten, selbst die Mittel zur Prozessführung aufzubringen.[110] Die Gläubiger waren als erstrangig wirtschaftlich Beteiligte zu sehen, so dass PKH nur zu gewähren war, wenn sie selbst nicht leistungsfähig gewesen wären, was nicht der Fall war. Außerdem war in diesem Fall zweifelhaft, ob die GmbH die abgetretenen Forderungen überhaupt noch selbst einklagen konnte.[111]

---

106 BGH, Beschluss vom 24. 10. 1990, VIII ZR 87/90, BB 1990, 2442.

107 Die Grenzen einer „Vielzahl" von betroffenen Kleingläubigern sind fließend vgl. auch BGH, Beschluss vom 05. 11. 1985, X ZR 23/85, NJW 1986, 2058.

108 BGH, Beschluss vom 24. 10. 1990, VIII ZR 87/90, BB 1990, 2442.

109 BFH, NJW 1974, 256.

110 OLG Koblenz, Beschluss vom 03. 11. 2004, 5 W 718/04, BB 2004, 2660. Das OLG Koblenz verwirft in diesem Zusammenhang Zumutbarkeitsgesichtspunkte, die in § 116 Satz 1 ZPO Nr. 2 im Gegensatz zu Nr. 1 der Vorschrift nicht aufgeführt seien.

111 Im Regelfall verliert die GmbH i.L. die Befugnis, die abgetretene Forderung noch selbst einklagen zu können s. Teil 1 C.I.3.3.

5. Befreiung von Pensionsverpflichtungen

62 Da ausnahmslos alle Verbindlichkeiten der GmbH zurückgeführt werden müssen, sind davon auch die Pensionszusagen der GmbH betroffen. Bei Zusagen an den Gesellschafter-Geschäftsführer ohne Rückdeckung kann dieser auf seine Ansprüche ersatzlos oder gegen Abfindung verzichten; soweit eine Abfindung ausfällt oder den passivierten Betrag nicht erreicht, entsteht ein außerordentlicher Ertrag bei der GmbH.

Bei unverfallbaren Zusagen kann die Verpflichtung mit Zustimmung der betroffenen Arbeitnehmer gegen Einmalzahlung auf eine Pensionskasse, eine Lebensversicherung oder einen öffentlichen Versorgungsträger übertragen werden (§ 4 Abs. 1 und 2 BetrAVG).[112] Ohne Zustimmung des Arbeitsnehmers eröffnet § 4 Abs. 3 und 4 BetrAVG die Möglichkeit, unverfallbare Anwartschaften und bereits laufende Verpflichtungen an besondere Versorgungsträger oder Unterstützungskassen (entgeltlich) abzutreten.

63 Besteht eine Rückdeckungsversicherung, kann diese vom Versicherten fortgeführt werden. Ergebniswirksam auszubuchen sind die Forderung gegenüber der Versicherung und die gebildete Rückstellung. Die komplexen steuerlichen Konsequenzen der Auflösung von Pensionsverpflichtungen werden in einem eigenen Abschnitt D im Teil 2 behandelt.

III. Die Liquidatoren

1. Die Bestellung und der Rechtsstatus der Liquidatoren

1.1. Geborene und statutarische Liquidatoren

64 Nach § 66 Abs. 1 GmbHG wird nach Auflösung die GmbH durch die bisherigen Geschäftsführer abgewickelt. Dies gilt auch im Fall einer Liquidation vor Eintragung der GmbH.[113] Eine Ausnahme bildet die Insolvenz vor oder während der Abwicklung, weil der Liquidator dann vom Gericht bestimmt wird, während als Rückausnahme wiederum der Geschäftsführer als geborener Liquidator in Frage kommt, wenn das Insolvenzverfahren mangels Masse abgelehnt wird.

Die Automatik der Geschäftsführerzuständigkeit kann allerdings von vorneherein durch den Gesellschaftsvertrag außer Kraft gesetzt werden. Die Satzung muss in diesem Fall eindeutige Regelungen zur Benennung zusätzlicher oder anderer Liquidatoren enthalten, damit die Bestellung kraft Sonderrechts wirksam ist. Wird auf ein Amt Bezug genommen, wird der jeweilige Amtsinhaber bestimmt. Ein Dritter muss allerdings zustimmen, eine Zwangsbestellung gibt es nicht.[114]

1.2. Gekorene Liquidatoren

65 Der häufigste Fall der gekorenen Liquidatoren[115] ist, dass die Gesellschafterversammlung – zumeist zeitgleich mit dem Beschluss über die Auflösung der Gesellschaft – die Liquidatoren

112 Näheres bei *Kemper*, DB 1995, 373ff.

113 BGH, Urteil vom 23. 10. 2006, II ZR 162/05, GmbH-StPr 07, 187.

114 *Baumbauch/Hueck*, § 66 Rz. 13.

115 Zur Terminologie *Lutter/Hommelhoff*, § 66 Rz. 2-4: Sie ist uneinheitlich, *Baumbauch/Hueck*, § 66 Rz. 13 bezeichnet den Liquidator kraft Sonderrechts als gekorenen Liquidator.

bestimmt. Es können – müssen aber nicht – einer oder mehrere der bisherigen Geschäftsführer zu Liquidatoren ernannt werden.

Auch wenn eine GmbH nach rechtskräftiger Ablehnung des Insolvenzeröffnungsantrags mangels kostendeckender Masse nach § 60 Abs. 1 Nr. 5 GmbHG aufgelöst worden, so sind die ersten Liquidatoren von der Gesellschaft zu bestellen und anzumelden. Die bisherigen gesetzlichen Vertreter der GmbH können als Liquidatoren bestellt werden, sind als solche jedoch nicht von Amts wegen einzutragen.[116]

Lehnt es das Registergericht ab, die Bestellung der Liquidatoren einzutragen und wird – bevor über die Rechtsmittel dagegen entschieden wird – in der Folgezeit die GmbH wegen Vermögenslosigkeit im Handelsregister gelöscht, so kann man gegen die Löschung nur im Wege der Nachtragsliquidation vorgehen, in der die Liquidatoren ausschließlich vom Gericht bestellt werden. Die eingesetzten aber nicht eingetragenen Liquidatoren sind befugnislos.[117]

1.3. Befohlene Liquidatoren

In bestimmten weiteren Fällen kann der Liquidator nur durch das Gericht bestellt werden. *66*
Auf Antrag von Gesellschaftern, die mindestens 10 % des Stammkapitals halten, muss das zuständige Gericht[118] einen oder mehrere Liquidatoren bestellen, wenn wichtige Gründe vorliegen (§ 66 Abs. 2 GmbHG – befohlene Liquidatoren). Dies ist zunächst der Fall, wenn das reguläre Bestellungsverfahren nach § 66 Abs. 1 GmbHG scheitert. In allen anderen Fällen kann der wichtige Grund nur in der Unfähigkeit der bestellten Liquidatoren liegen, so dass auf die Ausführungen zur Abberufung der Liquidatoren verwiesen werden kann.[119] Der Abberufungsantrag nach § 66 Abs. 3 GmbHG muss dann mit dem Bestellungsantrag verbunden werden.[120]

Subsidiär hierzu kommt als vorläufige Maßnahme in dringenden Fällen die Bestellung eines *67*
Notliquidators gem. §§ 29, 48 Abs. 1 BGB analog in Betracht, wenn ein Mangel i.S.d. § 29 BGB vorliegt. Dies kann der Fall sein, wenn Liquidatoren in ausreichender Zahl fehlen und die Handlungsunfähigkeit der GmbH i.L. schnell behoben werden muss.[121] Berechtigt dazu sind auch Gläubiger der GmbH, wobei der Notliquidator gfs. mit beschränktem Wirkungskreis zu bestellen ist, z. B. zur Vertretung einer aufgelösten GmbH in einem Räumungsverfahren.

---

[116] BayObLG, Urteil vom 30. 06. 1987, 3 Z 75/87, BB 1987, 1625.

[117] BayObLG, Urteil vom 07. 01. 1998, 3Z BR 491/97.

[118] Dies ist nicht das Registergericht, sondern das Amtsgericht des GmbH-Sitzes (§ 7 Abs. 1 GmbHG), das im Rahmen der freiwilligen Gerichtsbarkeit nach §§ 375 ff. FamFG tätig wird, *Baumbach/Hueck*, § 66 Rz. 21; Streiten die Gesellschafter über die wirksame Auflösung der Gesellschaft, so ist ebenfalls dieses Gericht zuständig. Der Antrag auf Bestellung eines Liquidators vor dem Registergericht ist abzulehnen, OLG Hamm, Beschluss vom 16. 7. 2007, 15 W 56/07, entschieden für die KG.

[119] S. u. Teil 1 C.III.2.4. und 2.5.

[120] *Baumbach/Hueck*, § 66 Rz. 20 m. w. Nw.

[121] Näheres dazu *Baumbach/Hueck*, § 66 Rz. 32; *Michalski/Nerlich*, § 66 Rz. 57; Berufen die Gesellschafter ihrerseits einen Liquidator, nachdem das Gericht bereits eines Notliquidator bestellt hat, endet dessen Amt automatisch. Einer förmlichen Abberufung bedarf es nicht, OLG Köln, Beschluss vom 01. 08. 2007, 2 Wx 33/07, GmbHR 2008, 103.

Auch im Fall der Nachtragsliquidation gem. § 66 Abs. 5 GmbHG ist nur das Gericht befugt, die Nachtragsliquidatoren zu bestellen, nicht die Gesellschafterversammlung.[122]

Schlagen die Gesellschafter den bisherigen Steuerberater der GmbH vor und erklärt dieser von vornherein, er werde das Amt nicht annehmen, so hat das Gericht von seiner Bestellung abzusehen.[123] Eine dennoch vorgenommene Bestellung ist auf Beschwerde hin aufzuheben.

1.4. Eintragung der Bestellung

68 Die Liquidatoren müssen die Eintragung ihrer Bestellung beim Registergericht beantragen. Darin liegt gleichzeitig die Erklärung der Anmelder, dass die Vertretungsbefugnis des bisherigen Geschäftsführers erloschen ist.[124]

Die Liquidatoren haben bei der Anmeldung die in § 67 Abs. 3 GmbHG vorgeschriebene Versicherung über ihre Amtsfähigkeit abzugeben.[125] Dabei gelten in gleicher Weise die Anforderungen, die an die Versicherung des GmbH-Geschäftsführers zu stellen sind. Entgegen der überwiegenden Rechtsprechung hat der BGH die Versicherung genügen lassen, „noch nie, weder im Inland oder im Ausland, wegen einer Straftat verurteilt worden zu sein".[126] Seit dem Inkrafttreten des MoMiG hat der Liquidator auch nicht zusätzlich zu versichern, nicht als Betreuter bei der Besorgung seiner Vermögensangelegenheiten ganz oder teilweise einem Einwilligungsvorbehalt gem. § 1903 BGB zu unterliegen.[127]

Diese Versicherung haben nicht nur gekorene, sondern auch geborene Liquidatoren abzugeben, sofern sie nicht kurze Zeit vorher die Versicherung als Geschäftsführer eingereicht haben.[128] Das Registergericht muss die Amtsfähigkeit des bestellten Liquidators prüfen und die erforderliche Versicherung herbeiführen. Darüber hinaus können amtswegige Ermittlungen zur Amtsfähigkeit der Liquidatoren zumindest durch Einholung von Auszügen aus dem Bundeszentralregister erforderlich sein.[129]

Die gesetzlichen Amtsunfähigkeitsgründe sind Verurteilung wegen eines Insolvenzdelikts, Berufsverbot und Verlust der unbeschränkten Geschäftsfähigkeit (§ 6 Abs. 2 GmbHG).

---

122 BayObLG, Urteil vom 07. 01. 1998, 3Z BR 491/97, DStR 1998, 581; *Scholz*, Anh. zu § 60 Rz. 20 m.w.Nw.; i. E. s.u. Teil 1 D.II.2.

123 BayObLG, Urteil vom 12. 06. 1996, 3Z BR 90/96, GmbHR 1996, 859.

124 BayObLG, Urteil vom 31. 03. 1994, 3Z BR 8/94: Das Registergericht kann in einem solchen Fall eine zusätzliche förmliche Anmeldung über die Beendigung der Vertretungsbefugnis der Geschäftsführer weder verlangen noch erzwingen.

125 BayObLG, Urteil vom 30. 06. 1987, 3 Z 75/87, BB 1987, 162.

126 BGH, Beschluss vom 17. 05. 2010, II ZB 5/10. Die von Untergerichten und Literaturmeinungen geforderte einzelne Aufzählung aller in § 6 Abs. 2 GmbHG genannten Bestellungshindernisse und Straftaten ist nicht erforderlich.

127 OLG München, Urteil vom 22. 04. 2009, 31 Wx 40/09 rkr. Es handelt sich nach Ansicht des Gerichts um ein redaktionelles Versehen des Gesetzgebers, weil es Sinn und Zweck der Versicherung nach § 67 Abs. 3 GmbHG nicht erfordere, nach einem Einwilligungsvorbehalt aufgrund einer Betreuung zu fragen. So auch OLG Hamm, Beschlüsse vom 29. 09. 2010, I-15 W 460/10, GmbHR 2011, 30 und vom 14. 04. 2011, 27 W 27/11, GmbHR 2011, 587 hinsichtlich der Formel „er sei weder im Inland wegen einer vorsätzlichen Straftat gem. § 6 Abs. 2 Satz 2 Nr. 3 GmbHG noch im Ausland wegen vergleichbarer Straftaten rechtskräftig verurteilt worden".

128 BayObLG, Urteil vom 18. 06. 1982, BayObLGZ 1982, 303, BB 1982, 1590 mit Anm. Hartung.

129 § 3 Nr. 1, § 10 Abs. 2, § 41 Abs. 1 Nr. 1, Abs. 4 BZRG; BayObLG, Urteil vom 30. 06. 1987, 3Z 75/87, BB 1987, 1626.

Nach § 66 Abs. 4 i.V.m. § 6 Abs. 2 Satz 2 und 3 GmbHG kann derjenige, der wegen einer Straftat nach den §§ 283 bis 283 d des Strafgesetzbuchs verurteilt worden ist, auf die Dauer von fünf Jahren seit der Rechtskraft des Urteils nicht Liquidator sein; wem durch gerichtliches Urteil oder durch vollziehbare Entscheidung einer Verwaltungsbehörde die Ausübung eines Berufs, Berufszweiges, Gewerbes oder Gewerbezweiges untersagt worden ist, kann für die Zeit, für welche das Verbot wirksam ist, bei einer Gesellschaft, deren Unternehmensgegenstand ganz oder teilweise mit dem Gegenstand des Verbots übereinstimmt, ebenfalls nicht Abwickler sein. Ist ein solches Strafurteil rechtskräftig bzw. ein Berufsverbot vollziehbar geworden, so führt das zur Nichtigkeit der Bestellung.[130] Der Anmeldende erlangt keine Organstellung als Liquidator.

Ferner muss bei der Anmeldung die konkrete Vertretungsbefugnis des Liquidators oder der 69
Liquidatoren zur Eintragung angegeben werden. Dabei vertritt der BGH die Auffassung, dass abweichend vom Wortlaut des § 67 Abs. 1 GmbHG, von der Vorinstanz und von der herrschenden Auffassung in der Literatur für die Anmeldung des ersten Liquidators auch die abstrakte für ein mehrköpfiges Organ geltende Vertretungsregelung eingetragen werden muss.[131]

1.5. Liquidator bei Ablehnung des Insolvenzverfahrens mangels Masse

Wird eine GmbH nach § 60 Abs. 1 Nr. 5 GmbHG aufgelöst (Ablehnung des Insolvenzver- 70
fahrens mangels Masse) und muss das vorhandene Restvermögen liquidiert werden, finden die hierfür geltenden Vorschriften des GmbHG uneingeschränkt Anwendung.[132] Die Wirkungen der Auflösung nach § 60 Abs. 1 Nr. 5 GmbHG unterscheiden sich nicht von denjenigen in sonstigen Auflösungsfällen. Daher sind auch in diesem Fall insbesondere die Vorschriften über die Liquidatoren (§ 66 GmbHG) und über deren Anmeldung (§ 67 GmbHG) verbindlich.

Ein bisheriger Geschäftsführer muss daher ebenfalls in öffentlich beglaubigter Form seine Bestellung als Liquidator anmelden (§ 12 HGB, § 67 Abs. 1 GmbHG). In der Anmeldung hatte er zu versichern, dass keine Umstände vorliegen, die seiner Bestellung nach § 66 Abs. 4 GmbHG entgegenstehen, und dass er über seine unbeschränkte Auskunftspflicht gegenüber dem Gericht belehrt worden ist (§ 67 Abs. 3 Satz 1 GmbHG).

Dem hiernach bestellten Liquidator stehen grundsätzlich die gleichen Befugnisse zu, wie sie nach den allgemeinen Vorschriften (§§ 68ff. GmbHG) dem Liquidator im Falle der regulären Liquidation zustehen.[133]

130 BayObLGZ 1982, 307, WPM 1983, 1170.

131 BGH, Beschluss vom 07. 05. 2007, II ZB 21/06, DB 2007, 1580, GmbH-StPr 2007, 250; *Rowedder/Schmidt-Leithoff*, § 67 Rz. 2; A. A. OLG Hamm, Beschluss vom 15. 03. 2005, 15 W 189/04, GmbHR 2005,1308, *Baumbach/Hueck*, § 67 Rz. 3; *Scholz*, § 67 Rz. 4, *Roth/Altmeppen*, § 67 Rz. 3; differenzierend *Hachenburg/Hohner*, § 67 Rz. 4. Der BGH begründet seine das Gesetz ergänzende Ansicht damit, dass die Öffentlichkeit auch ein Interesse daran hat, die Vertretungsregelung für weitere Liquidatoren zu erfahren, auch wenn noch keine bestellt sind und dass nicht selten der erste Liquidator oder die ersten Liquidatoren ausgetauscht werden. Das Urteil, an dem zwei Professoren mitgewirkt haben, türmt gegen den Gesetzeswortlaut bürokratische Ungetüme auf, die in der Praxis keiner braucht und keinem nutzen.

132 BayObLG, Urteil vom 20. 12. 1983, BB 1984 S. 315, WPM 1984, 602/603.

133 Vgl. *Baumbach/Hueck*, Anh. § 60 Rz. 13 m. w. Nw.

1.6. Rechtsmittel gegen die Bestellung

71 Für die Anfechtung der Bestellung durch das Registergerichtes steht dem berufenen Liquidator die sofortige Beschwerde zu, gegen eine ablehnende Entscheidungen die fristgebundene sofortige weitere Beschwerde.[134]

Gegen die Auswahl des Liquidators durch das Registergericht steht aber auch jedem Gesellschafter das Beschwerderecht zu.[135] § 59 FamFG, der die Beschwerdeberechtigung regelt, ist erfüllt, da durch die Bestellung unmittelbar in die Rechtsstellung als Gesellschafter eingegriffen wird. Auf das Beschwerderecht kann sich auch der Gesellschafter einer wegen Vermögenslosigkeit im Handelsregister gelöschten GmbH stützen[136], denn die Bestellung eines Liquidators bedeutet einen unmittelbaren Eingriff in die Rechte des früheren Gesellschafters.

Wenn hingegen ein *Gläubiger* erreichen will, dass im Rechtsmittelverfahren die Eintragung eines Liquidators gelöscht wird, benötigt er ein subjektives Recht gemäß § 59 FamFG. Das bedeutet, dass der Gläubiger durch die Begründung der Verfügungsbefugnis für den Liquidator unmittelbar betroffen sein muss. Dies wird nur in Ausnahmegestaltungen der Fall sein. Allein seine Gläubigerstellung oder die Befürchtung, dass der eingetragene Liquidator aufgrund seiner früheren Geschäftsführerstellung Gelder am Liquidationsverfahren vorbei schleusen würde, vermittelt kein subjektives Recht.[137] Nicht ausreichend ist es nach der Rechtsprechung auch, wenn der Liquidator Widerklage erhebt und der Gläubiger befürchten muss, aus den Gerichtskosten als Zweitschuldner in Anspruch genommen zu werden.[138]

1.7. Status des Liquidators und Liquidatorenvertrag

1.7.1. Gemeinsamkeiten und Unterschiede zwischen Liquidator und Geschäftsführer

72 Die Rechtsqualität des Liquidatorenamtes entspricht derjenigen des Geschäftsführers der GmbH: Die Organstellung des Liquidators ist zu unterscheiden von dessen Vertragsverhältnis mit der GmbH, aufgrund dessen er tätig wird und das eigenen Regelungen unterliegt.[139] Das kann ein Arbeits- oder Dienstvertrag sein, in dem sich der Liquidator zur ordnungsgemäßen Durchführung der Liquidation verpflichtet, wobei häufig eine pauschale Vergütung vereinbart wird.

Andererseits muss der rechtliche und tatsächliche Status von Liquidator und Geschäftsführer in folgenden Hinsichten unterschieden werden:

---

134 *Rowedder/Schmidt-Leithoff*, Anh. nach § 60 Rz. 21; *Scholz*, § 66 Rz. 23, 55.

135 BayObLG, Beschluss vom 02. 08. 1995, 3Z BR 143/95, BB 1995, 2184; *Baumbach/Hueck*, § 66 Rz. 27; *Rowedder/Schmidt-Leithoff*, § 66 Rz. 6; *Scholz*, § 66 Rz. 23.

136 BayObLG, Beschluss vom 02. 08. 1995, 3Z BR 143/95, BB 1995, 2184; Der Liquidator kann über das noch vorhandene Vermögen der GmbH verfügen, während der Gesellschafter immer noch am (Rest)Vermögen der Gesellschaft beteiligt ist und deshalb durch die Begründung der Verfügungsbefugnis für einen Dritten – dem Liquidator – unmittelbar betroffen ist. Dies genügt den Anforderungen des § 59 Abs. 1 FamFG zur Beschwerdeberechtigung. A.A. *Baumbach/Hueck* Anh. § 60 Rz. 12, *Hachenburg/Hohner* Anh. § 60, Rz. 44, *Rowedder/Schmidt-Leithoff* Anh. § 60 Rz. 21.

137 OLG Düsseldorf, Beschluss vom 13. 02. 2004, 3 Wx 360/03, DB 2004, 808.

138 Jedenfalls bei einer gegen die GmbH in Liquidation angestrengten Klage, OLG Düsseldorf, Beschluss vom 13. 02. 2004, 3 Wx 360/03, DB 2004, 808.

139 *Scholz*, § 66 Rz. 50; *Rowedder/Schmidt-Leithoff*, § 66 Rz. 14.

Geschäftsführer	Liquidator
Bestellung auf unbestimmte Zeit	Kurz- bis mittelfristig übernommene Aufgabe, die Gesellschaft aufzulösen
Führung der Geschäfte einer werbenden -Gesellschaft	Beendigung der Gesellschaft durch Versilberung ihres Vermögens
Zukunftsorientierter Tätigkeitszweck	Zerschlagungsorientierter Tätigkeitszweck
Jederzeitige Abberufung nur bei wichtigem Grund	Jederzeitige Abberufung auch ohne wichtigen Grund, außer wenn die Satzung dies vorsieht (strittig) oder bei Sonderrecht

1.7.2. Rechtsverhältnis des gerichtlich bestellten Liquidators

Bei einem gem. § 66 Abs. 2 GmbHG gerichtlich bestellten Liquidator und einem gem. §§ 29, 48 Abs. 1 BGB analog gerichtlich bestellten Notliquidator kommt durch den Bestellungsakt allein zunächst kein Rechtsverhältnis mit der GmbH zustande. Einigt sich der Liquidator nicht mit der Gesellschafterversammlung, so kann das Registergericht keinen Anstellungsvertrag festsetzen.[140] Die Höhe der Vergütung und des Auslagenersatzes wird in diesem Fall gem. § 265 Abs. 4 Satz 1 und 2 AktG entsprechend auf Antrag vom Gericht bestimmt.[141] *73*

1.7.3. Anstellungsvertrag der nicht gerichtlich bestellten Liquidatoren

Nach allgemeiner Ansicht handelt es sich bei dem Vertrag zwischen dem Liquidator und der Gesellschaft regelmäßig um einen Dienstvertrag gem. § 611 BGB.[142] *74*

Der *geborene* Liquidator ist als Geschäftsführer im Allgemeinen bereits durch einen Anstellungsvertrag an die Gesellschaft gebunden. Dieser Vertrag wird durch die Auflösung der Gesellschaft nicht berührt, sondern besteht fort.[143] Der gekorene Liquidator wird aufgrund eines Dienstvertrags mit der Gesellschaft tätig, den die Gesellschafterversammlung beschließt[144] oder der durch die Aufnahme der Tätigkeit konkludent abgeschlossen wird.[145] Der Vertrag ist auflösend bedingt durch die Anmeldung des Schlusses der Liquidation zum Handelsregister gem. § 74 Abs. 1 Satz 1 GmbHG.[146]

---

140 *Baumbach/Hueck*, § 66 Rz. 23; *Hachenburg/Hohner*, § 66 Rn. 56; *Roth/Altmeppen*, § 66 Rz. 40; *Scholz*, § 66 Rz. 50; A. A. *Rowedder/Schmidt-Leithoff*, § 66 Rz. 14.

141 *Baumbach/Hueck*, § 66 Rz. 23.

142 KG Berlin, Urteil vom 26. 11. 1997, 23 U 5873/95, GmbHR 1998, 1039; LG Hamburg, Urteil vom 12. 11. 1970 – 71 T 38/70, MDR 1971, 298; *Scholz*, § 66 Rz. 50; *Rowedder/Schmidt-Leithoff*, § 66 Rz. 14; *Lutter/Hommelhoff*, § 66 Rz. 9; also kein Werkvertrag.

143 *Rowedder/Schmidt-Leithoff*, § 66 Rn. 13; *Scholz*, § 66 Rn. 6; *Hachenburg/Hohner*, § 66 Rn. 55; *Meyer*, GmbHR 1998, 1019.

144 §§ 69 Abs. 1, 46 Nr. 5 GmbHG, *Baumbach/Hueck*, § 66 Rn. 17.

145 So auch KG Berlin, Urteil vom 26. 11. 1997, 23 U 5873/95, GmbHR 1998; *Scholz*, § 66 Rz. 50, *Meyer*, GmbHR 1998, 1019.

146 BGH, Urteil vom 23. 02. 1970, II ZB 5/69, NJW 1970, 1045; BayObLG, Urteil vom 13. 01. 1994, 3Z BR 311/94, GmbHR 1994, 260; *Roth/Altmeppen*, § 74 Rz. 3; zur Kündigung des Anstellungsvertrages s. u. 2.6.

1.7.4. Besonderheiten bei der Bestellung eines Rechtsanwalts als Liquidator

75 Wird ein Rechtsanwalt als Liquidator bestellt, so stellt sich die Frage, ob er für seine gerichtliche und außergerichtliche Tätigkeit als Anwalt eine zusätzliche Vergütung nach dem RVG erhält. Das wird für die Wahrnehmung solcher Aufgaben bejaht, die besonderer rechtlicher Fähigkeiten bedürfen und zu deren sachgerechter Erledigung daher selbst ein als Liquidator erfahrener Nichtjurist einen Rechtsanwalt hinzuziehen müsste.[147] Dabei macht es grundsätzlich keinen Unterschied, ob es sich um eine gerichtliche oder eine außergerichtliche Tätigkeit handelt.[148] Allerdings sind strenge Maßstäbe anzulegen. Der als Verwalter oder Liquidator tätige Rechtsanwalt kann daher für die Verwertung von Grundstücken, eine für einen Liquidator typische Aufgabe, kein über die vereinbarte Vergütung hinausgehendes Honorar verlangen. Etwas anderes gilt nur, wenn in diesem Zusammenhang rechtliche Schwierigkeiten zu bewältigen sind, die ein Liquidator ohne volljuristische Ausbildung nicht selbst hätte lösen können.[149]

2. Beendigung des Liquidatorenamtes und des Anstellungsverhältnisses

2.1. Beendigung durch Erklärung gegenüber dem Registergericht

76 Nach Abschluss der Abwicklung hat der Liquidator die Erfüllung seiner Aufgabe dem Registergericht gegenüber zu erklären. Dies stellt den Regelfall des Endes des Liquidatorenamtes dar.

2.2. Niederlegung des Liquidatorenamtes

77 Ein Liquidator kann allerdings vor dem regulären Ende des Amtes – von Ausnahmen abgesehen – jederzeit, auch ohne wichtigen Grund, sein Amt niederlegen. Deshalb würde einer nachträglichen Beschwerde gegen die Bestellung zum Liquidator das Rechtsschutzbedürfnis ermangeln.

Ist ein weiterer Liquidator bestellt, so ist die Niederlegung ihm gegenüber als Organ der Gesellschaft zu erklären, falls nicht, ist die Erklärungsgegner die Gesellschaftsversammlung. Dabei reicht es nach der Rechtsprechung des BGH aus, wenn die Niederlegung einem Gesellschafter gegenüber erklärt wird, der dann die Mitgesellschafter zu unterrichten hat.[150] Ein Mitgesellschafter kann sich nicht darauf berufen, er hätte die Niederlegungserklärung nur als Geschäftsführer entgegengenommen. Eine Adressierung an die GmbH ist in diesem Fall unschädlich.[151] Ist der Liquidator vom Gericht bestellt worden, so hat er die Niederlegung gegenüber dem Gericht zu erklären.[152]

---

147 BGH, Urteil vom 17. 09. 1998, IX ZR 237/97, BB 1998, 2384.

148 BFH, NJW 1965, 2271, 2272; LG Dresden ZIP 1995, 1035, 1036; vgl. auch BGHZ 55, 101, 102; die dort aufgestellten Grundsätze gelten sinngemäß ebenfalls für einen Liquidator.

149 Im vom BGH zur BRAGO entschiedenen Fall wurden für die anwaltlich vertretene Käuferin des Grundstückes im Wert von 6,5 Mio. Euro in umfangreichen und schwierigen Verhandlungen und vier Besprechungen insgesamt sechs Vertragsentwürfe gefertigt; BGH, Urteil vom 17. 09. 1998, IX ZR 237/97, BB 1998, 2385.

150 BGH, Urteil vom 17. 09. 2001, II ZR 378/99, eingehend zur Niederlegung Meier/Gilsing , NWB 2009, 377.

151 OLG Hamm, Urteil vom 10. 08. 2010, I-15 W 309/10. Sicherheitshalber kann der (Einzel)Liquidator allen Gesellschaftern gegenüber die Niederlegung seines Amtes erklären (obwohl nach der Rechtsprechung nicht erforderlich), die GmbH und den Namen des Gesellschafters in die Adressierung aufnehmen und die Zugangsnachweise gut aufbewahren.

152 BGH, GmbHR 1993, 508.

Wie beim Geschäftsführer obliegt es dem Liquidator, den Zugang der Niederlegungserklärung nachzuweisen. Der Eingangsstempel der Alleingesellschafterin einer GmbH auf einer Kopie des Niederlegungsschreibens ist dabei ausreichend, weil davon ausgegangen werden kann, dass der Gesellschafter die Erklärung dem zuständigen Organ weiterleitet.[153] Ein Sendebericht für ein Telefax soll nach der Rechtsprechung jedoch nicht ausreichen.[154] Ich halte diese Anforderungen im Hinblick auf die allgemeine Anerkennung von zugangsbedürftigen Erklärungen per Fax für überspannt. Andere Gerichte halten den urkundlichen Nachweis für den Zugang lediglich dann erforderlich, wenn sich aus dem übrigen Inhalt der Anmeldung Zweifel daran ergeben, dass die Niederlegungserklärung dem Gesellschafterorgan tatsächlich zugegangen ist. Nach überwiegender Meinung in der Literatur kann das Registergericht immer dann von der Richtigkeit der angemeldeten Tatsache ausgehen, wenn die Eintragung nur deklaratorischen Charakter hat. Das Amt des Geschäftsführers bzw. Liquidators ist bereits mit dem Zugang der Erklärung beendet, die Eintragung im Handelsregister wirkt also nur deklaratorisch. Nach dieser vorzugswürdigen Ansicht ist das Registergericht nur dann zur weiteren Aufklärung verpflichtet, wenn es begründete Zweifel am Zugang der Erklärung und damit an der Richtigkeit der Anmeldung hegen kann.

Nicht von Nöten ist ein wichtiger Grund für die Amtsniederlegung. Allerdings hat die Rechtsprechung eine Kasuistik zu rechtsmissbräuchlichen Amtsniederlegung zur Unzeit herausgebildet. Im Grundsatz kann sich der Liquidator auch schadensersatzpflichtig machen.[155] Anders als bei Fremdliquidatoren, bei denen es der Gesellschafterversammlung jederzeit freisteht, einen anderen Liquidator zu berufen, ist die Amtsniederlegung durch den Gesellschafter-Liquidator bei einer Ein-Personen-GmbH von zusätzlich aufgestellten Voraussetzungen abhängig, die die Rechtsprechung zur Amtsniederlegung des Gesellschafter-Geschäftsführers entwickelt hat[156]. Wenn nicht ein neuer Geschäftsführer bestellt wird, ist sie bei einem alleinigen Gesellschafter-Geschäftsführer regelmäßig rechtsmissbräuchlich und daher unwirksam.[157]

Wenn die Bestellung eines neuen Geschäftsführers unterbleibt, wird die Amtsniederlegung nur aus wichtigem Grund anerkannt. Nach der überwiegenden Meinung in der Literatur ist dies abzulehnen[158]. Inwieweit die Rechtsprechung auf diese Linie einschwenkt, weil das MoMiG besondere Vorkehrungen für den Fall der Führerlosigkeit der GmbH vorsieht, bleibt abzuwarten. Im Übrigen hat der Liquidator bei einer freiwilligen Amtsaufgabe stets auch eventuelle einschränkende Satzungsbestimmungen zu beachten.

Das Ausscheiden eines Liquidators muss vom weiteren Liquidator zum Handelsregister angemeldet werden. Ist kein weiterer Liquidator bestellt, ist umstritten, ob der letzte Liquidator einer GmbH nach dem Zugang seiner mit sofortiger Wirkung ausgesprochenen Amtsniederlegung beim Erklärungsgegner die Niederlegung noch selbst beim Handelsregister anmelden

153 OLG Thüringen, Beschluss vom 29. 07. 2010, 6 W 91/10, GmbHR 2011, 31.

154 OLG Hamburg, Urteil vom 06. 05. 2010, 11 W 36/10; Rechtsbeschwerde beim BGH unter II ZR 15/10.

155 *Baumbach/Hueck*, § 66 Rz. 31, § 38 Rz. 83ff.

156 OLG Köln, Beschluss vom 01. 02. 2008, 2 Wx 3/08, GmbHR 2008, 544; OLG Düsseldorf, Beschluss vom 06. 12. 2000, 3 Wx 393/00.

157 OLG München, Beschluss vom 16. 03. 2011, 31 Wx 64/11, GmbHR 2011, 486.

158 *Altmeppen/Roth* § 38 Rz. 78; A.A. *Lutter/Hommelhoff* § 38 Rz. 41, eingehend zur Problematik, *Meier/Gilsing* , NWB 2009, 377.

kann. Von einigen Gerichten wird dabei zu Recht aus Praktikabilitätsgründen eine nachwirkende Anmeldungsbefugnis innerhalb eines begrenzten Zeitraumes angenommen.[159]

2.3. Wegfall durch nachträgliche Amtsunfähigkeit

78 Tritt bei einem Liquidator einer der gesetzlichen Amtsunfähigkeitsgründe später ein, so erlischt sein Amt automatisch; etwa im Falle des Verlusts der unbeschränkten Geschäftsfähigkeit.[160]

2.4. Abberufung des geborenen, gekorenen und statutarischen Liquidators

79 Gem. § 66 Abs. 3 Satz 2 GmbHG kann die Gesellschafterversammlung jederzeit beschließen, den Liquidator vorzeitig abzuberufen, soweit er nicht gerichtlich bestellt wurde. Wenn die Satzung der GmbH die Abberufung des Geschäftsführers gem. § 38 Abs. 2 GmbHG an bestimmte Voraussetzungen knüpft, z.B. an grobe Pflichtverletzungen oder die Unfähigkeit zur ordentlichen Geschäftsführung, ist umstritten[161], ob dies auch für den Liquidator gilt.

Die ablehnende herrschende Ansicht stützt sich auf den Gesetzestext, der in § 66 GmbHG gerade keine dem § 38 Abs. 2 GmbHG entsprechende Regelung für den Liquidator vorsieht, und möchte diese Vorschrift auch nicht analog anwenden, weil auch in der Verweisungsnorm des § 71 Abs. 4 GmbHG nicht auf § 38 GmbHG Bezug genommen wird.[162]

Diese Ansicht übersieht aber, dass die gesetzlichen Regelungen zur Liquidation alles andere als erschöpfend sind und selbst in § 69 Abs. 1 GmbHG auf die Abschnitte 2 und 3 des GmbHG verweisen. Um die Lücken zu füllen, werden daher umfassend Vorschriften aus den in Bezug genommenen Abschnitten des GmbHG oder auch des AktG analog angewandt. Inwieweit die Rechtsstellung des geborenen Liquidators gegenüber der früheren als Geschäftsführer geschwächt ist, hat sich bei der Frage der Befreiung vom Selbstkontrahierungsverbot und der Einzelvertretungsbefugnis nach überzeugender Ansicht danach gerichtet, ob diese Kompetenzen von der Satzung herrühren oder bloß von Gesellschafterbeschlüssen aufgrund von Öffnungsklauseln (s.u. 5.3. und 5.4.).

80 Daher wird von Teilen der Literatur zu Recht befürwortet, § 38 Abs. 2 GmbHG für den Liquidator entsprechend anzuwenden und so satzungsmäßig die Abberufung des Liquidators analog zum Geschäftsführer an das Vorliegen eines wichtigen Grundes zu knüpfen.[163] Bei einem aufgrund eines Sonderrechts bestellten Liquidator ist darüber hinaus unbestritten stets ein wichtiger Grund für die Abbestellung erforderlich.[164]

---

159 LG Köln, Beschluss vom 14. 08. 1997, 87 T 25/97, GmbHR 1998, 183. Ebenso das LG Berlin, Beschluss vom 22. 07. 1992, 98 T 25/92, GmbHR 1993, 292, das eine Spanne von 19 Tagen genügen lässt. A.A. OLG Zweibrücken, Beschluss vom 30. 06. 1998, 3 W 130/98, GmbHR 1999, 479.

160 BayObLGZ 1982, 267/270; BayObLG, Urteil vom 30. 06. 1987, 3 Z 75/87, BB 1987, 1626.

161 BGH, Beschluss vom 12. 01. 2009, II ZR 27/08, zum wichtigen Grund bei der Zwei-Personen-GmbH.

162 *Roth/Altmeppen*, § 66 Rz. 22; *Rowedder/Schmidt-Leithoff*, § 66 Rz. 15; *Lutter/Hommelhoff*, § 66, Rz. 11, der eine statutarische Eingrenzung sogar ablehnt; *Meyer*, GmbHR 1998, 1019.

163 *Baumbach/Hueck*, § 66 Rz. 24, § 69 Rz. 14; *Scholz*, § 66 Rz. 44.

164 Allgemeine Meinung, vgl. *Lutter/Hommelhoff*, § 66, Rz. 11 und 4 m.w.Nw.

2.5. *Abberufung des gerichtlich bestellten Liquidators*

2.5.1. Abberufung nur durch das Gericht

Ein gerichtlich bestellter Liquidator kann auf Antrag nur vom Gericht und nur aus wichtigem Grund abberufen werden (§ 66 Abs. 3 GmbHG). Ein wichtiger Grund ist gegeben, wenn ohne das Eingreifen des Gerichts ein ordnungsgemäßer, reibungsloser und ungestörter Ablauf der Abwicklung ohne Benachteiligung auch nur eines Beteiligten nicht gewährleistet und somit der Abwicklungszweck gefährdet ist. Das ist insbesondere der Fall bei groben Pflichtverletzungen des Liquidators und seiner Unfähigkeit zur ordentlichen Geschäftsführung. *81*

Für die Entscheidung nach § 66 Abs. 3 Satz 1 GmbHG (Antrag auf Abberufung) gelten die gleichen Voraussetzungen wie für diejenige nach § 66 Abs. 2 GmbHG (Antrag auf Bestellung): Es bedarf hierzu eines wichtigen Grundes und eines Antrags von Gesellschaftern mit mindestens 10 % Gesellschaftsanteilen.[165] Dabei kann der Antrag auf Abberufung eines Liquidators mit dem Antrag auf Bestellung eines neuen Liquidators verbunden werden.[166]

2.5.2. Wirksame Bestellung zum Liquidator

Zunächst muss allerdings die wirksame Bestellung zum Liquidator geprüft werden. Vorher darf über eine beantragte Abberufung sachlich nicht entschieden werden. *82*

Dies kann an zwei Voraussetzungen scheitern, die bei der Bestellung vorliegen müssen: die Geschäfts- und Amtsfähigkeit des Liquidators und die Abgabe der diesbezüglichen obligatorischen Versicherung. Zum Liquidator einer GmbH kann eine natürliche Person nur bestellt werden, wenn sie unbeschränkt geschäftsfähig ist[167], was selbstverständlich erscheint. Die Gründe für eine anfängliche Amtsunfähigkeit des Liquidators muss dabei nicht der Antragsteller behaupten, weil diese von Amts wegen zu ermitteln sind (§ 12 FamFG). Die Abberufung von Liquidatoren kommt daher nur in Betracht, wenn festgestellt ist, dass sie bei der Bestellung nicht amtsunfähig waren.[168]

Die gerichtliche Abberufung eines Liquidators nach § 66 Abs. 3 GmbHG setzt nämlich voraus, dass dieser überhaupt diese Amtsstellung erlangt hat. Diese Stellung erlangt der Liquidator ferner nur, wenn er die nach § 67 Abs. 3 GmbHG vorgeschriebene Versicherung abgegeben hat. Wurde diesem Erfordernis nicht genüge getan, hat der Liquidator dieses Amt aber schon aus Rechtsgründen nicht inne. Er kann dann daher schon begrifflich nicht abberufen werden.[169]

2.5.3. Nachträgliche Geschäfts- und Amtsunfähigkeit des Liquidators

Wird der Liquidator später geschäftsunfähig, so führt dies ohne weiteres zur Beendigung seines Amtes.[170] Geschäftsunfähigkeit ist gegeben, wenn sich ein Beteiligter in einem die freie Willensbestimmung ausschließenden, nicht nur vorübergehenden Zustand krankhafter Störung der Geistestätigkeit befindet (§ 104 Nr. 2 BGB). Dies muss allerdings positiv vom erken- *83*

[165] BayObLG, Beschluss vom 06. 12. 1995, 3Z BR 216/95, BB 1996, 234.
[166] *Baumbach/Hueck* § 66 Rz. 20.
[167] *Baumbach/Hueck* § 66 Rz. 5.
[168] BayObLG, Urteil vom 30. 06. 1987, 3 Z 75/87, BB 1987, 1625.
[169] BayObLG, Urteil vom 30. 06. 1987, 3 Z 75/87, BB 1987, 1626.
[170] BayObLG, BB 1987, 1627; *Baumbach/Hueck*, § 66 Rz. 5, 26.

nenden Gericht festgestellt werden, weil allgemein im Verfahren der freiwilligen Gerichtsbarkeit ein volljähriger Beteiligter so lange als geschäftsfähig gilt, als nicht das Gegenteil erwiesen ist.[171]

2.5.4. Wichtige Gründe für die Abbestellung

a) Rechtfertigung der Abbestellung

84 Der Begriff des wichtigen Abberufungsgrundes eines Liquidators muss nicht die Schwelle der Amtsunfähigkeit im Sinne des § 6 Abs. 2 GmbHG erreichen. Es kommen alle Umstände in Betracht, die einem Gesellschafter Anlass geben können, erhebliche Nachteile für die Liquidation befürchten zu müssen. Maßgeblich ist dann, ob ohne das Eingreifen des Gerichts ein ordnungsgemäßer, reibungsloser und ungestörter Ablauf der Abwicklung ohne Benachteiligung nicht mehr gewährleistet und somit der Abwicklungszweck, die Vollbeendigung der Gesellschaft, gefährdet ist.[172] Der wichtige Grund ist ein unbestimmter Rechtsbegriff, der der vollen Nachprüfung durch das Rechtsbeschwerdegericht unterliegt.[173]

b) Gründe in der Person und im bisherigen Gebaren des Liquidators

85 Ein wichtiger Grund für die Abberufung kann sein, wenn bestimmte Tatsachen Misstrauen gegen die Unparteilichkeit des Liquidators gegenüber allen Gesellschaftern hervorrufen[174], die Gefahr eines Widerstreits der Interessen des Liquidators mit denjenigen der Gesellschafter und sonstigen Beteiligten besteht[175] oder erhebliche Streitigkeiten im Verhältnis zu einzelnen Gesellschaftern vorliegen.[176] Ein Verschulden des Abzuberufenden ist nicht erforderlich.[177]

Ein wichtiger Grund besteht auch, wenn der Abschluss eigennütziger, schädlicher Geschäfte zu befürchten ist.[178] Dabei ist das Verhalten eines Liquidators zur Zeit seiner Geschäftsführertätigkeit als Maßstab geeignet[179], insbesondere wenn der Mehrheitsgesellschafter und Geschäftsführer den Minderheitsgesellschafter zu benachteiligen suchte. Das kann der Fall sein, wenn der Liquidator als Geschäftsführer den Gesellschafter nicht zu Gesellschafterversammlungen eingeladen und ihn auch sonst nicht über die Gesellschaft informiert hat.[180]

War der Liquidator in der Vergangenheit an Firmenzusammenbrüchen und Insolvenzen beteiligt oder hat bereits die Eidesstattliche Versicherung abgegeben, müssen Zweifel an der persönlichen Eignung des Liquidators aufkommen. Es ist dann nicht zu erwarten, dass er als ge-

---

171 BayObLGZ 1966, 263; OLG Köln, Urteil vom 03. 01. 2003, 2 Wx 39/02, BB 2003, 978: Das Gericht muss den Sachverhalt ausreichend erforschen.

172 BayObLG, BayObLGR 1996, 26 m.w.Nw.; *Scholz*, § 66 Rz. 45.

173 BayObLG, GmbHR 1987, 307; *Baumbach/Hueck*, § 66 Rz. 21; *Scholz*, § 66 Rz. 24.

174 *Scholz*, § 66 Rz. 19; *Hachenburg/Hohner*, § 66 Rz. 30.

175 BayObLG, BB 1987, 1627; *Hachenburg/Hohner*, § 66 Rz. 60.

176 *Baumbach/Hueck*, § 66 Rz. 20; OLG Frankfurt a.M., Beschluss vom 15. 11. 2005, 20 W 388/05, GmbH-Stpr 2006, 177: Ein wichtiger Grund für die Abberufung ist, wenn die zwei gleichberechtigten und zerstrittenen Gesellschafter und Liquidatoren über Jahre hinweg ein Grundstück der GmbH nicht veräußern konnten.

177 BayObLG, NJW 1955, 1678; BB 1987, 1627.

178 BayObLG, BB 1987, 1627; OLG Düsseldorf, OLGR 1999, 101, 102; *Scholz*, § 66 Rz. 45.

179 BayObLG, NJW 1955, 1678; *Scholz*, § 66 Rz. 45.

180 BayObLG, Beschluss vom 06. 12. 1995, 3Z BR 216/95, BB 1996, 235.

wissenhafter neutraler Sachwalter nicht nur die Interessen der Gesellschaft bzw. der Gesellschafter, sondern auch der Gesellschaftsgläubiger wahrt.[181]

Nicht erforderlich ist, dass bereits konkrete Nachteile für die Gesellschaft eingetreten sein müssen.[182] Die Beurteilung ist nämlich stets zukunftsbezogen. Ist die Liquidation schon weit fortgeschritten oder fast abgeschlossen, müssen überhaupt noch bedeutsame Handlungen für den Liquidator anstehen, so dass etwaige Zweifel an seiner Unparteilichkeit seine Abberufung rechtfertigen können. Bedeutsam ist stets, in der Schlussauskehrung die Ansprüche der Gesellschafter untereinander auszugleichen. Anders wenn der Liquidator hingegen nur noch Tätigkeiten zu erledigen hat, die den Abwicklungszweck nicht mehr gefährden können, wie beispielsweise angesichts „leerer Kassen" der Gesellschaft die Beendigung der Liquidation anzumelden.[183] *86*

c) Mangelhafte Amtsführung des Liquidators

Der wichtige Grund kann sich ferner aus der Ausführung des Liquidatorenamtes ergeben, wobei ein Verschulden des Abzuberufenden nicht erforderlich ist.[184] Wichtige Gründe für die Abberufung eines Liquidators sind seine Unfähigkeit zur ordnungsgemäßen Geschäftsführung oder schwer wiegende Pflichtverletzungen. *87*

Abberufungsgrund kann sein, wenn der Liquidator die Liquidation nicht zügig genug vorantreibt. Ist eine Gesellschaft schon seit längerer Zeit aufgelöst, und ist ein Insolvenzverfahren mangels Deckung der Verfahrenskosten abgelehnt worden, muss der Liquidator darlegen, warum er die Liquidation noch nicht abschließen konnte.[185]

Als ausreichender Abberufungsgrund wurde angesehen, wenn der Nachtragsliquidator mehrere Anfragen des Gerichts über mehrere Jahre hinweg, teilweise mit Fristsetzung, ob die Nachtragsliquidation zwischenzeitlich beendet ist bzw. welche Abwicklungstätigkeiten noch notwendig sind, konsequent unbeantwortet lässt. Eine solche Untätigkeit rechtfertigt die Befürchtung, der Liquidator übe die Aufgaben des Abwicklers nicht mit der gebotenen Sorgfalt aus und besitze für die Tätigkeit als Abwickler nicht (mehr) die notwendige Zuverlässigkeit.[186] Das gleiche gilt, wenn der Liquidator auf Aufforderungen des Gerichts, zu ganz erheblichen Pflichtverletzungen Stellung zu nehmen, die im Rahmen eines Abberufungsantrages Dritter vorgetragen wurden, nicht reagiert. *88*

d) Irrelevante Pflichtverstöße des Liquidators und Rechtsmittel

Keine grobe Pflichtverletzung liegt demgegenüber vor, wenn unterjährige Fehlbuchungen erst im Jahresabschluss berichtigt werden. Auch darf der Liquidator bei einer „kleinen GmbH" von einem erläuternden Bericht zur Eröffnungsbilanz und von einem Lagebericht absehen.[187] Tatsächlich finden sich in der Praxis in jeder Buchführung Fehler, die üblicher- *89*

181 BayObLG, Urteil vom 30. 06. 1987, 3 Z 75/87, BB 1987, 1627.
182 *Michalski*, § 66 Rz. 41.
183 BayObLG, Beschluss vom 06. 12. 1995, 3Z BR 216/95, BB 1996, 235.
184 BayObLG, NJW 1955, 1678; *Scholz*, § 66 Rz. 45.
185 BayObLG, Urteil vom 30. 06. 1987, 3 Z 75/87, BB 1987, 1627.
186 OLG Köln, Urteil vom 06. 01. 2003, 2 Wx 39/02, BB 2003, 979.
187 OLG Düsseldorf, Beschluss vom 19. 09. 2001, 3 Wx 41/01, DB 2002, 39.

weise im Rahmen der Abschlussarbeiten korrigiert werden. Auch Sammelbuchungen sind in der Praxis üblich und zulässig, soweit sie anhand der aufbewahrten Journale einem Dritten ohne unverhältnismäßig hohen Zeitaufwand einen Einblick in die geschäftlichen Verhältnisse vermitteln.

Gegen die Entscheidung des Registergerichtes steht dem abberufenen Liquidator die sofortige Beschwerde zu[188], gegen eine weitere ablehnende Entscheidung die fristgebundene sofortige weitere Beschwerde.[189]

2.5.5. Gerichtliche Abberufung eines Nachtragsliquidators

90 In entsprechender Anwendung des § 273 Abs. 4 AktG für eine GmbH kann ein Nachtragsliquidator gerichtlich bestellt werden.[190] Die Vorschriften über die Liquidation finden entsprechende Anwendung, da die Nachtragsliquidation als eine Fortsetzung der Abwicklung zu betrachten ist. Daher kann das Gericht nach § 66 Abs. 3 Satz 1 GmbHG den Nachtragliquidator unter denselben Voraussetzungen abberufen, insbesondere wenn ein wichtiger Grund dies notwendig macht.[191]

2.6. Kündigung des Anstellungsvertrages

2.6.1. Unabhängigkeit des Anstellungsvertrags von der Abberufung

91 Nach allgemeiner Ansicht in der Literatur wird das Anstellungsverhältnis des Liquidators durch die Abberufung nicht berührt. Für dessen Beendigung sind daher die Kündigungsvorschriften des BGB zu beachten.[192]

2.6.2. Ordentliche Kündigung

92 Eine ordentliche Kündigung ist nach zutreffender Ansicht nicht dadurch ausgeschlossen, dass das Anstellungsverhältnis bereits seinem Wesen nach stets auf den Abschluss des Liquidationsverfahrens befristet ist, so dass es einer ausdrücklichen Kündigung des Dienstvertrags nach Beendigung der Liquidation nicht bedürfe.[193] Streitig ist allerdings, ob die Fristen für die ordentliche Kündigung nach § 622 Abs. 1 BGB analog oder nach § 621 Abs. 1 Nr. 3 BGB zu bestimmen sind.[194]

2.6.3. Außerordentliche Kündigung

93 Eine automatische Verknüpfung von jederzeit möglicher Abberufung und außerordentlicher Kündigung wird in der Literatur unter Hinweis auf die Kündigungsvorschriften des BGB

188 § 402 Abs. 1 i.V.m. §§ 375, 402 Abs. 2 S. 1 FamFG bzw. § 273 Abs. 5 AktG entsprechend.

189 Frist: §§ 25, 17 ff. Abs. 1 FamFG; vgl. KG, NJW 1957, 1723 zu § 2 Abs. 3 LöschG a. F.; OLG Düsseldorf, OLGR 1999, 102; OLG Schleswig, NJW-RR 2000, 770, FGPrax 2000, 73; *Baumbach/Hueck*, § 66 Rz. 39.

190 Dazu i. E.: Teil 1. D.II.2.

191 OLG Köln, Urteil vom 06. 01. 2003, 2 Wx 39/02, BB 2003, 978.

192 *Scholz*, § 66 Rz. 50; *Rowedder/Schmidt-Leithoff*, § 66 Rz. 15; *Baumbach/Hueck*, § 66 Rz. 25; *Hofmann*, GmbHR 1976, 231f.

193 *Meyer*, GmbHR 1998, 1020. A.A. KG Berlin, Urteil vom 26. 11. 1997, 23 U 5873/95, GmbHR 1998, 1039.

194 s. hierzu für den Geschäftsführer *Gehrlein*, BB 1996, 2257; *Hümmerich*, NJW 1995, 1177; *Reiserer*, DB 1994, 1822; *Bauer*, BB 1994, 855.

(§§ 620 ff.) allgemein abgelehnt.[195] Es wird vielmehr nach wirtschaftlicher Abhängigkeit des Liquidators unterschieden: Diese wird angenommen, wenn der Liquidator in einem dauernden Dienstverhältnis mit festen Bezügen i.S.d. § 627 Abs. 1 BGB steht. Voraussetzung dafür ist, dass es aus der Sicht des Dienstverpflichteten wenigstens für absehbare Zeit und jedenfalls zu einem nennenswerten Anteil seine wirtschaftliche Existenz sichert.

Diese Voraussetzung wird i.d.R. vorliegen, wenn der Liquidator bereits zuvor als Geschäftsführer bei der Gesellschaft hauptberuflich tätig war, nicht dagegen, wenn er daneben noch andere Tätigkeiten ausübt, wie das bei Rechtsanwälten, Steuerberatern und Wirtschaftsprüfern als Liquidatoren fast ausnahmslos der Fall ist.[196] Nur bei nicht hauptberuflich tätigen Liquidatoren ist also in der Abberufung konkludent eine außerordentliche Kündigung des Dienstvertrages zu sehen, wobei ein wichtiger Grund nicht zur Seite stehen muss.[197] Ist kein Stundensatz sondern ein Pauschalhonorar vereinbart, wird es in diesen Fällens schwierig sein, den verdienten Teil zu bestimmen, weil kein Werkvertrag angenommen wird.

3. Aufgaben der Liquidatoren

3.1. Abwicklung der Gesellschaft

Die Liquidatoren haben die Aufgabe, die Gesellschaft bis zum Antrag auf Löschung abzu- 94
wickeln. Sie vertreten die Gesellschaft gerichtlich und außergerichtlich. Dabei müssen sie die gesellschaftsrechtlichen und gesetzlichen Verpflichtungen beachten (s.a. Checkliste im Anhang unter A.).

Die Liquidatoren haben zunächst die Auflösung zur Eintragung im Handelsregister anzumelden und die Auflösung bekannt zu machen, damit das Sperrjahr in Gang gesetzt wird. Sie müssen, falls die Gesellschaft über einen Internetauftritt verfügt, gem. § 5 TMG[198] in dessen Impressum die liquidationsbedingten Änderungen eintragen:

- Der Firma der GmbH wird der Zusatz i.L. angehängt.
- Die Liquidatoren werden als vertretungsbefugt angegeben.
- Gfs. die geänderte leicht erreichbare Kontaktmöglichkeit (E-Mail-Adresse und m.E. auch Telefonnummer).

Das Gleiche gilt für die Angaben auf den Geschäftspapieren.

Die Liquidatoren beendigen die laufende Geschäftstätigkeit, wickeln die schwebenden Ge- 95
schäfte ab und kündigen Mitarbeitern und langfristige Verträge. Neue operative und sonstige Geschäfte dürfen im Liquidationszeitraum nicht eingegangen werden, es sei denn, auch diese Geschäfte sind ausnahmsweise für die Abwicklung der Gesellschaft erforderlich. Zu denken ist in erster Linie an Abfindungsvereinbarungen bei nicht zeitnah kündbaren Dauerschuldverhältnissen.

---

195 A.A. KG Berlin, Urteil vom 26. 11. 1997, 23 U 5873/95, GmbHR 1998: Der Anstellungsvertrag des Liquidators ist jederzeit kündbar – auch ohne Vorliegen wichtiger Gründe, wie für § 626 Abs. 1 BGB erforderlich.

196 Vgl. KG Berlin, Urteil vom 26. 11. 1997, 23 U 5873/95, GmbHR 1998, 1039; *Meyer*, GmbHR 1998, 1021.

197 *Baumbach/Hueck*, § 66 Rz. 25, 28; *Lutter/Hommelhoff*, § 66 Rz. 12.

198 Neufassung des TDG/MDStV zum 01. 01. 2007: Bei redaktionell gestalteten Angeboten findet sich die gleich lautende Vorschrift in § 55 RStV, dort auch noch weitere Vorschriften zur „presserechtlichen" Verantwortlichkeit.

Alle Verpflichtungen der aufgelösten Gesellschaft müssen noch erfüllt werden. Besteht an der zu liquidierenden GmbH eine stille Beteiligung, so muss zunächst die stille Beteiligung aufgelöst und auseinandergesetzt werden. Allgemein muss der Liquidator in jeder Lage und bei jeder Entscheidung die Gläubigerinteressen sichern. Dazu gehören auch die Verpflichtungen, die sich aus der Steuerpflicht der GmbH i.L. ergeben (dazu im Einzelnen der nächste Abschnitt).

Soweit es sich um zukünftige Verpflichtungen (Hauptbeispiel Pensionszusagen s. Teil 2 D.) handelt, müssen diese von Dritten gegen an Sie zu zahlendes Entgelt abgelöst werden oder durch Verzicht wegfallen. Auch Gesellschafterdarlehen müssen von der GmbH getilgt werden oder aber der Gesellschafter verzichtet ganz oder teilweise auf die Rückzahlung. Dies gilt auch, wenn für sie ein Rangrücktritt besteht, weil dadurch die Frage, wie die Verbindlichkeit aus der Bilanz zu entfernen ist, lediglich ganz an das Ende der Liquidation gedrängt wird – allerdings noch vor der Aufstellung der abschließenden Liquidationsbilanz, die wiederum die Steuerschuld aus der Liquidation bestimmt. Denn infolge eines letztlich unumgänglichen Verzichts des Gesellschafters auf die Forderung, wenn nämlich keine ausreichenden Mittel mehr zur Verfügung stehen (und dies auch im Hinblick auf absehbare Steuerabschlusszahlungen der GmbH), entsteht bei der GmbH ein steuerpflichtiger Erlös, soweit die Forderung nicht mehr werthaltig ist. Das ist jedoch genau dann anzunehmen, soweit der GmbH ausreichende Tilgungsmittel nicht mehr zu Gebote stehen. Nur in Höhe des werthaltigen Teils der ausgefallenen Forderung ist eine verdeckte Einlage anzunehmen.[199] Das Problem wird nur dann einschneidend, wenn keine ausreichenden Verlustvorträge zur Verfügung stehen. Dass die – nicht mehr werthaltige – Forderung des Gesellschafters dann ohne Steuerauswirkung untergeht, wenn die Löschung der GmbH trotz insofern unrichtiger Schlussbilanz und unrichtiger Versicherung des Liquidators, die Gesellschaft sei schuldenfrei, betrieben wird, ist dogmatisch gewagt und von der Rechtsprechung nicht gedeckt.[200]

Es darf am Ende der Liquidation eben keine einzige Verbindlichkeit und kein sonstiger Passivposten außerhalb des Eigenkapitals mehr bestehen. Auch der Aufwand für die Aufbewahrung der Bücher der Gesellschaft sollte für die gesamte Aufgewahrungsdauer im Voraus bezahlt werden, da eine Rückstellung keinen Sinn macht. Für spätere Jahre wären weder Mittel vorhanden noch ein zur Auszahlung Berechtigter. Ausgenommen vom Rückstellungsverbot in der Schlussbilanz sind nur die Rückstellungen für Steuerabschlusszahlungen infolge der Liquidationsschlussbilanz.

96 Es sind ferner alle Forderungen – gfs. auch gegen die Gesellschafter[201] – einzuziehen und das Vermögen der GmbH zu verwerten, das heißt in Geld umzusetzen. Der Liquidator darf dabei das Gesellschaftsvermögen nicht verschleudern, um die Liquidation möglichst schnell abschließen zu können. Wenn eine kurzfristig und wertgerechte Veräußerung von Aktivvermögen wie Grundstücke oder Produktionsanlagen nicht möglich ist, muss sich der Liquidator darum kümmern, welcher der Anteilseigner ein schwer veräußerbares Wirtschaftsgut zu einem angemessen Preis und gegen Anrechnung seines Anteils am Liquidationserlös übernimmt. Letzteres ist immer dann möglich, wenn die übrigen Barmittel zur Befriedigung aller Gesell-

199 Ständige Rechtsprechung seit BFH, Urteil vom 09.06.1997, GrS 1/94, BB 1997, 1735.

200 Seppelt, BB 2010, 1399, so auch Wälzholz, GmbHR 2011, 122.

201 S.o. Teil 1 C.II.3.1.

schaftsgläubiger ausreichen. Gfs. muss der Übernehmer einen Aufpreis bezahlen, der an die anderen Gesellschafter verteilt werden kann.

Der Liquidator hat die handels- und steuerrechtlichen Liquidationsbilanzen aufzustellen, worauf im Folgenden noch näher einzugehen ist. Im Regelfall frühestens nach Ablauf des Sperrjahres ist schließlich die Liquidationsschlussrechnung zu erstellen, die die Verteilung des verbleibenden Gesellschaftsvermögens an die Anteilseigner festlegt. Der Liquidationserlös ist anschließend an die Anteilseigner auszuzahlen. Schließlich müssen die Bücher der Gesellschaft noch an den vertraglich Verpflichteten übergeben werden und das Erlöschen der GmbH zur Eintragung in das Handelsregister angemeldet werden.

3.2. Verwaltung der Mittel

Die Vorstellung, wonach die Mittel der Gesellschaft in der Liquidation gleichsam eingefroren seien und keine Erträge abwerfen dürften, ist antiquiert. Eine ordnungsgemäße kaufmännische Mittelverwendung ist vielmehr auch im Liquidationsstadium geboten[202], so dass der Liquidator insbesondere im Sperrjahr liquide Mittel möglichst ertragreich[203] jedoch keinesfalls spekulativ anzulegen hat.[204] Unstreitig zulässig dürfte die Anlage als Festgeld bei einem Kreditinstitut oder der Erwerb jederzeit verwertbarer festverzinslicher Wertpapiere des Bundes oder der Länder sein.[205] *97*

Ob während der Liquidation Liquidationsraten an die Gesellschafter ausgekehrt werden sollen, diese Entscheidung obliegt jedoch wie bei der werbenden GmbH allein der Gesellschafterversammlung. Der Liquidator ist insofern weisungsgebunden. Stellt sich später heraus, dass der insgesamt zu verteilende Liquidationserlös geringer ist, so kann der Liquidator gegen die Gesellschafter einen vertraglich begründeten Rückzahlungsanspruch geltend machen. Die Rechtsprechung nimmt an, dass bei der Auszahlung stets eine stillschweigende Abrede getroffen wird, dass die Liquidationsraten zurückzuzahlen sind, soweit der Gesamtliquidationserlös die Abschlagsauszahlung nicht erlauben würde.[206]

4. Die handels- und steuerrechtlichen Pflichten des Liquidators

4.1. Aufstellung der Jahresabschlüsse und Abgabe der Steuererklärungen

Grundsätzlich hat der Liquidator die steuerlichen Pflichten einer GmbH in Liquidation im gleichen Umfang zu erfüllen wie ein Geschäftsführer.[207] Dies setzt zunächst die handelsrechtlich gebotene Durchführung einer ordnungsgemäßen Buchführung sowie die Aufstellung der *98*

[202] *Baumbach/Hueck*, § 70 Rz. 9; *Hachenburg/Hohner*, § 70 Rz. 9; *Scholz*, § 70 Rz. 15; *Erle*, GmbHR 1998, 219; *Schmidt*, DB 1994, 2014.

[203] *Lutter/Hommelhoff*, § 70 Rz. 13; *Hachenburg/Hohner*, § 70 Rz. 19.

[204] So aber *Lutter/Hommelhoff*, § 70 Rz. 13, wenn alle Gesellschafter zustimmen.

[205] *Erle*, GmbHR 1998, 220. Soweit der Gesellschafter eine ähnliche Sicherheit für den Fall einer Erstattungspflicht bietet, wenn sich etwa ein bisher unbekannter Gläubiger meldet, sieht Erle keinen Grund, den Mittelabfluss via Darlehen zum Gesellschafter anders zu behandeln als jede andere zulässige Anlageform.

[206] BGH-Urteil vom 02. 03. 2009, II ZR 264/07. Der Rückzahlungsanspruch wird mit einer Analogie zu § 31 GmbHG in Verbindung mit dem zwingenden Kapitalerhaltungsgebot im § 73 Abs. 1 und 2 GmbHG begründet. Keine Voraussetzung für den Rückzahlungsanspruch ist es hingegen, dass durch die Ausschüttung eine Unterbilanz der GmbH entsteht.

[207] *Baumbach/Hueck*, § 71 Rz. 2.

Handelsbilanzen voraus. Ferner ist der Liquidator über § 140 AO dazu verpflichtet, jährlich die Steuerbilanzen zu erstellen mit Ausnahme des ersten Dreijahreszeitraums nach § 11 KStG.

Zu den im Interesse des Gläubigerschutzes zwingenden Vorschriften über die Abwicklung einer GmbH gehört auch § 71 Abs. 1 GmbHG, der dem Liquidator die Erstellung der Eröffnungsbilanz nebst eines erklärenden Berichts hierzu zu Beginn der Liquidation zur Pflicht macht, desgleichen für den Schluss eines jeden Jahres die Erstellung eines Jahresabschlusses nebst Lagebericht und dies bis zur Liquidationsabschlussbilanz.[208] Von diesen Verpflichtungen können die Gesellschafter den Liquidator nicht befreien.[209] Lediglich das Gericht kann von der Prüfungspflicht durch einen Abschlussprüfer bei überschaubaren Gesellschaftsverhältnissen gem. § 73 Abs. 3 Satz 1 GmbHG befreien.

99 Besonders kritisch ist der Zeitpunkt des Antritts des Liquidatorenamtes: Ist der Jahresabschluss für das letzte abgelaufene Wirtschaftsjahr noch nicht erstellt, muss sich der Liquidator umgehend auch darum kümmern. Die besonderen Vorschriften in § 71 GmbHG über die Bilanzpflichten der Liquidatoren (Liquidations-Eröffnungs- und Liquidations-Jahresbilanz) lassen die Rechnungslegungspflicht für die Zeit vor der Auflösung unberührt. Neben der Liquidations-Eröffnungsbilanz muss daher nach allgemeinen Grundsätzen (§ 264 Abs. 1 HGB) für ein vor der Auflösung abgeschlossenes Geschäftsjahr ein Jahresabschluss erstellt werden.[210] Eine Bilanzpflicht gilt auch für ein Rumpfgeschäftsjahr hinsichtlich der Schlussbilanz der werbenden Gesellschaft.[211]

Für den Liquidator beginnt die Frist für die Erstellung der letzten Jahresabschlussbilanz der werbenden Gesellschaft sinnvoller Weise jedoch erst mit seiner Bestellung. Das anders lautende Strafurteil des mittlerweile aufgelösten BayObLG ist abzulehnen, weil es die Anforderungen an den Liquidator überhöht – erst recht in strafrechtlicher Hinsicht.[212] Der Liquidator hatte im Urteilsfall nach seiner Bestellung Ende Mai bis zum regulären Termin, dem 30.06., gerade einen Monat Zeit gehabt, die Vorjahresbilanz zu erstellen.

Ein Liquidator, der erst nach dem 30.06. des Folgejahres sein Amt bei einer GmbH i.L. antritt, bei der die Vorjahresbilanz noch nicht erstellt ist, hätte sich nach dieser Auffassung schon per se strafbar gemacht oder würde sich zumindest zu einem späteren nicht näher bestimmbaren Zeitpunkt strafbar machen, wenn er sich nicht ausreichend um sofortige Bilanzerstellung bemüht. Andernfalls ergäben die Ausführungen des BayObLG keinen Sinn, wonach dem Angeklagten auch hinsichtlich der Liquidationseröffnungsbilanz eine Frist von 6 Monaten ab Ernennung zum Liquidator zustehe.

---

[208] OLG Stuttgart, Urteil vom 07. 12. 1994, 8 W 311/93, BB 1995, 405; *Baumbach/Hueck*, § 66 Rz. 2; *Hachenburg/Hohner*, § 66 Rz. 1.

[209] OLG Stuttgart a.a.O., 405; *Rowedder/Schmidt-Leithoff*, § 71 Rz. 3.

[210] *Scholz*, § 71 Rz. 9.

[211] *Hachenburg/Hohner*, § 71 Rz. 7; *Scholz*, § 71 Rz. 7, 8; *Hofmann*, GmbHR 1976, 260.

[212] BayObLG, Urteil vom 31. 01. 1990, BReg. 3 St 166/89, BB 1990, 600 gegen Vorinstanz zu § 283 Abs. 1 Nr. 7b StGB i.V.m. § 264 Abs. 1 Satz 2 HGB. Das Gericht möchte die Widersprüchlichkeit seiner Auffassung über Entschuldigungserwägungen ausgleichen, wobei offen bleibt, welche Zeitspanne dann angemessen sein soll. Das ist unter Beachtung des Bestimmtheitsgebots des Strafrechts nicht haltbar.

4.2. Veröffentlichungspflichten

Die Offenlegungspflicht gilt auch für die GmbH in Liquidation, da in den einschlägigen Vorschriften des HGB keine Ausnahmetatbestände zu finden sind. Sie gilt sogar nach Ablehnung eines Insolvenzverfahrens mangels Masse[213]. So bestimmt sich die Offenlegungspflicht aus § 325 HGB nach dem Liquidationsgeschäftsjahr. Wird beim Auflösungsbeschluss nicht bestimmt, welches Wirtschaftsjahr für die GmbH in der Liquidation maßgeblich ist, beginnt das erste Wirtschaftsjahr der Liquidation mit dem Tag der Auflösung, also mit dem Tag des Auflösungsbeschlusses oder mit dem Tag, in dem nach dem Beschluss die Auflösung wirksam werden soll.[214] *100*

Auch nachdem die Liquidationsschlussbilanz veröffentlicht worden ist, müssen bis zur endgültigen Löschung der Gesellschaft weiter im Jahresturnus Offenlegungsbilanzen veröffentlicht werden. Im entschiedenen Fall konnten sich die zerstrittenen Gesellschafter nicht auf die Übernahme des ratierlich auszuzahlenden Körperschaftssteuerguthabens einigen, sodass die Schlussverteilung hinausgezögert wurde. Da die Vermögenslosigkeit deshalb noch nicht eingetreten war, konnte auch die Beendigung der Liquidation nicht zum Handelsregister angemeldet werden.[215] Die Rechtsprechung lässt keinerlei Ausnahmen von der stringenten Veröffentlichungspflicht zu.

4.3. Zuschusspflicht bei nicht ausreichenden Gesellschaftsmitteln?

In Mangelfällen, also wenn die Mittel der GmbH nicht mehr ausreichen, einen externen Dienstleister mit der Erstellung der erforderlichen Arbeiten zu beauftragen, stellt sich die Frage, ob der Liquidator verpflichtet ist, aus eigenen Mitteln für die Kosten eines Beauftragten aufzukommen, wenn er zu den erforderlichen Arbeiten selbst nicht in der Lage ist.[216] Das FG Baden-Württemberg[217] hat sich dafür ausgesprochen, dass sich der Liquidator gegenüber dem Finanzamt nicht darauf berufen kann, dass er selbst zur Anfertigung der Steuererklärungen fachlich nicht in der Lage ist, wenn die Mittel der zu liquidierenden GmbH nicht mehr für einen Auftrag an einem externen Berater ausreichen. *101*

Dieses m. E. an der Einzelfallgerechtigkeit orientierte Urteil[218] ist leider nicht in die Revision gegangen und ist aus folgenden Gründen abzulehnen: In den Mangelfällen ist der Liquidator zwar verpflichtet, bereits im kritischen Zeitraum vor Anmeldung der Insolvenz ausstehende Steuern (mit Ausnahme der voll abzuführenden Lohnsteuer) in einem Verhältnis zu bedienen, dass alle Gläubiger in gleich hohem Maße befriedigt werden. Er ist jedoch nicht verpflichtet, aus persönlichen Mitteln zuzuschießen, um die Steuerschulden zu bezahlen[219] oder die Offen-

213 Landgericht Bonn, Beschluss vom 23. 07. 2010, 11 T 246/10.

214 LG Bonn, Beschluss vom 20. 11. 2009, 39 T 1252/09 zur KG, der auf die GmbH übertragbar ist.

215 Landgericht Bonn, Beschluss vom 23. 07. 2010, 11 T 246/10 Im entschiedenen Fall hat das Landgericht Bonn allerdings das Ordnungsgeld verworfen und ist von einem entschuldbaren Rechtsirrtum ausgegangen, da ein Teil der Literatur eine Veröffentlichungspflicht nach der Liquidationsabschlussbilanz ablehnt.

216 Ablehnend mit ausführlicher Begründung: *Peetz*, GmbHR 2002, 1008.

217 FG Baden-Württemberg, Urteil vom 19. 01. 2001, 10 K 12/97, EFG 2001, 542, GmbHR 2001, 741 – nur Leitsatz; GmbH-StPr 2001, 390 mit Anm.

218 Im Urteilsfall hat der steuerlich beschlagene Alleingesellschafter seine Ehefrau zur Liquidatorin bestellt, die sich im Folgenden auf ihre nicht ausreichende Kompetenz berief, den steuerlichen Pflichten nachzukommen. Diese offensichtliche Ausweichgestaltung konnte das Finanzgericht nicht durchgehen lassen.

219 FG Berlin, Urteil vom 31. 07. 2000, 8 K 8873/99.

legung zu ermöglichen[220].Das Finanzgericht Baden-Württemberg stellt demgegenüber offensichtlich darauf ab, dass der Liquidator ein öffentliches Amt bekleidet, das er nicht annehmen muss. Nimmt er es aber an, so gehört dazu auch die Aufgabe, die Buchhaltung zu erledigen und die erforderlichen Steuererklärungen nebst Bilanzen zu erstellen.

5. Vertretungsbefugnis der Liquidatoren

5.1. Grundsätzliche Entsprechung in Bezug auf die Geschäftsführerbefugnisse

102 Die Liquidatoren vertreten die GmbH i.L. in allen Rechtsgeschäften gerichtlich und außergerichtlich ohne Beschränkung. § 70 GmbHG betrifft allerdings nur das Außenverhältnis, so dass der Liquidator im Innenverhältnis den Gesellschaftern verantwortlich ist.

Der genaue Umfang der Vertretungsbefugnis des oder der Liquidatoren wird durch den Gesellschaftsvertrag bestimmt. Enthält die Satzung von Anfang an darüber keine Bestimmung, kann ein entsprechender Beschluss auch noch bei der Bestellung der Liquidatoren oder später gefasst werden.

Wurde der Liquidator durch das Gericht bestellt, kann auch das Gericht die Vertretung regeln. Fehlt es an einer Regelung, so gilt § 68 Abs. 1 Satz 2 GmbHG: Gesamtvertretung der GmbH i.L. durch alle Liquidatoren. Die Vertretungsmacht der Liquidatoren entspricht der Vertretungsbefugnis der Geschäftsführer und ist nach h.M. nicht auf Geschäfte, die der Liquidation dienen, beschränkt.[221] Nur eine unbeschränkte Vertretungsmacht kann der Sicherheit des Rechtsverkehrs dienen. Für einen Dritten ist es unzumutbar, bei Geschäften mit der GmbH i.L. zu prüfen, ob eine beschränkte oder unbeschränkte Vertretungsmacht vorliegt.

Im Innenverhältnis sind die Liquidatoren jedoch an die Aufgabenbeschränkungen durch den Gesellschaftsvertrag, Beschlüsse der Gesellschafterversammlung und das Abwicklungsvorhaben gebunden. Ihre Sorgfaltspflicht und Verantwortung entspricht derjenigen der Geschäftsführer (§§ 71 Abs. 4, 43 Abs. 1, 2 und 4, 73 Abs. 3, 43 Abs. 3 und 4 GmbHG).

103 Der Liquidator vertritt die Gesellschaft auch im Aktiv- und Passivprozess (Aktiv- und Passivlegitimation). Für den Aktivprozess ist die spezifische Vertretungsregelung maßgeblich (Gesamt- oder Einzelvertretung bei mehreren Liquidatoren); für den Passivprozess genügt – auch bei Gesamtvertretung – die Zustellung an einen Liquidator (§ 35 Abs. 2 Satz 3 GmbHG, § 171 Abs. 3 ZPO).

Letzteres gilt auch allgemein bei Willenserklärungen, die ein Dritter gegenüber der Gesellschaft abzugeben hat: Hier reicht die Erklärung gegenüber einem Liquidator, auch bei Gesamtvertretung aus (§ 35 Abs. 2 Satz 3 GmbHG entsprechend). Rechtsgeschäftsähnliche Handlungen wie Mahnungen, Mängelanzeigen sind ebenso zu beurteilen. Anders wenn der Liquidator bei einem Angebot bestimmt hat, dass es nur ihm gegenüber angenommen werden kann.

---

220 LG Bonn, Beschluss vom 16. 09. 2009, 30 T 366/09.

221 *Lutter/Hommelhoff*, § 68 Rz. 5, *Baumbach/Hueck*, § 70 Rz. 2 m.w.Nw.

5.2. Erweiterte Kompetenz des Liquidators

In einem wichtigen Punkt wird der Liquidator aber gegenüber dem Geschäftsführer der werbenden GmbH privilegiert. Er kann einen früheren Geschäftsführer auf Schadensersatz verklagen, ohne dass ein Gesellschafterbeschluss (so jedenfalls § 46 Nr. 8 GmbHG) gefasst werden müsste.[222] Die Rechtsprechung begründet dies überzeugend mit dem Zweck des § 46 Nr. 8 GmbHG: lediglich das oberste Gesellschaftsorgan soll darüber befinden, ob das Ansehen der Gesellschaft gefährdet wird, wenn mit einer Klage gegen den Geschäftsführer interne Gesellschaftsverhältnisse offen gelegt werden. Im Insolvenzverfahren haben dagegen die Interessen der Massegläubiger absoluten Vorrang, während das Schutzbedürfnis der abzuwickelnden Gesellschaft weniger ausgeprägt ist.[223] Im Fall einer Liquidation im Anschluss einer wegen Masselosigkeit abgelehnten Insolvenz, kann nichts anderes gelten. Den Interessen der Gläubiger der Gesellschaft ist der Vorrang einzuräumen und es besteht keine Notwendigkeit für die Entschließung der Gesellschafterversammlung. *104*

5.3. Befreiung der Liquidatoren von § 181 BGB

5.3.1. Gekorene Liquidatoren

Bei gekorenen Liquidatoren[224] ist die Rechtslage geklärt: Sie sind von den Beschränkungen des § 181 BGB nur dann befreit, wenn dies – ausnahmsweise – bereits ausdrücklich in der Satzung bestimmt wurde. Die Liquidatoren können aber auch persönlich sofort bei der Bestellung oder nachträglich durch Beschluss – ebenso wie vorher die Geschäftsführer – auf der Grundlage einer entsprechenden Satzungsermächtigung (Öffnungsklausel) befreit werden. *105*

> Muster Gesellschafterbeschluss:
>
> 1) Die Gesellschaft wird zum 31. 12. 2006 aufgelöst.
>
> 2) Zu Liquidatoren werden A und B bestellt. Die Liquidatoren vertreten die Gesellschaft nur zusammen und sind von den Beschränkungen des § 181 BGB befreit.

Die Satzung braucht nicht ausdrücklich vorzusehen, dass per Gesellschafterbeschluss einzelnen Liquidatoren Befreiung von den Beschränkungen des § 181 BGB erteilt werden kann. Nach herrschender Meinung genügt es, wenn die Öffnungsklausel nur Geschäftsführer erwähnt. Begründet wird diese Sichtweise damit, dass die Liquidatoren im gleichen Umfang wie Geschäftsführer von den Beschränkungen des § 181 BGB befreit werden können.[225]

Enthält die Satzung darüber überhaupt keine Bestimmung, kann ein einstimmig gefasster Gesellschafterbeschluss den Liquidator genauso wenig von den Beschränkungen des § 181 BGB befreien[226] wie einen Geschäftsführer. Daher muss zunächst die Satzung geändert werden, indem der mit der erforderlichen Mehrheit gefasste Beschluss beurkundet wird (§ 53 GmbHG). *106*

---

[222] BGH, Urteil vom 14. 07. 2004, VIII ZR 224/02, DB 2004, 2417, BB 2004, 2033.

[223] BGH, Urteil vom 14. 07. 2004 VIII ZR 224/02, DB 2004, 2417, BB 2004, 2033 m.w.Nw.

[224] Zur Terminologie s.o. C.III.1.2.

[225] OLG Zweibrücken, Urteil vom 19. 06. 1998, 3 W 90/98, GmbHR 1999, 237; A.A. BFH, Urteil vom 12. 07. 2001, VII R 19, 20/00, GmbHR 2001, 927 mit Anm. *Neusel.*

[226] BayObLG, Urteil vom 19. 10. 1995, 3Z BR 218/95, GmbHR 1996, 56, BB 1995, 2544.

Die Gesellschafter können allerdings einzelne oder auch alle inzwischen vom Liquidator vorgenommenen Insichgeschäfte nachträglich durch einfachen Gesellschafterbeschluss gem. §§ 47, 48 GmbHG genehmigen.[227]

5.3.2. Geborene Liquidatoren

a) Bestimmungsklauseln

107 Wenn die Satzung ausdrücklich auch die Liquidatoren der Gesellschaft stets von § 181 BGB befreit, werden damit zweifelsfrei auch die geborenen Liquidatoren nach § 66 Abs. 1 GmbHG erfasst.[228]

Häufiger ist jedoch der Fall, dass die Satzung nur die Geschäftsführer der Gesellschaft stets von § 181 BGB befreit. Ob diese Satzungsbestimmung auch für geborene Liquidatoren gilt, ist strittig.[229] Die herrschende Meinung legt derartige Satzungen aus und subsumiert unter die erwähnten Geschäftsführer auch die nicht ausdrücklich erwähnten Liquidatoren.[230] Einer ausdrücklichen Erwähnung der Liquidatoren bedarf es nicht.[231]

b) Öffnungsklauseln für Geschäftsführer und Liquidatoren

108 Wenn nach der Satzung der GmbH die Geschäftsführer und die Liquidatoren der Gesellschaft durch einen Gesellschafterbeschlusses von den Beschränkungen des § 181 BGB befreit werden können, ist ein satzungskonformer Befreiungsbeschluss – der gfs. zeitgleich mit der Anmeldung der Auflösung zum Handelsregister angemeldet wird – im Liquidationsstadium unproblematisch.[232]

Wird der Geschäftsführer aber vorher befreit, so stellt sich die Frage, ob diese Befreiung auch für ihn als (geborener) Liquidator i.S.d. § 66 Abs. 1 GmbHG fort gilt.[233] Die Rechtsprechung und Teile der Literatur lehnen dies ab. Der Übergang in das Liquidationsstadium wird als so gravierender Einschnitt in das Gefüge der Gesellschaft betrachtet und die Aufgaben des Liquidators von denjenigen des Geschäftsführers so unterschiedlich eingeschätzt, dass die erteilte Befreiung nicht fort gelten kann.[234]

---

227 BayObLG, Urteil vom 14. 05. 1985 – BReg. 3Z 41/85, BB 1985, 1149.

228 Allgemeine Meinung, s. *Lutter/Hommelhoff*, § 68 Rz. 4.

229 Dazu eingehend *Wälzholz*, GmbHR 2002, 305ff.

230 BayObLG, Urteil vom 24. 10. 1996, 3Z BR 262/96, GmbHR 1997, 176f., BB 1997, 8 m.w.Nw.; BayObLG, Urteil vom 19. 10. 1995, 3Z BR 218/95; BB 1995, 2544; *Scholz*, § 68 Rz. 5; *Rowedder/Schmidt-Leithoff*, § 68 Rz. 3; A.A. *Lutter/Hommelhoff*, § 68 Rz. 4.

231 *Wälzholz*, GmbHR 2002, 308.

232 OLG Zweibrücken, Urteil vom 19. 06. 1998, 3 W 90/98, GmbHR 1999, 237; *Lutter/Hommelhoff*, § 68 Rz. 4.

233 Bejahend BFH, Urteil vom 12. 07. 2001, VII R 19, 20/00, GmbHR 2001, 931 mit Anm. Neusel. Der BFH, im Gesellschaftsrecht nicht ganz sattelfest, bleibt aber nicht konsequent auf seiner Linie, stellt später den Fortbestand durch den Mangel an Satzungsermächtigung im Liquidationsstadium in Frage und heilt diesen durch die Annahme einer konkludenten Satzungsänderung, die das Gesellschaftsrecht nun wirklich nicht kennt. Darauf hat Wälzholz eingehend und zutreffend hingewiesen, GmbHR 2002, 309.

234 OLG Düsseldorf, Urteil vom 11. 08. 1989, 3 StR 75/89, GmbHR 1989, 465; BayObLG, Urteil vom 19. 10. 1995, 3Z BR 218/95; BayObLG, Urteil vom 24. 10. 1996, 3Z BR 262/96, GmbHR 1997, 176f., BB 1997, 8; OLG Zweibrücken, Urteil vom 19. 06. 1998, 3 W 90/98, GmbHR 1999, 237; OLG Hamm, Urteil vom 02. 01. 1997, 15 W 195/96, GmbHR 1997, 553f., BB 1997, 2294; ebenso *Lutter/Hommelhoff*, § 68 Rz. 4. A.A. *Scholz* § 68 Rz. 5; *Baumbach/Hueck* § 68 Rz. 4; ähnlich *Rowedder/Schmidt-Leithoff*, § 68 Rz. 4.

Diese Argumente überzeugen zunächst bei einem Alleingesellschafter-Geschäftsführer nicht. Er muss nicht vor sich selbst geschützt werden. Im Übrigen ist nicht einzusehen, warum der Vertrauensvorschuss der Gesellschafter für den befreiten Geschäftsführer nicht auch für ihn als Liquidator gelten soll. Andernfalls steht es den Gesellschaftern frei, die Befreiung mit einfacher Mehrheit zu widerrufen. Um Rechtssicherheit zu erlangen, sollte der betroffene Liquidator allerdings darauf drängen, dass die Gesellschafter ihn ausdrücklich von den Beschränkungen des § 181 BGB befreien. *109*

c) Öffnungsklauseln nur für Geschäftsführer

Erwähnt die Satzung in der Öffnungsklausel nur die Geschäftsführer nicht aber die Liquidatoren, stellt sich die Frage, ob ein Befreiungsbeschluss im Liquidationsstadium nichtig ist, weil es an einer ausreichenden Satzungsgrundlage fehlt.[235] Überzeugend wird demgegenüber die Öffnungsklausel im Wege der Auslegung allgemein auf die gesetzlichen Vertreter einer GmbH bezogen, so dass nach der Auflösung die Liquidatoren satzungsgemäß durch Gesellschafterbeschluss befreit werden können.[236] *110*

In der Praxis sollte allerdings jede Rechtsunsicherheit vermieden werden, so dass die Öffnungsklausel in GmbH-Satzungen stets auch auf die Liquidatoren bezogen werden sollte.[237] Ist dies nicht der Fall, sollte zu Beginn der Liquidation die Satzung angepasst werden und die Änderung zum Handelsregister angemeldet werden[238] zusammen mit dem ausdrücklichen Beschluss, wonach alle oder einzelne Liquidatoren von den Beschränkungen des § 181 BGB befreit werden.

5.3.3. Bindung an die Beschlüsse der Gesellschafterversammlung

Wie jeder Geschäftsführer bleibt der befreite Liquidator auch bei den erlaubten Insichgeschäften an die Weisungen der Gesellschaftsversammlung und den Vereinbarungen mit dieser gebunden. Enthält der Dienstvertrag mit dem Liquidator eine Honorarvereinbarung, nach der er Abschlagszahlungen auf sein Honorar nur mit Zustimmung der Gesellschafter veranlassen darf, verstößt der Liquidator bei ungenehmigten A-Konto-Zahlungen gegen seine Vermögensbetreuungspflicht und missbraucht die eingeräumte Vertretungsmacht.[239] *111*

5.4. Einzelvertretungsbefugnis von Liquidatoren

Gesetzlicher Grundsatz ist – entsprechend der Regelung in § 35 GmbHG für Geschäftsführer – die Gesamtvertretung aller Liquidatoren gem. § 68 Abs. 1 Satz 2 GmbHG und dies schlechthin also unabhängig davon, ob es sich um geborene, gekorene oder gerichtlich bestellte Liquidatoren handelt.[240] Mangels ausdrücklicher entsprechender Regelung in der Satzung *112*

235 So OLG Hamm, Urteil vom 02. 01. 1997, 15 W 195/96, GmbHR 1997, 553f.

236 BayObLG, Urteil vom 19. 10. 1995, 3Z BR 218/95, GmbHR 1996, 56; OLG Zweibrükken, Urteil vom 19. 6. 1998, 3 W 90/98, GmbHR 1999, 237, *Wälzholz*, GmbHR 2002, 308.

237 So auch *Wälzholz*, GmbHR 2002, 309 und *Lutter/Hommelhoff*, § 68 Rz. 2.

238 Der Befreiungsbeschluss entfällt, wenn die Satzung nachträglich um die Bestimmungsklausel ergänzt wird.

239 OLG Dresden, Urteil vom 23. 04. 1999, 5 U 1151/98, NZG 2000, 259; es kann sogar der Untreuetatbestand des § 266 Abs. 1 StGB vorliegen.

240 BGH-Urteil vom 27. 10. 2008, II ZR 255/07, GmbHR 2009, 212, besprochen von Reymann, GmbHR 2009, 176, vgl. *Rowedder/Schmidt-Leithoff*, § 68 Rz. 3; *Baumbach/Hueck*, § 68 Rz. 2.

endet die Alleinvertretungsberechtigung eines von mehreren Geschäftsführern automatisch mit dem Auflösungsbeschluss und setzt sich nicht in einer Alleinvertretungsberechtigung des geborenen Liquidators fort. Die durch Gesellschafterbeschluss angeordnete Einzelvertretungsbefugnis reicht nicht aus, weil die Auflösung ein genügend einschneidendes Ereignis für die Organisationsstruktur der GmbH darstellt.[241]

Anders wenn die stete Einzelvertretungsbefugnis[242] eines oder mehrerer Geschäftsführer in der Satzung niedergelegt ist. Dann nimmt die Rechtsprechung an, dass sie auch den geborenen Liquidatoren zu Gebote steht.[243] Die Rechtsprechung lässt es umso ratsamer erscheinen, bereits in die GmbH-Satzung eine Regelung für die Einzelvertretungsberechtigung von Liquidatoren aufzunehmen oder aber – etwas vorsichtiger – eine Öffnungsklausel aufzunehmen, nach der diese Gestaltungsvarianten durch einfachen Gesellschafterbeschluss in Kraft gesetzt werden kann. Wenn nämlich die Satzung oder Gesellschafterbeschlüsse abweichende Regelungen vorsehen und die Gesellschaft aufgelöst ist oder wird, gelten m.E. die gleichen Grundsätze wie eben zu § 181 BGB dargestellt. Es ist nicht gerechtfertigt, beide Problemkreise unterschiedlich zu behandeln[244], da beide Male die Frage der Kontinuität bzw. Diskontinuität des Amtes und einzelner daraus fließender Berechtigungen den Ausschlag gibt.

113 Ist in der Satzung nur von der Einzelvertretungsbefugnis der Geschäftsführer nicht auch der Liquidatoren die Rede, muss allerdings – anders als bei der Frage der Insichgeschäfte – die Satzung nicht geändert werden. Begründet wird dies damit, dass der Wortlaut des § 68 Abs. 1 Satz 2 GmbHG „Ist nichts darüber bestimmt…" vom Wortlaut des § 35 Abs. 2 Satz 1 GmbHG „es sei denn, dass der Gesellschaftsvertrag etwas anderes bestimmt" abweicht.[245]

§ 68 GmbHG ermächtigt ferner nach ganz überwiegender Auffassung dazu, die Einzelvertretung durch einfachen Mehrheitsbeschluss der Gesellschafter einzuräumen, wenn die Satzung nicht eine andere Mehrheit vorschreibt.[246] Wenn von zwei gesamtvertretungsberechtigten Liquidatoren einer wegfällt, so kommt dem verbleibenden keine Einzelvertretungsbefugnis zu: es muss ein weiterer Liquidator bestellt werden.[247]

6. Persönliche Haftung und strafrechtliche Verantwortung der Liquidatoren

6.1. Haftung aus ungleichmäßiger Gläubigerbefriedigung

114 Das Liquidatorenamt ist mit einigen Risiken behaftet, die nicht unterschätzt werden dürfen. Jeder Liquidation sollte sich daher einen ausreichenden Haftpflichtschutz verschaffen oder

---

241 BayObLG, Urteil vom 24. 10. 1996, 3Z BR 262/96, BB 1997, 9.

242 Der Begriff ist identisch mit der Alleinvertretungsbefugnis, BGH, Beschluss vom 19. 03. 2007, II ZB 19/06, GmbHR 2007, 704, GmbH-StPr 2007, 250.

243 BayObLG, Urteil vom 24. 10. 1996, 3Z BR 262/96, BB 1997, 9; *Rowedder/Schmidt-Leithoff*, § 68 Rn. 3; *Scholz* § 66 Rz. 3; *Baumbach/Hueck*, § 68 Rz. 4; a.A. *Hachenburg/Hohner*, § 68 Rz. 7; *Lutter/Hommelhoff*, § 66 Rz. 2.

244 Ebenso auf der Grundlage der divergenten Ansichten *Scholz*, § 66 Rz. 5 und § 68 Rz. 5; *Lutter/Hommelhoff*, § 68 Rz. 2 und 4; *Baumbach/Hueck*, § 68 Rz. 2; BayObLG, Urteil vom 24. 10. 1996, 3Z BR 262/96, GmbHR 1997, 177, BB 1997, 8.

245 *Reymann*, GmbHR 2009, 177, *Scholz*, § 66 Rz. 8 und § 68 Rz. 5, *Baumbach/Hueck* § 37 Rz. 5, *Michalski/Nerlich*, § 68 Rz 8

246 *Scholz*, § 68 Rz. 5; *Rowedder/Schmidt-Leithoff*, § 68 Rz. 4; *Lutter/Hommelhoff*, § 68 Rz. 2, *Baumbach/Hueck*, § 68 Rz. 6.

247 BGHZ 121, 264; OLG Hamburg, GmbHR 1988,68; *Lutter/Hommelhoff*, § 68 Rz 3, *Scholz*, § 68 Rz. 4.

bestehende Versicherungen zu überprüfen, ob die Risiken aus der die Tätigkeit als Liquidator vom Versicherungsschutz umfasst sind.

Die Gläubiger sind, wenn das Vermögen ausreicht, vollständig zu befriedigen, wobei ein äußerst sorgfältiges Vorgehen angebracht ist. Der Liquidator muss schon bei der Befriedigung des ersten Gläubigers darauf achten, dass die aus der Verwertung erzielten Erlöse für alle erkennbaren Forderungen ausreichen. Er haftet persönlich der GmbH, wenn er einen Gläubiger dadurch benachteiligt, dass er alle anderen Gläubiger auszahlt, bis die Mittel erschöpft sind. Die persönliche Haftung kann er nur durch rechtzeitige Anmeldung der Insolvenz im Laufe des Abwicklungsverfahrens vermeiden, sobald die Überschuldung oder die Zahlungsunfähigkeit zu erkennen ist.[248]

Wenn ein Liquidator Forderungen von Gläubigern der GmbH ignoriert oder glaubt, als nicht berechtigt übergehen zu können, setzt er sich bei vorzeitiger Auskehr ebenfalls einem Ersatzanspruch der GmbH aus. Voraussetzung des Anspruchs ist, dass ein der Gesellschaft bekannter Gläubiger oder ein Gläubiger, der sich bis zum Ablauf des Sperrjahres bei der Gesellschaft meldet, mit seiner Forderung ausfällt, weil mit der Vermögensverteilung vorzeitig begonnen wurde. Nicht geschützt ist ein Gläubiger, der der Gesellschaft bis zur Auskehrung unbekannt geblieben ist.[249]

Die Haftung setzt Verschulden voraus.[250] Der Verschuldensmaßstab ist die Sorgfalt eines ordentlichen Geschäftsmannes (§ 43 Abs. 1 GmbHG).[251] Die Beweislast für die Einhaltung der Sorgfalt trägt der Liquidator.[252] Mehrere Liquidatoren haften gesamtschuldnerisch. *115*

Die GmbH kann diesen Anspruch auch noch nach ihrer Löschung geltend machen, da sie insofern als prozess- und parteifähig gilt.[253] Außerdem ist eine vor der Löschung wirksam erteilte Prozessvollmacht von der Löschung nicht betroffen und wirkt zu Gunsten des Vertreters fort.

6.2. *Haftung aus Insolvenzverschleppung*

Bei vermögensarmen Liquidationen kommt in erster Linie die persönliche Haftung wegen Insolvenzverschleppung und Auszahlungen nach Insolvenzreife (§ 823 Abs. 2 BGB i.V.m. §§ 71 Abs. 4, 15a InsO bzw. 64 Abs. 1 GmbHG) in Frage, wenn sich die Überschuldung oder Zahlungsunfähigkeit erst im Laufe der Abwicklung erkennen lässt und der Liquidator nicht innerhalb der Dreiwochenfrist reagiert. *116*

6.3. *Inanspruchnahme aus Vertreterhaftung*

Schließlich kann im Liquidationsstadium eine persönliche Haftung der Liquidatoren unter dem Gesichtspunkt des Verschuldens bei Vertragsabschluss eintreten.[254] Werden Vertragsverhandlungen von einem Vertreter geführt, so richten sich Schadenersatzansprüche wegen *117*

248 BFH, Beschluss vom 21. 02. 2004, I B 128/04.

249 *Baumbach/Hueck*, § 73 Rz. 12; *Hachenburg/Hohner*, § 73 Rz. 29; *Scholz*, § 73 Rz. 31.

250 *Baumbach/Hueck*, § 73 Rz. 12 m.w.Nw.

251 Einzelheiten vgl. *Baumbach/Hueck*, § 43 Rz. 8ff.

252 *Baumbach/Hueck* § 73 Rz. 12 m.w.Nw.

253 Gemäß § 73 Abs. 3 GmbHG; BAG, Urteil vom 04. 06. 2003, 10 AZR 448/02, DB 2003, 2659.

254 Culpa in contrahendo, § 311 Abs. 2 und Abs. 3 BGB.

des Verschuldens bei den Verhandlungen zwar nach § 278 BGB grundsätzlich gegen den Vertretenen, also die GmbH i. L. und nicht gegen den Vertreter. Ausnahmsweise haftet der Vertreter, hier der Liquidator, jedoch dann persönlich, wenn er entweder dem Vertragsgegenstand besonders nahe steht, bei wirtschaftlicher Betrachtung gleichsam in eigener Sache handelt oder wenn er gegenüber dem Verhandlungspartner in einem besonderen Maße persönliches Vertrauen in Anspruch nimmt und dadurch die Vertragsverhandlungen beeinflusst hat.[255]

Die persönliche Haftung des Vertreters wird dabei nicht schon dadurch begründet, dass dieser über die für seine Tätigkeit erforderliche Sachkunde verfügt und darauf hinweist. Erforderlich ist vielmehr, dass er dem Vertragspartner darüber hinausgehend in zurechenbarer Weise den Eindruck vermittelt, er werde persönlich mit seiner Sachkunde die ordnungsgemäße Abwicklung des Geschäfts selbst dann gewährleisten, wenn der Vertragspartner dem Geschäftsherrn (der GmbH i.L.) nicht oder nur wenig vertraut.

6.4. Haftung für Steuern der GmbH i. L.

6.4.1. Ausgangsproblematik

118 Der Liquidator hat wie ein Geschäftsführer die steuerlichen Pflichten einer GmbH i. L. zu erfüllen. Daraus ergeben sich diesen nicht unbeträchtliche finanzielle Risiken. Denn unter Umständen muss er persönlich für Steuerschulden der zu liquidierenden GmbH einstehen. Erschwerend kommt dabei für den Fremdliquidator hinzu, dass er die Verhältnisse der Gesellschaft zumindest in den erster Zeit nicht so gut kennt wie ein Geschäftsführer. Jeder Liquidator sollte sich daher vor Augen halten, in welchen Fällen er für steuerliche Schulden der GmbH i. L. haftet, damit er diese Haftung durch gewissenhafte Erfüllung seiner Pflicht vermeiden kann.

Relevant wird die Haftung vor allem in zwei Fällen: Erstens wenn sich erst während der Liquidation herausstellt, dass die GmbH überschuldet ist. Dann muss der Liquidator nicht nur innerhalb von drei Wochen einen Insolvenzantrag stellen sondern auch – von der vorrangigen Begleichung der Lohnsteuer abgesehen – bereits im Vorfeld alle Gläubiger gleichmäßig bedienen. Zweitens: wenn sich erst bei der Steuerfestsetzung herausstellt, dass die GmbH nicht mehr die nötigen Mittel zur Bezahlung hat, der Liquidator jedoch zuvor andere Gläubiger oder auch die Gesellschafter vollständig ausgezahlt hat.

119 Für den Gesellschafter-Geschäftsführer als Liquidator ist es hingegen günstiger, sich vom Finanzamt in die Haftung nehmen zu lassen: Die Aufwendungen sind nach Ansicht der Finanzverwaltung als Werbungskosten bei den Einkünften aus nichtselbstständiger Arbeit geltend zu machen.[256] Dies gilt allerdings nicht für die Lohnsteuer, die auf das eigene Anstellungsverhältnis entfällt. Eine freiwillige Zahlung bewertet die Finanzverwaltung als durch das Gesellschaftsverhältnis veranlasst, so dass im Rahmen eines Liquidationsverlustes gem. § 17 EStG nur ein Abzug zu 60 % in Frage kommt.[257]

---

[255] BGH, Urteil vom 03. 04. 1990, XI Z R 206/88, NJW 1990, 1907; OLG Dresden, Urteil vom 18. 06. 1998, 7 U 695/98, GmbHR 1999, 239.

[256] OFD Düsseldorf, Verfügung vom 29. 10. 1992, DStR 1992, 1725.

[257] *Holzinger*, GmbH-StB 2005, 95.

6.4.2. Zutreffende und wirksame Bescheide

Der Liquidator sollte zunächst die Steuerbescheide gegen die GmbH in Liquidation auf formelle und materielle Korrektheit hin überprüfen. Bei der Bekanntgabe der Steuerbescheide ergibt sich die Besonderheit, dass die GmbH einerseits Inhaltsadressat ist, andererseits der Bekanntgabeadressat der Liquidator ist. Ferner erlischt eine Empfangsvollmacht für einen Dritten im Liquidationsstadium einer GmbH nicht.[258] Hat sich die Vollmacht des steuerlichen Vertreters ausdrücklich auf den Empfang der Steuerbescheide bezogen, so ist die Zustellung an andere Adressaten unwirksam.[259] Prüfungsschritte[260]: *120*

- Welche Steuerbescheide sind bekannt gegeben worden?
- War deren Bekanntgabe wirksam?
- Wurde eine Empfangsvollmacht beachtet?
- War der Bekanntgabeadressat (Liquidator) zutreffend bezeichnet?

Der Liquidator sollte auch Bescheide, die unter den Vorbehalt der Nachprüfung stehen, angreifen, indem er die für eine zutreffende Besteuerung erforderlichen Eingaben nachholt (Jahresabschlüsse im Anschluss an Schätzbescheide).

6.4.3. Schaden

Die Haftung setzt zunächst einen Schaden voraus, der für das Finanzamt eintritt, wenn die Steuerschulden entweder überhaupt nicht oder in einem geringeren Ausmaß als die Außenstände anderer Gläubiger beglichen werden. Der Liquidator sollte daher alle versteckten Vermögenswerte und anfechtbaren Vermögensverschiebungen aufdecken, damit die Steuerschulden doch noch regulär beglichen werden können. Die Haftung droht nicht nur für die vollständigen oder anteiligen Steuern sondern auch für die Nebenleistungen.[261] *121*

6.4.4. Pflichtverletzung und Sorgfaltsmaßstab

Die Haftung des Liquidators ist zunächst auf seinen Bestellungszeitraum begrenzt.[262] Nach § 69 AO haftet der Liquidator als in § 34 AO bezeichnete Person, sobald Steuerpflichten zumindest grob fahrlässig nicht erfüllt werden. *122*

Bei Aufnahme der Tätigkeit als Liquidator ist die handelsrechtliche Pflicht, binnen drei Monaten eine Eröffnungsbilanz aufzustellen, zu beachten, die über § 140 AO auch als steuerliche Pflicht wirkt. Dazu muss sich der Liquidator einen Überblick darüber verschaffen, welche Steuern aus der Zeit vor der Liquidation noch offen sind und welche voraussichtlich im Laufe der Liquidation anfallen. Für diese Steuern müssen ausreichende Mittel zur Verfügung stehen, sonst bleibt nur der Gang zum Insolvenzrichter.[263]

---

258 BFH, Urteil vom 04. 11. 1982, V R 151/81.

259 BFH, Urteil vom 05. 10. 2000, VII R 96/99.

260 Checklisten dieses Abschnitts und Näheres bei *Leibner/Pump*, GmbHR 2003, 997ff.

261 Ausnahme Säumniszuschläge zur Lohnsteuer FG Niedersachsen, Urteil vom 28. 11. 2002, 11 K 504/00 (rkr., Revision aus formalen Gründen abgelehnt, BFH, Beschluss vom 23. 03. 2006, BFH/NV 2006, 1321).

262 *Leibner/Pump*, GmbHR 2003, 998.

263 Näheres dazu *Fett*, Haftung des Geschäftsführers einer GmbH für steuerlichen Schaden aufgrund eines verspäteten Antrags auf Eröffnung eines Konkursverfahrens, DStZ 1995, 112.

Die steuerlichen Pflichten des Liquidators erstrecken sich von der Erledigung der Buchführung einschließlich der Abschlüsse, der Abgabe der Steuererklärungen bis zur Begleichung der sich daraus ergebenden Steuern. Dabei ist zu berücksichtigen, dass alle Gläubiger gleichmäßig bedient werden.[264]

123 Dieses Erfordernis ist allerdings nur in der Theorie leicht zu verstehen und überfordert regelmäßig alle Beteiligten.[265] Zum Nachweis der korrekten anteiligen Tilgung sollte der Liquidator alle Zahlungseingänge und alle Zahlungsausgänge zusammenstellen und den möglicherweise höheren Verpflichtungen gegenüberstellen.

Checkliste:

- Vermögenslage bei Bestellung als Liquidator?
- Welche Zahlungsmittel waren zu diesem Zeitpunkt vorhanden?
- Aufstellung der fälligen Verbindlichkeiten
- Aufstellung der noch nicht fälligen Verbindlichkeiten
- Zeitpunkt der Zahlungsunfähigkeit bzw. Überschuldung?
- Insolvenzgrund bereits vor Bestellung gegeben?

124 Der Liquidator sollte auch prüfen, inwieweit die bisherigen Geschäftsführer mithaften, weil ein notwendiger Insolvenzantrag verzögert oder verschleppt worden ist.

Das Finanzamt muss im Haftungsbescheid bzw. im Rechtsmittelverfahren spätestens in der Einspruchsentscheidung darlegen, worin die Pflichtverletzung des Liquidators zu sehen ist. Aus diesem Grund empfiehlt es sich für den Liquidator, vorausschauend Aufzeichnungen zu führen, aus denen sich die ordnungsgemäße Erfüllung der steuerlichen Verpflichtungen ergibt. Dieser Nachweis kann durch verschiedene Unterlagen geführt werden:

- ein Liquidationskonzept
- die Liquidationseröffnungsbilanz
- erneuter Nachweis durch zwischenzeitliche Jahresabschlüsse und Lageberichte
- Gewerbeabmeldung und Anmeldung der Insolvenz

125 Für grobe Fahrlässigkeit des Liquidators reicht es aus, wenn er die Sorgfalt, zu der er nach den Umständen sowie seinen persönlichen Kenntnissen und Fähigkeiten verpflichtet und im Stande ist, in ungewöhnlichem hohen Maße außer Acht lässt. Das Verschulden wird für den Liquidator bereits angenommen, wenn er gesetzliche Vorschriften nicht beachtet, deren Einhaltung von jedem GmbH-Geschäftsführer erwartet werden muss.[266]

6.4.5. Risiken des Liquidators im Hinblick auf die Umsatzsteuer

126 Bei umsatzsteuerpflichtigen Geschäften im Bereich der Regelversteuerung (Soll-Versteuerung gem. § 16 Abs. 1 Satz 1 UStG) setzt sich der Liquidator speziellen steuerlichen Haftungsgefahren aus. Er ist verpflichtet, die in den Ausgangsrechnungen ausgewiesenen Umsatzsteuerbeträge mit Ablauf des Voranmeldungszeitraumes an das Finanzamt weiterzuleiten, auch

[264] Irrelevant ist dieser Verteilungsmaßstab lediglich nach Ablehnung eines Insolvenzverfahrens mangels Masse, wenn der rudimentäre Rest an Mittel verteilt werden soll.

[265] *Leibner/Pump*, GmbHR 2003, 998, *Apt*, INF 1999, 481.

[266] BFH, Urteil vom 07. 03. 1995, VII B 172/93, BFH/NV 1995, 941.

wenn die Zahlung des Vertragspartners erst sehr viel später eingeht.[267] Bei vermögensarmen Liquidationen kann diese Pflicht bei der Verwertung von Vermögen zu Zahlungsschwierigkeiten führen.

Umgekehrt kann zwischen einer zeitnahen Bezahlung eines umsatzsteuerpflichtigen Geschäftes und dem Abführzeitpunkt bei jährlicher Abgabe der Umsatzsteuer ein längerer Zeitraum liegen, in dem sich die Vermögensverhältnisse der GmbH wesentlich verschlechtern.

Nach der Rechtsprechung ist der Liquidator verpflichtet, die Mittel bereits vor Fälligkeit der Steuern so zu verwalten, dass er zur pünktlichen Tilgung auch der erst künftig fällig werden Steuerverbindlichkeiten, wie der abzuführenden Umsatzsteuer, in der Lage ist. Der Liquidator ist jedoch nicht verpflichtet, von Geschäften Abstand zu nehmen, bloß weil diese Umsatzsteuer auslösen, die voraussichtlich ganz oder teilweise nicht beglichen werden kann.[268] Geht der Liquidator allerdings Geschäfte ein, die Umsatzsteuer auslösen, muss er sich sicher sein, dass er diese aus dem Liquidationsvermögen vollständig – bzw. in Höhe der Quote der Gläubigerbefriedigung – begleichen kann: Andernfalls haftet er für den Steuerausfall persönlich.

Der BFH fordert im Urteil über den entschiedenen Einzelfall hinaus stets einen Kausalzusammenhang zwischen Pflichtverletzung – etwa Unterlassen des Veräußerungsgeschäftes – und dem Schaden in Form des Umsatzsteuerausfalls. Dieser entfällt nur insoweit, als der Liquidator über den vom Käufer zugeflossenen Umsatzsteuerbetrag verfügen kann und er verpflichtet ist, diesen Betrag gleichmäßig an alle Gläubiger zu verteilen. Geht der Fiskus leer aus, kann er den Liquidator in Höhe des anteiligen Ausfalls in Anspruch nehmen.

6.5. Strafrechtliche Verantwortung

Der Liquidator kann strafrechtlich im gleichen Umfang wie der Geschäftsführer zur Rechen- *127*
schaft gezogen werden. Neben den allgemeinen vermögensbezogenen Straftatbeständen wie Betrug und Untreue kommen insbesondere die Insolvenzstraftatbestände (§§ 283 bis 283d StGB) aber auch der Geheimnisverrat des § 85 GmbHG in Betracht.[269] Wird ein Insolvenzverfahren mangels Masse zutreffend abgelehnt, so darf der Liquidator strafrechtlich nicht belangt werden, wenn der GmbH in der Liquidationsphase unerwartet neue Vermögenswerte zufallen. Der Liquidator ist in diesem Fall nach dem Insolvenzstrafrecht nicht dazu verpflichtet, einen neuen Insolvenzantrag zu stellen, wenn diese Vermögenswerte nicht ausreichen, die Insolvenzlage zu beseitigen.[270]

---

[267] Die ständige Rechtsprechung zum Geschäftsführer, zuletzt BFH, Beschluss vom 23. 04. 2007, VII B 92/06, ist auf den Liquidator anwendbar.

[268] BFH, Urteil vom 16. 12. 2003, VII R 77/00, BStBl. II 2005, 249, BB 2004, 643; Im Sachverhalt hatte der Liquidator ein Grundstück mit Zustimmung des Sicherungsgläubigers freihändig veräußert und auf die Umsatzbesteuerung gemäß § 9 Abs. 1 UStG optiert. Der BFH hatte darin noch keine Pflichtverletzung des Liquidators gesehen. Das Urteil ist insoweit obsolet, als seit 2004 bei Grundstücksgeschäften gemäß § 13b Abs. 1 Satz 1 Nr. 3 UStG (insoweit ergänzt durch das Haushaltsbegleitgesetz 2004 vom 29. 12. 2003) die Steuerschuldnerschaft des Leistungsempfängers angeordnet wird. Die allgemeinen Ausführungen des BFH zur Problematik sind aber weiterhin gültig.

[269] Zum strafrechtlichen Risiken bei verspäteter Bilanzerstellung s.o. Teil 1 C.III.4.1. BayObLG, Urteil vom 31. 01. 1990, BReg. 3 St 166/89, BB 1990, 600 gegen Vorinstanz zu § 283 Abs. 1 Nr. 7b StGB i.V.m. § 264 Abs. 1 Satz 2 HGB; sowie *Bisson*, Die Strafbarkeit des Geschäftsführers oder Liquidators einer GmbH wegen Insolvenzverschleppung, GmbHR 2005, 843.

[270] BGH-Beschluss vom 28. 10. 2008, 5 StR 166/08, GmbHR 2009, 205, s.a. Rz 134.

IV. Abschluss der Liquidation

1. Handels- und steuerrechtlicher Abschluss

128 Ist die Liquidation abgeschlossen, also alle Vermögenswerte versilbert und die Verbindlichkeiten getilgt, so sind vom Liquidator vor der Schlussverteilung des Liquidationserlöses an die Anteilseigner die öffentlichen Pflichten zu beachten. Er hat eine Liquidationsschlussbilanz aufzustellen, die die Gesellschafter festzustellen haben. Die Schlussbilanz muss veröffentlicht werden und die darauf beruhenden Steuererklärungen sind einzureichen.

In der Praxis sollten vor der Anmeldung der Löschung im Handelsregister die auf die Liquidationsschlussbilanz hin ergehenden Steuerbescheide abgewartet werden. Weichen die Steuerfestsetzungen von den Erklärungen ab, so muss die Liquidationsschlussbilanz und die Schlussverteilungsrechnung an die Gesellschafter neu erstellt werden, entweder wegen einer Unterdeckung oder eines nicht eingeplanten Steuerüberschusses. Wegen der Gefahr einer Unterdeckung empfiehlt es sich unter Umständen für den Liquidator, nicht alle verfügbaren Mittel für die Schlussverteilung einzuplanen und noch eine Reserve zurückzubehalten, wenn die Liquidations-Gesellschafter auf eine baldige Auszahlung dringen.

Der Liquidator hat auch darüber zu befinden, ob gegen belastende abweichende Steuerbescheide Rechtsmittel eingelegt werden sollte, insbesondere dann, wenn sich das Finanzamt bei Bewertungsfragen in der Liquidationsschlussbilanz anders entschieden hat. Nach Bestandskraft der Bescheide spricht aus meiner Sicht allerdings nichts mehr dagegen, die Schlussverteilungsrechnung an die Gesellschafter zu übermitteln und das Restvermögen zu verteilen. Die Gefahr, dass das Finanzamt später eine Betriebsprüfung anordnet und insofern eine Nachtragsliquidation erforderlich wird, ist eindeutig der Risikosphäre des Finanzamtes zuzurechnen.

2. Die Schlussverteilung des Vermögens

129 Stets vorausgesetzt, dass das Sperrjahr abgelaufen ist, ist gem. § 72 GmbHG das Vermögen der Gesellschaft nach dem Verhältnis ihrer Geschäftsanteile zu verteilen.

Beispiel:

An der GmbH ist A mit 250.000 Euro (50 %), B mit 150.000 Euro (30 %), C mit 100.000 Euro (20 %) beteiligt. Nach der Liquidations-Schlussrechnung verblieb ein Vermögen von 900.000 Euro, welches nun wie folgt an die Gesellschafter verteilt wird:

A 50 %	450.000
B 30 %	270.000
C 20 %	180.000
Gesamt	900.000

Hat eine GmbH eigene Anteile gehalten, werden diese bei der Vermögensverteilung nicht berücksichtigt. Es erhöht sich somit das auf die übrigen Geschäftsanteile entfallende Auszahlungsverhältnis.

Die vom Gesetz vorgesehene Verteilung des Vermögens kann durch Gesellschaftsvertrag oder Beschluss der Gesellschafterversammlung auch geändert werden. Dies ist insbesondere denkbar, wenn bei Beendigung der Gesellschaft noch Wirtschaftsgüter zu verteilen sind und die Gesellschafter auf einen gegenseitigen Wertausgleich verzichten.

Frühster Zeitpunkt für eine zulässige Auskehrung des Gesellschaftsvermögens ist der Ablauf des Sperrjahres. Der Liquidator kann jedoch von den Gesellschaftern verpflichtet werden, unmittelbar nach Ablauf des Sperrjahres auszuzahlen. Um unnötige Formalien zu vermeiden (die Versammlung aller Gesellschafter um Mitternacht am Tag an dem das Sperrjahr abläuft), hält es allein Erle[271] – aus seiner Sicht der Dinge konsequent – für vertretbar, schon vor Ablauf des Sperrjahres bedingt auszuzahlen. Bedingung für das endgültige Behaltendürfen soll dann sein, dass das Sperrjahr abgelaufen ist und sich bis zum Ablauf des Sperrjahres keine neuen Gläubiger melden. Kein besonnener Liquidator wird sich jedoch durch die von Erle vorgeschlagenen bedingten Auszahlungen an die Gesellschafter und auf die damit verbundenen Risiken einlassen.[272] *130*

Verstoßen Liquidator und Gesellschafter bewusst und in gewolltem Zusammenwirken gegen das Sperrjahr des § 73 Abs. 1 GmbHG, ist eine gleichwohl vorgenommene Vermögensverteilung nichtig.[273] Dies gilt aber nur zivilrechtlich.[274] Der Liquidator ist zum Ersatz der verteilten Beträge an die GmbH verpflichtet (§ 73 Abs. 3 GmbHG), während die Gesellschafter, die vor Ablauf des Sperrjahres etwas erhalten, der GmbH nach § 812 Abs. 1 Satz 1 BGB zum Ersatz verpflichtet sind. Die Gesellschafter können § 73 Abs. 1 GmbHG im Übrigen nicht abbedingen. *131*

Beispiel:

A, B und C sind zu gleichen Teilen Gesellschafter einer GmbH, die abgewickelt wird. Sie fassen einstimmig den Beschluss, dass C Waren zum Preis von 100.000 Euro erhält, die tatsächlich 150.000 Euro wert waren; den Kaufpreis stundet die GmbH dem C außerdem bis zur endgültigen Verteilung. Verbindlichkeiten gegenüber Gläubigern waren nicht beglichen, das Sperrjahr war nicht abgelaufen. § 73 Abs. 1 GmbHG ist zwingendes Recht und kann als eine der wesentlichen Gläubigerschutzbestimmungen nicht durch Gesellschafterbeschluss abbedungen werden. Die Stundungsvereinbarung ist als Umgehungsgeschäft ebenfalls unwirksam.[275]

3. Aufbewahrung der Schriften und Bücher

Die Liquidatoren müssen vor der Schlussauskehrung noch die Aufbewahrung der Bücher und Schriften der GmbH regeln (§ 74 GmbHG). Ist ein Verwahrer der Dokumente weder durch den Gesellschaftsvertrag noch durch einen Gesellschafterbeschluss festgelegt worden, kann dieser vom Registergericht bestimmt werden. Es muss gewährleistet sein, dass auch nach Abschluss der Liquidation Gläubiger Einsicht in die Bücher der Gesellschaft erhalten. *132*

---

271 *Erle*, GmbHR 1998, 222.

272 S. o. Teil 1 C.II.2.2.

273 BGH, Urteil vom 04. 07. 1973, VIII ZR 156/72, BB 1973, 1280; NJW 1973, 1695.

274 BFH, Urteil vom 04. 10. 2006, VIII R 7/03: Steuerlich wird, wenn das wirtschaftliche Eigentum übergeht, weder eine verdeckte Gewinnausschüttung noch zwingend § 42 AO a.F. angenommen; i.E. Teil 2 C.IV.2.

275 OLG Rostock, Urteil vom 19. 06. 1996, 1 U 265/94, GmbHR 1996, 621.

Das Registergericht kann dabei jeden zum Verwahrer bestimmen, der hierzu auch durch Gesellschaftsvertrag oder Beschluss hätte bestimmt werden können, solange dieser nicht als handgreiflich ungeeigneter Verwahrer zu sehen ist. Ein Mehrheitsgesellschafter kann daher auf seinen Antrag hin als Verwahrer eingesetzt werden, selbst wenn er nach einer Amtslöschung vom anderen Gesellschafter gerichtlich anderweitig belangt wird, solange dem Registergericht nicht konkrete Hinweise auf rechtswidriges oder gar deliktisches Verhalten des Mehrheitsgesellschafters unterbreitet werden.[276]

Das Informationsrecht der Gläubiger ist bekanntlich stark ausgeprägt. Nach § 74 Abs. 3 Satz 2 GmbHG können Inhaber titulierter und nicht titulierter Forderungen einer GmbH vom Registergericht zur Einsicht in die Bücher und Schriften der Gesellschaft ermächtigt werden. Dieses Recht richtet sich gegen den Verwahrer der Liquidationsunterlagen. Verweigert der Verwahrer die Einsichtnahme, so kann der Gläubiger beim Registergericht ein Zwangsgeldverfahren beantragen. Das Recht des Gläubigers dient dazu, sich über die Umstände zu informieren, unter denen seine Forderung gegen die liquidierte Gesellschaft ausgefallen ist. Er soll in den Büchern nach weiteren Anspruchsgegnern, Zeugen und strafrechtlich relevanten Anhaltspunkten forschen dürfen.

133 Dieses Begehren ist in aller Regel nicht rechtsmissbräuchlich. Die bloße Möglichkeit einer rechtsmissbräuchlichen Verwendung der gewonnenen Erkenntnisse schließt das Recht nach § 74 Abs. 3 Satz 2 GmbHG nicht aus.[277] In der erforderlichen Interessenabwägung hat die Gläubigerposition grundsätzlichen Vorrang vor dem Geheimhaltungsbedürfnis der Betroffenen, Verschwiegenheitspflichten gegenüber ehemaligen Kunden oder auch dem Bankgeheimnis. Das gleiche gilt für das Steuergeheimnis.[278]

Allerdings rechtfertigt es keine Nachtragsliquidation, wenn ein Gesellschafter die bislang verwehrte Einsichtgewährung in Bücher und Schriften der Gesellschaft durchsetzen möchte, weil das Einsichtsrecht nicht mehr als Abwicklungsmaßnahme zu werten ist.[279]

V. Liquidation nach Ablehnung eines Insolvenzverfahrens mangels Masse

134 Wenn mangels Masse die Eröffnung des Insolvenzverfahrens abgelehnt oder das Verfahren eingestellt wird, weil sich erst nach Eröffnung herausstellt, dass die vorhandenen aktiven Werte nicht für die Verfahrenskosten ausreichen, teilt das Insolvenzgericht den Registergerichten diese Tatsache von Amts wegen mit. Entweder ist die GmbH dann tatsächlich vollkommen vermögenslos oder es ist noch unbedeutendes Restvermögen vorhanden. Deshalb muss auch in diesen Fällen ein Liquidationsverfahren eingeleitet werden. Der Geschäftsführer wird vom Registergericht aufgefordert, sich zur Vermögenslage zu erklären, so dass er gfs. eine Liquidation durchführen kann.

[276] OLG Düsseldorf, Beschluss vom 31. 05. 21010, I-3 Wx 104/10, GmbHR 2010, 817; der klagende Minderheitsgesellschafter hatte lediglich nicht belegte Vermutungen aufgestellt, dass die Gefahr einer Interessensverquickung bestehe, weil der Mehrheitsgesellschafter in gerichtliche Streitigkeiten mit anderen Gesellschaftern verwikkelt sei.

[277] BayObLG, Beschluss vom 05. 02. 2003, 3Z BR 8/03, DB 2003, 761.

[278] *Baumbach/Hueck*, § 74 Rz 14.

[279] S. i.E. u. D.II.4.

Die Verfahrensgrundsätze der regulären Liquidation gelten auch in diesem Fall: Es muss ein Liquidator bestellt werden, der das Restvermögen versilbert. Alle weiteren Pflichten der GmbH und damit des Liquidator bleiben ebenfalls bestehen, allerdings begrenzt durch die verfügbaren Mittel. Auch die Bilanzaufstellungspflicht und die Offenlegungspflicht nach § 325 HGB bestehen weiter. Allerdings sind die vertretungsberechtigten Organe der Gesellschaft nicht verpflichtet, diese Pflicht dadurch zu erfüllen, dass sie aus ihrem Privatvermögen zuschießen.[280]

Bei der Verteilung des Erlöses an einen oder mehrere Gläubiger gilt jedoch das Verbot der Gläubigerbenachteiligung nicht. Der Erlös reicht eben nicht für alle Gläubiger aus, so dass beliebige Gläubiger ganz oder teilweise ausgezahlt werden können, ohne dass die übergangenen dagegen etwas einwenden können. Der Grundsatz der gleichmäßigen Gläubigerberücksichtigung des Insolvenzverfahrens ist nach dessen Aufhebung ebenfalls außer Kraft gesetzt.

Wenn der GmbH in der Liquidationsphase unerwartet neue und hohe Vermögenswerte zufallen, darf der Liquidator diese Vermögenswerte keinesfalls für sich verbrauchen. Er kann zwar strafrechtlich nicht belangt werden, weil die Insolvenzstraftaten diese Fallgestaltung nicht ausdrücklich umfassen und eine ausdehnende Analogie verboten ist,[281] zivilrechtlich setzt sich der eigennützige Liquidator aber Schadensersatzansprüchen der Gläubiger aus.

Die Bücher der Gesellschaft müssen über den gesetzlichen Zeitraum hinweg gleichfalls aufbewahrt werden, weil ausgefallenen Gläubigern – wie oben zu Teil 1 C.IV.2. ausgeführt – ein starkes Einsichtsrecht zusteht: Sie dürfen sich umfassend über die Umstände informieren, unter denen sie mit ihrer Forderung ausgefallen sind. Sie sind berechtigt, nach Tatsachen zu forschen, ob ihnen ein Schadensersatzanspruch gegen Dritte insbesondere gegen den früheren Geschäftsführer oder den Gesellschaftern im Wege des Durchgriffs zusteht. *135*

Reagiert der Geschäftsführer auf Anfragen des Registergerichtes nicht, so stellt sich die Frage, unter welchen Voraussetzungen das Registergericht die GmbH als vermögenslos betrachten darf und von Amts wegen löschen kann (dazu ausführlich Teil 1 D. I. 2.).

VI. Liquidation der Vorgesellschaft

Wird bei einer Vor-GmbH die Eintragung als GmbH aufgegeben, gilt die Vor-GmbH als aufgelöst[282] und muss ebenfalls abgewickelt werden. Das Handelsregister ist zwar nicht mit einem obsolet gewordenen Eintrag betroffen, trotzdem wird die Vor-GmbH nach einer Änderung der Rechtsprechung des BGH in vielfacher Hinsicht wie eine eingetragene GmbH behandelt. *136*

280 LG Bonn, Beschluss vom 16. 09. 2009, 30 T 366/09. Die Offenlegungspflicht nach § 325 HGB wird zwar objektiv verletzt, die vertretungsberechtigten Organe trifft jedoch kein Verschulden, so dass kein Ordnungsgeld festzusetzen ist.

281 BGH-Beschluss vom 28. 10. 2008, 5 StR 166/08, GmbHR 2009, 205. Im Urteilsfall zahlte ein Schuldner 100.000 Euro nach Ablehnung des Insolvenzverfahrens an die GmbH, die der Liquidator für sich verbrauchte und nicht an die Gläubiger mit Gesamtforderungen von über 800.000 Euro ausgekehrte.

282 Vgl. OLG Celle, Urteil vom 08. 05. 1996, 9U 201/95, GmbHR 1996, 688; OLG Düsseldorf, Urteil vom 18. 06. 1993, 3 Wx 247/93, DB 1993, 1815, GmbHR 1994, 178; BayObLG, Urteil vom 18. 03. 1987, 2Z 8/87, GmbHR 1997, 393; *Hachenburg/Ulmer* § 11 Rz. 38; *Rowedder/Schmidt-Leithoff* § 11 Rn. 27; *Scholz* § 11 Rz. 55.

Nach überwiegender Ansicht[283] sind damit auch die Vorschriften über die Liquidation der GmbH entsprechend anzuwenden, soweit sie nicht zwingend voraussetzen, dass die Gesellschaft im Handelsregister eingetragen ist.[284] Damit ist der designierte Geschäftsführer als geborener Liquidator in die Pflicht genommen, der die Vor-GmbH wie eine eingetragene GmbH abzuwickeln hat. Es entfällt lediglich die abschließende Eintragung der Löschung nach Abschluss der Liquidation ins Handelsregister. Vor der Rechtsprechungsänderung wurden gemeinhin die Vorschriften über die Liquidation von Personengesellschaften[285] herangezogen, nach denen die Gesellschafter als Liquidatoren fungieren.[286]

VII. Betrügerische Liquidationen

1. Die Bestattungsfälle und deren Eindämmung durch die Gerichte

1.1. Stiller und betrügerischer Entzug der Vermögenswerte

137 Eine stille Liquidation wird allgemein angenommen, wenn eine Gesellschaft abgewickelt wird, ohne den Weg des förmlichen Liquidationsverfahrens zu beschreiten. Still wird die Liquidation deswegen genannt, weil die Liquidation in keiner Weise nach außen kundgetan wird: also insbesondere kein Gläubigeraufruf, keine Anmeldung der faktischen Auflösung zum Handelsregister und kein Liquidationszusatz in der Firma der GmbH. Von der Rechtsordnung ist dies zwar nicht vorgesehen, wird aber geduldet, solange mögliche Gläubiger dadurch nicht benachteiligt werden.[287]

Sobald aber durch die faktische und verborgene Liquidation Gläubigern der GmbH erschwert wird, ihre Ansprüche durchzusetzen, spricht man besser von betrügerischer Liquidation (oder von so genannten Bestattungsfällen) statt von stiller Liquidation. Darunter versteht man also alle Versuche und Maßnahmen der Gesellschafter, außerhalb eines Liquidationsverfahrens Vermögenswerte und insbesondere in der Liquidation verlorene Sicherheiten zu retten, indem sich die GmbH auf verschiedene Art und Weise dem Zugriff der Gläubiger zu entziehen versucht.

Im Rahmen von Firmenbestattungen wird vorhandenes Gesellschaftsvermögen beiseite geschafft, als Geschäftsführer wird ein Strohmann oder unerreichbarer Ausländer eingesetzt, Geschäftsanteile werden veräußert, der Firmensitz aufgegeben oder verlegt, gegebenenfalls mehrmals oder ins Ausland[288]. Alle diese Maßnahmen erschweren die Verfolgung von Rechtsansprüchen der Gläubiger enorm. Gesetzgeber und Rechtsprechung haben versucht, die Methoden der Firmenbestatter wegen der eklatanten Gläubigerbenachteiligung in die

---

283 OLG Hamm, Urteil vom 14. 12. 1984, 20U 147/84, WM 1985, 658; *Hachenburg/Ulmer*, § 11 Rz. 41, 42; *Rowedder/Schmidt-Leithoff* § 11 Rz. 67, 68; *Scholz* § 11 Rz. 56; *Baumbach/Hueck* § 11 Rz. 27; *Lutter/Hommelhoff* § 11 Rz. 8, ausführlich *Wallner*, GmbHR 1998, 1169.

284 *Baumbach/Hueck* § 66 Rz. 3 m.w.Nw.

285 § 730 Abs. 2 BGB spricht nicht ausdrücklich von Liquidatoren sondern regelt die Geschäftsführung, woran sich nach § 714 BGB im Zweifel die Vertretung anschließt.

286 So noch OLG Dresden, Urteil vom 14. 7. 1998, 3 W 804/98, GmbHR 1998, 1182.

287 Zur Spielart der geduldeten stillen Liquidation s.o. Teil 1 C.II.2.3.3.

288 Instruktiv zur alten Rechtslage: BGH, Urteil vom 22.12.2005, IX ZR 190/02.

Schranken zu weisen.[289] Die Rechtslage ist jedoch auch nach dem In-Kraft-Treten des MoMiG (dazu s.u. 2.) unbefriedigend.[290]

1.2. Verkauf und Sitzverlegung ins Ausland

Darlehen, die unterkapitalisierte GmbHs von den Gesellschaftern erhalten, um den Geschäftsbetrieb aufrecht zu erhalten, hatten bereits vor den Änderungen des MoMiG in der Regel Eigenkapital ersetzenden Charakter, so dass die Gesellschafter in der Liquidation oder Insolvenz zugunsten der Gläubiger leer ausgingen. Haftet Grundbesitz des Gesellschafters für dessen Rückdeckungsdarlehen oder das Darlehen der GmbH, ist die Lage für diesen besonders misslich. Nach der Rechtsprechung zum Scheitern verurteilt ist der Versuch, die Sicherheiten bzw. die Glattstellung des Darlehens an den Gläubigern vorbei dadurch zu retten, dass die nach Rückzahlung der Darlehen überschuldete GmbH „verschwindet", das heißt an einen Firmenbestatter veräußert und der Sitz ins Ausland verlegt wird. *138*

Nach der Rechtsprechung ist auch der Versuch strafbar, in einer Insolvenzsituation die Geschäftsanteile an eine weitere Person zu veräußern und aus der Geschäftsführung auszuscheiden, sich jedoch vom Erwerber die umfassende Vertretung der GmbH per Vollmacht einräumen zu lassen und so die GmbH faktisch weiter beherrschen zu können.[291]

Zur früheren Rechtslage hat der BGH bereits entschieden, dass die GmbH gegen ihre Gesellschafter einen Freistellungsanspruch gemäß § 31 Abs. 1 GmbHG hat, wenn Eigenkapital ersetzende Darlehen verbotswidrig an die Gesellschafter zurückgeführt werden. Der Verzicht auf die Geltendmachung des Erstattungsanspruches wird als eine nach § 3 AnfG anfechtbare Rechtshandlung gewertet, wenn die Beteiligten in Gläubiger-Benachteiligungsabsicht gehandelt haben.[292] Diese liegt vor, wenn die Vollstreckung gegen die GmbH nach Sitzverlegung ins Ausland unmöglich geworden ist oder wesentlich erschwert wurde. Die Gesellschafter sind bei einem solchem Vorgehen nämlich um die Rückerlangung der hingegebenen Sicherheiten bereichert.

Der BGH hat damit das Schwert der Gläubigeranfechtung in mehrfacher Hinsicht geschärft. *139*
Schon bisher war anerkannt, dass im Rahmen des § 3 Abs. 1 AnfG auch ein bewusstes und gewolltes Unterlassen einer positiven Handlung gleichzustellen ist. Der BGH hat jedoch zusätzlich in der schwierigen Frage des Nachweises dieses „qualifizierten Unterlassens" dem Gläubiger stark unter die Arme gegriffen: Immer dann, wenn der Sitz einer GmbH ins Ausland verlegt wird und so die gerichtliche Geltendmachung von Ansprüchen und deren Vollstreckung wesentlich erschwert wird, ist bereits hinreichend dargelegt, dass der Freistellungs- oder Erstattungsanspruch der Gesellschaft gegen die Gesellschafter bewusst nicht geltend gemacht wird. Wenn die GmbH über keinerlei Vermögenswerte im Inland mehr verfügt, auf die

289 BGH Urteil vom 13. 12. 2004, II ZR 206/02, GmbH-StPr 2005, 88: Für die Haftung des Gesellschafters für den vollständigen Entzug der Vermögenswerte kann es sogar ausreichen, wenn er nur mittelbar über eine zwischengeschaltete GmbH an der Gesellschaft beteiligt ist.

290 *Schwab*, DStR 2010, 333.

291 BGH, Beschluss vom 24. 03. 2009, 5 StR 353/08 im Hinblick auf die Strafbarkeit nach § 283 Abs. 1 Nr. 8 StGB; im Fall wurde sogar eine Option auf Rückkauf der Geschäftsanteile vereinbart.

292 BGH, Urteil vom 22. 12. 2005, IX ZR 190/02. Nach dem MoMiG kann nach dem neu gefassten § 6 AnfG angefochten werden.

zugegriffen werden kann, kann der anfechtende Gläubiger also davon ausgehen, dass die GmbH planmäßig im Ausland verschwinden und faktisch liquidiert werden sollte.

Erforderlich ist es für § 3 Abs. 1 AnfG auch, dass der Vorsatz der Gläubigerbenachteiligung dem begünstigten Altgesellschafter und Schuldner bekannt gewesen ist. Dies ist bei einer Transferierung des Sitzes ins Ausland mit anschließender Veräußerung indiziert. Auch wenn im EU-Ausland der theoretische Zugriff des Gläubigers auf die Eigenkapitalersatzansprüche gegeben ist, genügt für die Gläubigerbenachteiligung bereits, wenn der Gläubigerzugriff auch nur wesentlich erschwert wird. Davon ist bei einem Verkauf der GmbH und einer Sitzverlegung ins Ausland regelmäßig auszugehen.

140 Der BGH zeigte sich in der Entscheidung entschlossen, sich im Zuge der Internationalisierung des Gesellschaftsrechts im Rahmen der EU auftuende missbräuchliche Möglichkeiten, um eine GmbH „heimlich still und leise" zu liquidieren, entschlossen zu bekämpfen. Er hat dabei noch nicht einmal auf § 826 BGB rekurriert und macht so deutlich, dass er diesen Weg auch bei geschickter konstruierten Ausweichkonstruktionen wählen wird.[293]

Die Gläubiger können nach der BGH-Rechtsprechung auf die still weggeschafften Vermögenswerte zugreifen, wobei es je nach Fortschritt der Liquidation zwei Möglichkeiten gibt: Ist die GmbH im Handelsregister noch nicht gelöscht, so ist der Freistellungsanspruch der GmbH gegen die Gesellschafter zu pfänden und gegen diese geltend zu machen. Nach der Löschung im Handelsregister kann dieser Anspruch gegen die Gesellschafter direkt geltend gemacht werden. Die Gesellschafter konnten also schon vor den Änderungen durch das MoMiG hingegebene Sicherheiten im Falle der Krise der GmbH nicht mehr retten, sobald das Darlehen Eigenkapital ersetzenden Charakter angenommen hatte. Nunmehr gewährt § 6 AnfG ein Anfechtungsrecht, das für Rückzahlungshandlungen im Zeitraum von einem Jahr vor Erlangung des Vollstreckungstitels oder danach und für Sicherungshandlungen sogar für zehn Jahre gewährt wird.

Für einen Steuerberater und Wirtschaftsprüfer ist die Übernahme einer stillen Liquidation, in der er Forderungen der abzuwickelnden Gesellschaft einzieht, gefährlich: Er verstößt gegen § 1 Abs. 1 Satz 1 RBerG, mit der Folge, dass das zugrunde liegende Auftragsverhältnis nichtig ist und er lediglich eine Vergütung nach den Vorschriften der Geschäftsführung ohne Auftrag verlangen kann.[294]

1.3. Die geschäftführerlose GmbH

141 Aus Gläubigersicht problematisch war hingegen die Rechtsprechung zu den Fällen, in denen ein (Fremd- oder Minderheits-)Geschäftsführer[295] sein Amt niedergelegt und die Gesellschafterversammlung keinen neuen Geschäftsführer bestellt hatte. Die GmbH war dann weder handlungsfähig noch konnte wirksam gegen sie vorgegangen werden.

Um die Gesellschaft zu verklagen oder einen Titel gegen sie zu vollstrecken, mussten die Gläubiger zunächst vom zuständigen Gericht einen Notgeschäftsführer (§ 29 BGB analog) bzw. Prozesspfleger (§ 57 ZPO) bestellen lassen. Sie mussten überdies einen Kostenvor-

---

[293] So die Einschätzung von *Weiss* im Urteilskommentar, BB 2006, 405.

[294] OLG Köln, Urteil vom 01. 10. 1999, 19 U 219/98, DB 2000, 536, StuB 2000, 747.

[295] Anders beim Mehrheits-Gesellschafter-Geschäftsführer dazu sogleich.

schuss aufbringen, vulgo schlechtem Geld gutes hinterher werfen. Sogar der Gläubigerantrag auf Eröffnung eines Insolvenzverfahrens sollte so lange als unzulässig abgewiesen werden, wie die Gesellschaft mangels Geschäftsführungsorgan prozessunfähig war.[296]

Die Judikative hatte jeden Durchgriff auf die Gesellschafter verwehrt, wenn Gläubiger in die- *142*
ser Situation nicht die Flinte ins Korn werfen wollten. Weder waren die Gesellschafter verpflichtet, überhaupt einen Geschäftsführer zu bestellen[297] noch mussten sie sich selbst als Notgeschäftsführer zur Verfügung stellen.[298] In dieser Situation fand sich regelmäßig kein Dritter bereit, um sich zum Geschäftsführer bestellen zu lassen. Ein Gläubiger hatte nach der sich auf § 13 Abs. 2 GmbHG berufenden Rechtsprechung nicht einmal einen Aufwendungsersatzanspruch gegen die Gesellschafter, wenn er gegenüber dem von Gericht bestellten Notgeschäftsführer die Auslagen vorgestreckt hatte.

Ebenfalls weitgehend machtlos waren die Gläubiger, wenn der Geschäftsführer zwar im Amt blieb, aber schwer oder überhaupt nicht für gerichtliche Zustellungen erreichbar war. Im EU-Ausland hilft dem Gläubiger zwar noch das Vollstreckungs- und Zustellungsabkommen im Rahmen der EU.

Außerhalb der EU scheiterte die Rechtsverfolgung in der Regel daran, dass zunächst enorme Kosten vorzustrecken sind, und der Erfolg der Vollstreckungsbemühungen meist sehr zweifelhaft ist. Fast einhellig ist allerdings in Rechtsprechung und Literatur anerkannt, dass zum Geschäftsführer auch Staatsangehörige aus Ländern in und außerhalb der EU berufen werden können. Für EU-Ausländer dürfte sich dies schon aus den europarechtlichen Verpflichtungen ergeben.[299]

Bisher haben es die Gerichte lediglich als rechtsmissbräuchlich angesehen, wenn ein Gesellschafter-Geschäftsführer[300] oder gar der Alleingesellschafter und Geschäftsführer das Amt niedergelegt hat, ohne einen neuen Geschäftsführer zu berufen.[301] Das OLG Zweibrücken stellt der Amtsniederlegung die einvernehmliche Aufhebung und die Abberufung des geschäftsführenden Gesellschafters in der Einmann-GmbH ohne Bestellung eines Nachfolgers gleich, die nicht eintragungsfähig sei, es sei denn, es liegt ein wichtiger Grund hierfür vor.[302]

Völlig offen ist jedoch, unter welchen Voraussetzungen Geschäftsführer ohne Bestellung eines Nachfolgers abberufen werden können, wenn die Gesellschaft von einer juristischen Person beherrscht wird. Für die Frage nach der Wirksamkeit des Bestellungswiderrufs kann dann nicht auf die Personenidentität von Gesellschafter und Geschäftsführer abgestellt werden.[303]

---

296 OLG Dresden, NJW-RR 2000, 579.

297 BGH, DB 1985, 168, GmbHR 1985, 149.

298 BGH, DB 1985, 168, GmbHR 1985, 149.

299 *Huber*, DB, 2003, 2215. Allerdings wird ein inländischer Wohnsitz verlangt.

300 OLG Düsseldorf, DB 2001, 261, BayObLG, DB 1999, 1748; KG, GmbHR 2001, 147; A.A. nach der eine Amtsniederlegung stets – d.h. auch im Falle eines vermeintlichen Rechtsmissbrauchs – im Außenverhältnis wirksam sei: *Baumbach/Hueck*, § 38 Rz. 87.

301 BayObLGZ 1999, 171; KG Berlin, Beschluss vom 01. 11. 2000, 23 W 3250/02; OLG Hamm DNotZ 1989, 396; OLG Düsseldorf, ZIP 2001, 25; Scholz, § 38 Rz. 90; *Lutter/Hommelhoff*, § 38 Rz. 42; *Lohr*, DStR 2002, 2173. A.A. *Altmeppen/Roth*, § 38 Rz. 77, 78; *Wachter*, GmbHR 2001, 1129; *Fleck*, EWiR 1988, 795.

302 OLG Zweibrücken, Beschluss vom 15. 02. 2006, 3 W 209/05, BB 2006, 1179; zustimmend *Link*, BB 2006, 1180.

303 *Link*, BB 2006, 1181.

1.4. Haftung aus existenzvernichtendem Eingriff in der Liquidation

143 Der BGH hat seine Rechtsprechung zur Haftung aus existenzvernichtendem Eingriff[304] auf Tatbestände in der Liquidation ausgedehnt[305]. Wird der GmbH im Liquidationsstadium Haftungsmasse entzogen, so hat die GmbH gegen die eingreifende Person, meist der Gesellschafter-Liquidator, einen Anspruch darauf, die Gesellschaft so zu stellen, wie sie ohne den existenzvernichtenden Eingriff bestehen würde. Die Rechtsgrundlage sieht der BGH in § 826 BGB, wobei der Tatbestand eines existenzvernichtenden Eingriffs automatisch die Sittenwidrigkeit indiziert. Es ist lediglich erforderlich, dass der Täter zumindest bedingt vorsätzlich gehandelt hat.

Das ist dann der Fall, wenn das handelnde Organ die gebotene Loyalität gegenüber der Gesellschaft grob missachtet und allein eigene Interessen durchsetzt. Im entschiedenen Fall hatte der Liquidator – nach Ablehnung eines Insolvenzverfahrens – dem Prozessbevollmächtigten der GmbH in einem laufenden Prozess gegen sich selbst die Vollmacht entzogen. Aus der Klageabweisung wurde eine ebenfalls insolvente Schwestergesellschaft geschädigt, die ihrerseits Ansprüche gegen die Liquidationsgesellschaft hatte.

Im Ergebnis hat sich der manipulative Gesellschafter–Liquidator das Vermögen der GmbH in Form eines Anspruchs gegen sich selbst insoweit einverleibt, als er die Durchsetzung des Anspruchs für die GmbH und deren Gläubiger vereitelte. Damit hat der Liquidator auch gegen § 73 GmbHG verstoßen. Das in Rahmen des § 826 BGB anerkannte verselbstständigte Vermögensinteresse der werbenden Gesellschaft gilt auch im Stadium der Liquidation der Gesellschaft. Der BGH hat zwar im Trihotel-Urteil die Haftung aus existenzvernichtendem Eingriff als Innenhaftung des Täters gegenüber der Gesellschaft ausgestaltet, diesen Anspruch der GmbH gegen den Vermögensentzieher allerdings im Interesse des Gläubigerschutzes angeordnet. Deshalb konnte im Sanitary-Fall der Insolvenzverwalter der Schwestergesellschaft den Anspruch der GmbH gegen den Alleingesellschafter-Liquidator pfänden und gegen ihn geltend machen. Im Übrigen hatte der BGH ausdrücklich offen gelassen, ob betroffenen Gläubigern in speziellen Fällen nicht auch ein unmittelbarer Außenhaftungsanspruch nach § 826 BGB gegen Gesellschafter insolventer Körperschaften zustehen kann.

Es ist also in der Liquidation ebenfalls ein verselbstständigtes Vermögensinteresse der Gesellschaft gegenüber ihrem Alleingesellschafter anerkannt. Dadurch wird die Anspruchsverfolgung von Geschädigten aus § 826 BGB aufgrund des vermögenschädigenden Vorgehens des Alleingesellschafters ermöglicht[306].

2. Rechtsprechung nach der GmbH-Reform

144 Die GmbH-Reform sollte die Gläubigerstellung in mehreren Hinsichten verbessern. Es muss eine zustellungsfähige inländische Geschäftsanschrift der GmbH im Handelsregister eingetragen werden (§§ 8 Abs. 4 Nr. 1, 10 Abs. 1 Satz 1 GmbHG). Das gleiche gilt für die inländische Adresse einer Person, die für Zustellungen an die Gesellschaft zustellungsbevollmächtigt ist (§ 10 Abs. 2 Satz 2 GmbHG). Falls unter dieser Adresse eine Zustellung faktisch unmöglich

[304] BGH, Urteil vom 16. 07. 2007, II ZR 3/04 (Trihotel-Urteil) bestätigt durch Urteil vom 28. 04. 2008, II ZR 264/06.

[305] BGH, Urteil vom 09. 02. 2009, II ZR 292/07 (Sanitary-Urteil).

[306] Eingehend *Werner*, NWB 2009, 2667.

ist, weil kein Geschäftslokal unterhalten wird (und damit auch eine Niederlegung oder Ersatzzustellung scheitert), kann eine öffentliche Zustellung in Deutschland bewirkt werden (§ 185 Nr. 2 ZPO n. F.). Außerdem können Willenserklärungen im Fall der Führungslosigkeit gegenüber Mitgliedern des Aufsichtsrates (falls es ihn gibt) oder an jeden Gesellschafter abgegeben werden. Das gleiche gilt für zu bewirkende Zustellungen (§ 35 Abs. 1 Satz 2 GmbHG).

Jeder Gesellschafter einer GmbH wird darüber hinaus für den Fall der Geschäftsführerlosigkeit verpflichtet, bei Zahlungsunfähigkeit oder im Fall der Überschuldung Insolvenz anzumelden (§ 15a Abs. 3 InsO). Unterlassen die Gesellschafter dies, so sind sie persönlich wie bisher die Geschäftsführer für die durch Verzögerung bei Dritten eintretenden Schäden verantwortlich. Ferner wird das Auszahlungsverbot durch den neuen § 64 Satz 3 GmbHG geringfügig erweitert, wenn eine Gesellschaft durch Zahlungen an die Gesellschafter ausgeplündert wird. Schließlich wurden die Ausschlussgründe für Geschäftsführer in § 6 Abs. 2 Satz 2 Nr. 3 um Verurteilungen wegen einer Insolvenzverschleppung, wegen falscher Angaben nach § 82 GmbHG, wegen unrichtiger Darstellung in Bilanzen und wegen allgemeiner Straftatbestände mit Unternehmensbezug wie §§ 263 bis 264a und §§ 265b bis 266a StGB erweitert.

Ein erstes Fazit, ob diese Maßnahmen ausreichen, die Missbräuche bei Not leidenden GmbHs einzudämmen, fällt ernüchternd aus.[307] Allein durch die Erleichterung der öffentlichen Zustellung gemäß § 185 Nr. 2 ZPO i.V.m. § 10 Abs. 2 Satz 2 GmbHG und eine sanktionsbedrohte eigene Insolvenzantragspflicht der Gesellschafter gemäß § 15a Abs. 3 InsO werden nämlich bekannte Missbrauchsgestaltungen nicht effektiv verhindert.[308] Es bleibt einerseits zulässig, eine insolvenzgefährdete Firma an neue Anteilseigner zu übertragen[309] oder aber einen neuen Geschäftsführer zu bestellen, der im Drittlandgebiet ansässig ist und keine jederzeitige Einreisemöglichkeit hat.[310]

Der BGH hatte bereits Gelegenheit zu klären, wie begrenzt die geänderten § 35 Abs. 1 Satz 2 GmbHG und § 15 Abs. 3 HGB wirken. Nur soweit der Gesellschaft gegenüber Willenserklärungen abzugeben sind oder Schriftstücke zuzustellen sind, beispielsweise eine Klage, sind nach dieser Vorschrift auch die Gesellschafter – einzeln – empfangsbefugt. § 35 Abs. 1 Satz 2 GmbHG verpflichtet sie jedoch nicht zur aktiven Vertretung im Prozess gegen die GmbH, weder aus dem Wortlaut der Vorschriften noch aus der Gesetzesbegründung ergibt sich laut BGH etwas anderes.[311]

Im Streitfall hatte der einzige Geschäftsführer einer GmbH sein Amt niedergelegt, wurde später jedoch im Handelsregister als Liquidator eingetragen, was materiell falsch war. § 15 Abs. 3 HGB schützt zwar den guten Glauben an die Richtigkeit der Eintragung. Dieser Schutz kann aber nicht die Prozessunfähigkeit der GmbH beseitigen. Die GmbH ist solange prozessunfähig, bis der Mangel behoben ist. Beide MoMiG-Novitäten versagen also bereits bei einem relativ einfach gelagerten Fall.

[307] So auch *Schwab*, DStR 2010, 333, mit ausführlichen Beispielen zu den verschiedenen Varianten der Führungslosigkeit der Gesellschaft, der Verschiebung von Vermögenswerten vor der Insolvenz und den wenigen Möglichkeiten, effektiv dagegen vorzugehen.

[308] *Ehlers*, NWB 2010, 2481.

[309] OLG Karlsruhe, Beschluss vom 30. 05. 2005, 15 AR 8/05, NZI 2005, 505.

[310] OLG Düsseldorf, Beschluss vom 16. 04. 2009, I-3 Wx 85/09, GmbHR 2009, 776; OLG München, Beschluss vom 17. 12. 2009, 31 Wx 142/09, BB 2010, 268.

[311] BGH-Urteil vom 25. 10. 2010, II ZR 115/09, GmbHR 2011, 83.

Das prozessual zutreffende Mittel bei Klagen gegen eine führerlose GmbH ist die Bestellung eines Prozesspflegers nach § 57 Abs. 1 ZPO bzw. eines Notgeschäftsführers analog § 29 BGB.[312] Der gravierende Nachteil ist dabei, dass die Kosten durch den Antragsteller vorgeschossen werden müssen. Gesellschafter-Geschäftsführer, die die Führungslosigkeit ihrer GmbH in Kauf nehmen, werden also durch den seit 01. 11. 2008 neu gefassten § 35 Abs. 1 Satz 2 GmbHG nicht allzu sehr bedrängt. Darüber hinaus soll eine GmbH nur dann führungslos sein, wenn es tatsächlich keinen Geschäftsführer mehr gibt, nicht aber wenn der Kontakt zu den (neuen) Gesellschaftern seit Monaten abgerissen ist.[313]

312 OLG Zweibrücken, Beschluss vom 22. 01. 2007, 4 W 6/07, GmbHR 2007, 54

313 AG Hamburg, Beschluss vom 27. 11. 2008, 67c IN 478/08, NZG 2009, 157; ZIP 2009, 333

D. Beendigung und Nachtragsliquidation

I. Die Beendigung

1. Die beantragte Löschung im Handelsregister

1.1. Anmeldung der Löschung

Am Tag der Verteilung kann der Liquidator den Schluss der Liquidation, das Erlöschen der Firma und die Beendigung des Amts des Liquidators zum Handelsregister anmelden (§ 74 Abs. 1 GmbHG). Er kann die Anmeldung aber noch aufschieben.[314] Es ist aber zu beachten, dass erst mit der Anmeldung das Handelsregisterverfahren zur endgültigen Löschung der GmbH im Handelsregister beginnt. *145*

1.2. Wirkung der Löschung

1.2.1. Die Vollbeendigung und die Lehre vom Doppeltatbestand

Der Löschungseintrag führt nicht zur Beendigung der GmbH, wenn die Gesellschaft unerkannt noch über verwertbares Vermögen verfügt. Es muss sich eine Nachtragsliquidation anschließen. Begründet wird dies mit der Lehre des Doppeltatbestandes bei der Beendigung[315]: Die GmbH ist erst beendet, wenn neben der Löschung kein Restvermögen mehr vorhanden ist. *146*

1.2.2. Erhalt der Einreden trotz Untergangs der Hauptforderungen der GmbH

Verbürgt sich ein Geschäftsführer für eine aufgelöste und schließlich gelöschte GmbH, so kann er gegen die Klage aus der Bürgschaft die Einrede der Verjährung aus der Hauptforderung geltend machen.[316] Obwohl nach der Löschung der GmbH die Hauptforderung weggefallen ist, kann sich der Bürge weiterhin auf die mit der Hauptforderung verknüpften Einreden berufen. Wäre die Hauptforderung im Zeitpunkt der Klage gegen den Bürgen bereits verjährt gewesen, so gilt dies auch im Verhältnis zum Bürgen, wenn die Verjährung nicht aus anderen Gründen gehemmt worden ist. *147*

2. Die zwangsweise Löschung im Handelsregister

2.1. Die gesetzlichen Regelungen

Die Beendigung der vermögenslosen GmbH ist gesetzlich nur unzureichend geregelt. Das GmbH-Gesetz ist in § 60 Abs. 1 Nr. 7 zu einer einzigen Aussage bereit, die noch dazu missverständlich ist. Wenn die GmbH wegen Vermögenslosigkeit im Handelsregister gelöscht wird, wird sie beendet. Das ist die praxisrelevante Rechtsfolge. Dass sie damit gleichzeitig aufgelöst wird, wie § 60 Abs. 1 Nr. 7 GmbHG bestimmt, ist zweitrangig, wenn nicht gar überflüssig.[317] *148*

---

314 *Erle*, GmbHR 1998, 217.

315 *Schmidt*, GmbHR 1988, 209; s.a. oben B.III.7.

316 BGH, Urteil vom 28. 01. 2003, XI ZR 243/02, DB 2003 1323.

317 *Schmidt*, GmbHR 1994, 829.

Die Voraussetzung für die Amtslöschung wegen Vermögenslosigkeit findet sich ganz lapidar formuliert in § 394 Abs. 1 Satz 1 FamFG[318]: Eine GmbH kann hiernach gelöscht werden, wenn sie vermögenslos ist. Es fehlt dann an einer verteilungsfähigen Masse, die zur Gläubigerbefriedigung verwertbar wäre. Die Mängel liegen auf der Hand: Es handelt sich einerseits um eine Kann-Vorschrift, so dass das Registergericht nach pflichtgemäßem Ermessen entscheidet. Andererseits fehlt es an griffigen Kriterien für die Annahme der Vermögenslosigkeit und einem geregelten und effektiven Ermittlungsverfahren für das Registergericht.

Befriedigend ist die Gesetzeslage und Rechtspraxis nach verbreiteter Auffassung hingegen in den Fällen des § 394 Abs. 1 Satz 2 FamFG: Danach ist die GmbH nach Durchführung des Insolvenzverfahrens zu löschen, wenn sich nicht Anhaltspunkte für trotzdem noch vorhandenes Vermögen finden lassen.

2.2. Der Grenzbereich des ganz geringfügigen Vermögens der GmbH

149 Es sind vor allem die Fälle problematisch, in denen das vorhandene Vermögen der GmbH so gering ist, dass zwar die Eröffnung des Insolvenzverfahrens abgelehnt wird und dies den Registergerichten von Amts wegen mitgeteilt wird, aber eben nicht von einer vollkommenen Vermögenslosigkeit gesprochen werden kann, wie sie auch § 394 Abs. 1 Satz 2 FamFG voraussetzt. Das gleiche gilt, wenn sich erst im Laufe des Insolvenzverfahrens herausstellt, dass die vorhandenen aktiven Werte nicht einmal für die oftmals nicht unerheblichen Verfahrenskosten ausreichen.

Ein Teil der Literatur ist dabei der Ansicht, dass in solchen Fällen ohne Rücksicht auf rudimentäres Vermögen der GmbH zu Recht gelöscht wird.[319] Begründet wird dies mit dem ordnungspolitischen Argument, das eine in einem solchen Ausmaß heruntergewirtschaftete GmbH ihre Existenzberechtigung verloren hat.

Von den Fällen der abgelehnten Insolvenzverfahren abgesehen wird dem Registergericht die – angebliche – Vermögenslosigkeit der GmbH meistens von den Finanzämtern, denen ein Antragsrecht zusteht, oder anderen Personen wie Handelskammern, Gläubigern etc. mitgeteilt. Die Praxis der Registergerichte, wie das Ermessen tatsächlich gem. § 394 Abs. 1 Satz 1 FamFG ausgeübt wird und nach welchen Kriterien und unternommenen Anstrengungen sie im Fall des § 394 Abs. 1 Satz 2 FamFG löschen, ist höchst unterschiedlich. Bei der Löschung einer GmbH im Grenzbereich der Vermögenslosigkeit befindet man sich in einem gesetzgeberischen Vakuum. Ordnungspolitisch mag der schwerwiegende Eingriff der Löschung in vielen Fällen gerechtfertigt sein, die Grenzen der Eingriffsbefugnisse sind jedoch gesetzlich nicht hinreichend ausgestaltet.[320]

150 Die ordentlichen Gerichte haben deshalb in den Rechtsmittelverfahren die Anforderungen an die Registergerichte deutlich gesteigert. Grund ist, dass die Löschung neben der Gewerbeuntersagung der denkbar schwerste staatliche Eingriff in die Existenz einer GmbH ist. Leichtfertige Löschungen aus der hohlen Hand verbieten deshalb bereits rechtsstaatliche Gesichtspunkte.

---

318 Bis zum 31. 12. 1998 in § 2 Abs. 1 Satz 1 LöschG geregelt.

319 *Kögel*, GmbHR 2003, 462.

320 So auch *Schmidt*, GmbHR 1994, 829.

Abgemildert wird die Existenz vernichtende Folge der Löschung nämlich lediglich durch die fingierte weitere Existenz der gelöschten GmbH für den Fall, dass später tatsächlich noch Aktivwerte zutage treten. Behauptet ferner ein Gläubiger der GmbH aktives Vermögen der GmbH, so ist sie nach § 807 ZPO parteifähig. Schließlich hindert ein Aktivprozess eines vor der Löschung rechtswirksam eingesetzten Prozessvertreters die Vollbeendigung der GmbH, wobei kein Nachtragsliquidator eingesetzt werden muss.[321] Eine Amtslöschung der GmbH vor dem Ausgang des Prozesses wird allgemein abgelehnt.[322]

2.3. Voraussetzung der Löschung

2.3.1. Vermögenslosigkeit der Gesellschaft

a) Einzusetzendes Aktivvermögen

Einzusetzen sind alle Aktiva, die ein ordentlicher Kaufmann in seine Bilanz einsetzen würde. *151*
Daher sind nicht einlösbare Werte wie Verlustvorträge, nicht verwertbare Firmennamen und Schutzrechte und nur in den Vorstellungen der Gesellschafter existierende Forderungen auszuscheiden.[323] Es dürften keine Werte mehr vorhanden sein, die dafür in Frage kommen, an etwaige Gläubiger ausgezahlt oder an die Gesellschafter verteilt zu werden.[324] Vermögenslosigkeit bedeutet einen Zustand, aus dem sich die Lebensunfähigkeit der Gesellschaft ergibt.[325] Die Schwierigkeiten ergeben sich dabei eher aus der Praxis, da den Registergerichten häufig kein aussagefähiges aktuelles und von Steuerberatern autorisiertes Zahlenmaterial vorliegt.

b) Grad der Vermögenslosigkeit

Welcher Grad an Vermögenslosigkeit als Voraussetzung für die Löschung ausreicht, darüber *152*
gehen die Meinungen in Literatur und Rechtsprechung auseinander: Sie reichen von verschwindend geringem Vermögen[326], über geringes Vermögen[327] bis zu konkreten Angaben aus der Rechtsprechung. Dabei sind etwa 1.650 Euro[328] bzw. 3.000 Euro[329] als ausreichendes Vermögen angesehen worden[330], ein Bankguthaben von ca. 250 Euro dagegen nicht.[331] Kögel hält eine Aktivausstattung von ungefähr 500 Euro für ausreichend.[332]

---

321 S. u. Teil 1 D.II.4.

322 OLG Stuttgart, Urteil vom 24. 03. 1994, 8 W 99/94, GmbHR 1994, 485.

323 *Scholz*, Anhang § 60 Rz. 11.

324 BayObLG, Urteil vom 10. 02. 1999, 3 Z BR 43/99, GmbHR 1999, 414.

325 *Kögel*, GmbHR 2003, 461.

326 OLG Frankfurt, Urteil vom 13. 02. 1982, 20 W 147/82 GmbHR 1983, 271, BB 1983, 420 mit Anm. *Hartung; Keidel/Kunze/Winkler*, FGG, § 141a Rz. 9.

327 BayObLG, Urteil vom 20. 12. 1983, 3 Z 90/83; GmbHR 1985, 53, *Scholz*, Anhang § 60 Rz. 11.

328 OLG Koblenz, Urteil vom 08. 10. 1993, 2 U 1851/91, GmbHR 1994, 483.

329 OLG Frankfurt, Beschluss vom 10. 10. 2005, 20 W 289/05.

330 OLG Düsseldorf, Beschluss vom 21. 01. 2011, I-3 Wx 3/11, GmbHR 2011, 311. Wird ein Bankguthaben von mehr als 3.000 Euro durch Kopie eines Bankkontoauszuges nachgewiesen, darf das Registergericht die Löschung nicht darauf stützen, dass die GmbH andere Auflagen des Registergerichts missachtet habe, insbesondere keine Bilanz vorgelegt hat, die Leistung von IHK-Beiträgen nicht nachgewiesen hat und die Anschrift des Geschäftsführers nicht mitgeteilt hat.

331 OLG Köln, Urteil vom 09. 02. 1994, Wx 48/93, GmbHR 1994, 477.

332 *Kögel*, GmbHR 2003, 461.

c) Mantelgesellschaften

153 Mantelgesellschaften befinden sich nach dem Willen ihrer Anteilseigner im Wartezustand. Solange diese Gesellschaften ihre steuerlichen Pflichten erfüllen und Gläubiger nicht unbefriedigt bleiben, gibt es auch bei geringer Aktivausstattung keinen ordnungspolitischen Grund, diese Gesellschaften zwangsweise zu löschen.[333]

2.3.2. Einleitung des Verfahrens

154 In den meisten Fällen wird das Verfahren durch einen Antrag der Finanzämter eingeleitet. Wie ausführlich dieser Antrag begründet werden muss, wird gemeinhin nicht kommentiert. In der Praxis fällt die Begründung meistens recht kurz aus, was allerdings mit dem anschließenden kursorisch durchgeführten Verfahren der Registergerichte durchaus korrespondiert.[334]

Abzulehnen ist das Antragsrecht der Finanzämter (§ 394 Abs. 1 Satz 1 a.E. FamFG), wenn sich lediglich aus den eingereichten Bilanzen eine weitgehende Vermögenslosigkeit ergibt. Interessen der Allgemeinheit sind dadurch noch nicht so stark betroffen, dass dies den schwerwiegenden Eingriff der Löschung einer GmbH rechtfertigen würde. Im Übrigen sind die Finanzämter keine Bilanzpolizei.

Anders dagegen der Fall, wenn das Finanzamt aktiv wird, weil sich Steuerschulden auftürmen. Ist die Gesellschaft wirklich inaktiv, so werden die Körperschaft-, Gewerbesteuer- und Umsatzsteuerschuld der jeweiligen Jahre jeweils bei Null Euro liegen. Neue Steuerschulden können so nicht entstehen. Sind alte Steuerschulden nicht beitreibbar, so ist der richtige Weg der Antrag auf Eröffnung eines Insolvenzverfahrens, damit die Steuerschulden in einem ordentlichen Verfahren beglichen werden oder aber das Verfahren mangels Masse abgelehnt wird, sodass nun mehr nach § 394 Abs. 1 Satz 2 FamFG der Weg zur Amtslöschung freigegeben ist.

155 Deshalb wird zu Recht von Teilen der Literatur das Antragsrecht des Finanzamtes als systemfremd, rechtsmissbräuchlich oder zumindest als unlauter eingeschätzt.[335] Nach dem Grundsatz der Gewaltenteilung ist es den Insolvenzgerichten vorbehalten, über die Masselosigkeit und damit dem vorgezeichneten Weg der GmbH-Löschung zu entscheiden und nicht den Verwaltungsbehörden, denen bekannt sein muss, dass die Registergerichte nur unzureichend ermitteln.

Andere Personen haben dagegen nur das Recht, eine Amtslöschung anzuregen: nach geänderter Rechtslage auch die Industrie- und Handelskammern, Gläubiger oder sonstige Dritte, denen ein berechtigtes Interesse beisteht. Damit korrespondiert das Widerspruchsrecht dieser Institutionen und Personen gegen die Ankündigung einer Löschung.[336]

---

333 So vorsichtig auch *Kögel*, GmbHR 2003, 462, der in diesen Fall eine Löschung für eine Enteignung einer Rechtsposition der Inhaber betrachtet.

334 *Kögel*, GmbHR 2003, 472.

335 *Luther/Hommelhoff*, GmbHG, § 60 Rz. 16; LG Marburg, Urteil vom 04. 04. 1986, 4 T 1/85, GmbHR 1997, 100.

336 BayObLG, Urteil vom 10. 11. 1994, 3Z BR 225/94, GmbHR 1995, 530.

2.3.3. Anforderungen an das Verfahren des Registergerichtes

Im Verfahren der Amtslöschung sind die die Vermögenslosigkeit der GmbH begründenden Tatsachen von Amts wegen zu ermitteln. Das Registergericht ist wegen der weit reichenden Folgen der Löschung auch angehalten, besonders gewissenhaft zu überprüfen, ob noch Aktivvermögen der GmbH vorliegt. Die bloße Überzeugung des Gerichts von der Vermögenslosigkeit reicht für eine Amtslöschung nicht aus.[337] Die Überzeugung muss vielmehr auf ausreichenden Ermittlungen beruhen.[338] 156

Deshalb sind umfangreiche eigene Ermittlungen erforderlich[339]: Der zuständige Gerichtsvollzieher, die Gewerbeaufsicht, die IHK, mögliche Gläubiger und die Gesellschafter sind um Auskunft zu bitten im Hinblick darauf, wie die tatsächliche Vermögenslage der GmbH zu beurteilen ist. Ferner ist das Schuldnerverzeichnis und ein dem Registergericht aus den Akten ersichtliches Bankkonto abzufragen.

Die Tatsache allein, dass sich der Geschäftsführer der GmbH auf Anfragen des Gerichts nicht zur Vermögenslage geäußert hat, ist noch kein Beweis dafür, dass die GmbH vermögenslos ist.[340] Das Registergericht muss auch die Umstände mitteilen, die für die Einleitung des Verfahrens maßgeblich waren und in Bezug darauf den Gesellschaftern wg. § 37 Abs. 2 FamFG Gelegenheit zur Äußerung geben.[341] Auch wenn die Fragen des Gerichts zur Vermögenslosigkeit an die Organe der GmbH nur schleppend oder nicht stichhaltig beantwortet werden, genügt dies für die notwendige Überzeugungsbildung nicht.[342] Es ist nicht Sache der Gesellschaftsorgane, den Nachweis zu führen, dass keine Vermögenslosigkeit eingetreten ist.[343] 157

Aus der Tatsache, dass die Eröffnung eines Insolvenzverfahrens mangels Masse abgelehnt wurde, darf das Registergericht ebenfalls nicht die Vermögenslosigkeit schließen, wenn der Gesellschaft noch ein Grundstück oder ein Guthaben auf einem Treuhandkonto gehört.[344]

Die Organe des Handelsstandes oder anderer Organe sind nach § 380 FamFG zu hören. Ist dies vom Registergericht unterlassen worden, begründet dies für sich allein gesehen keinen so schweren Mangel, dass eine Amtslöschung der Eintragung der Löschung nach § 395 FamFG geboten wäre. Dies ist nur der Fall, wenn sich aus der Anhörung ergeben hätte, dass zu Unrecht gelöscht wurde.[345]

---

337 OLG Karlsruhe, Urteil vom 10. 08. 1999, 14 Wx 24/99, BB 1999, 2210.

338 OLG Frankfurt a.M., BB 1983, 420 m.w.Nw.

339 BayObLG, WM 1984, 603.

340 OLG Karlsruhe, Urteil vom 10. 08. 1999, 14 Wx 24/99, BB 1999, 2211 und vom 10. 08. 1999, 14 Wx 24/99, GmbHR 1999, 1100, BB 1999, 2211; OLG Frankfurt a.M., BB 1983, 420f.; BayObLG, WM 1984, 602f.; *Keidel/ Kuntze/Winkler*, § 141a Rz. 8.

341 OLG Köln, Beschluss vom 17. 03. 2011, 2 Wx 27/11, GmbHR 2011, 596.

342 OLG Düsseldorf, Urteil vom 05. 04. 2006, 3 Wx 222/05 gegen das nach Androhung löschende Registergericht, dem zwar im Jahr 1992 ein Kontoauszug über 190.000 DM vorgelegt wurde, Anfragen im Jahr 2004 jedoch mehrfach unbeantwortet blieben.

343 OLG Karlsruhe, Urteil vom 10. 08. 1999, 14 Wx 24/99, BB 1999, 2211.

344 OLG Frankfurt, Beschluss vom 10. 10. 2005, 20 W 289/05. Das Treuhandkonto belief sich auf 3.000 Euro. KG, Beschluss vom 6. 3. 2007, 1 W 285/06. Klageverfahren gegen Sozialversicherungsträger wegen überzahlter Beiträge reichen aus.

345 KG Berlin, Beschluss vom 06. 07. 2004, I W 174/04, DB 2004, 2313.

158 Wird gegen die Ankündigung der Löschung Widerspruch erhoben, so muss über diesen stets vor der Löschung entschieden werden.[346] Dabei ist der Widerspruchsführer nicht für die Tatsache beweisbelastet, dass keine Vermögenswerte vorhanden sind.[347]

Wird dagegen nach einer vorschnellen Löschung glaubhaft Vermögen nachgewiesen – etwa dass ein nicht völlig aussichtsloser Aktivprozess geführt wird, so ist wegen des harten Eingriffs die Löschung ohne vertiefte Prüfung des Registergerichts wieder rückgängig zu machen.[348]

2.3.4. Praxis des Löschungsverfahrens

159 Die Löschung bei Vermögenslosigkeit gem. § 394 Abs. 1 Satz 1 FamFG ist in das pflichtgemäße Ermessen des Registergerichts gestellt. Dieses kann also trotz Vermögenslosigkeit von der Löschung absehen, wenn die Löschung nach Lage der Verhältnisse nicht angezeigt ist. Dabei sind öffentliche und private Interessen abzuwägen.[349]

Immer wieder wird kritisiert, dass die Registergerichte – auch mangels Kapazitäten – nicht ausreichend sorgfältig zur Frage der Vermögenslosigkeit recherchieren. In der Praxis wird zunächst die Geschäftsführung angehört und mitunter deren Schweigen als ausreichend für Berechtigung zur Löschung angesehen.[350]

160 Allerdings gebe ich zu, dass diese Verfahrensweise rationell auch im Sinne derjenigen Gesellschafter und Geschäftsführer ist, die eine GmbH nicht auf eigene Kosten aus der Welt schaffen wollen. Es bleibt jedoch ein gewisses Unbehagen, dass sich Geschäftsführer von mit geringen Aktivvermögen ausgestatteten GmbHs aktiv gegen das Löschungsansinnen der Registergerichte wehren müssen.

Alle Verantwortlichen von GmbHs, die sich durch Wohnsitzverlegung in Ausland oder Aufgabe eines zustellbaren Wohnsitzes selbst den Anfragen des Registergerichts entziehen, haben jedoch meines Erachtens als notwendige Folge zu realisieren, dass sie die Löschung der GmbH geradezu heraufbeschwören.[351]

2.4. Folgen fehlerhafter Löschungen und Rechtsmittel

161 Hat das Registergericht unzulänglich ermittelt, was einen wesentlicher Verfahrensfehler darstellt, so dient § 66 Abs. 5 GmbHG als Argument dafür, dass die GmbH von Amts wegen wieder einzutragen ist und die Löschung so rückgängig gemacht werden muss.[352] Nicht einzusehen ist allerdings mit Kögel, warum die GmbH als im Liquidationsstadium befindlich eingetragen werden soll. Bei der ungerechtfertigen Löschung besteht ein Rechtsanspruch der Gesellschaft, ihren ursprünglichen Rechtszustand wiederherzustellen, denn die Gesellschafter

346 OLG Zweibrücken, Urteil vom 25. 10. 2001, 4 U 71/00, GmbHR 2002, 591 – nur Leitsatz.

347 OLG Karlsruhe, Urteil vom 10. 08. 1999, 14 Wx 24/99, BB 1999, 2210.

348 *Kögel*, GmbHR 2003, 462.

349 OLG Karlsruhe, Urteil vom 10. 08. 1999, 14 Wx 24/99, BB 1999, 2211; *Keidel/Kuntze/Winkler*, § 141a Rz. 10 m.w.Nw.

350 *Kögel*, GmbHR 2003, 463.

351 *Kögel*, GmbHR 2003, 463 spricht von einem fragwürdigen Routineverfahren.

352 OLG Frankfurt, Urteil vom 04. 08. 1997, 20 W 359/96, GmbHR 1997, 1004); h.M. unter Berufung auf KG Berlin, JW 1937, 1739; weitere Nachweise bei *Kögel*, GmbHR 2003, 461.

können oberhalb der Schwelle der Vermögenslosigkeit frei entscheiden ob sie die GmbH liquidieren oder nicht. Voraussetzung ist stets, dass kein Überschuldungsstatus vorliegt.

Die gelöschte GmbH kann sich gegen die Eintragung der Löschung mit der sofortigen Beschwerde wehren. Sie wird dabei von den Liquidatoren oder falls diese noch nicht bestimmt wurden, von den Geschäftsführern vertreten. Die Gesellschafterversammlung kann in diesem Stadium allerdings keinen neuen Geschäftsführer oder Liquidator wählen.[353]

II. Die Nachtragsliquidation

1. Notwendigkeit, Gang und Reichweite der Nachtragsliquidation

Zu einer Nachtragsliquidation kann es kommen, wenn sich nachträglich das Vorhandensein verteilbaren Aktivvermögens herausstellt. Das gleiche gilt, wenn weitere Abwicklungsmaßnahmen erforderlich werden. *162*

Gesetzlich geregelt und Hauptfall ist der konkrete Abwicklungsbedarf bei einer wegen Vermögenslosigkeit gelöschten Gesellschaft (§ 66 Abs. 5 GmbHG)[354], gerade auch hinsichtlich nichtvermögensrechtlicher Maßnahmen, z.B. bei der Ausstellung von Arbeitszeugnissen, der Zustellung von Steuerbescheiden, der Herausgabebewilligung für hinterlegte Gegenstände, der Vornahme von Registeranmeldungen oder der Mitwirkung bei der Löschung von Grundpfandrechten.[355] Zur ordnungsgemäßen Abwicklung im Interesse der Gesellschaft ist die Bestellung einer unparteiischen, fachlich geeigneten und zuverlässigen Person erforderlich.

Über den gesetzlich geregelten Fall der Vermögenslosigkeit in § 66 Abs. 5 GmbHG hinaus entspricht es jedoch allgemeiner Meinung, dass eine Nachtragsliquidation auch in anderen Fällen durchzuführen ist[356], wenn sich hierzu ein rechtlich zwingendes Bedürfnis ergibt, insbesondere weil weitere Abwicklungsmaßnahmen erforderlich sind. *163*

Erforderlich ist ein Antrag beim Registergericht, das ein neues als Nachtragsliquidation bezeichnetes Verfahren eröffnet. Der Antragsteller hat gegebenenfalls einen Vorschuss vorzustrecken, der die Vergütung des – durch das Gericht zu bestellenden – Liquidators nebst Aufwendungsersatz deckt (§§ 273 Abs. 4 Satz 2, 265 Abs. 4 AktG entsprechend).

---

[353] KG Berlin, Beschluss vom 06. 07. 2004, I W 174/04, DB 2004, 2313.

[354] Vom Wortlaut ausgehend dürfte von einer Nachtragsliquidation eigentlich nur gesprochen werden, wenn vor der Löschung der Gesellschaft bereits eine Liquidation stattgefunden hat. Im Falle der Löschung wegen Vermögenslosigkeit nach § 394 Abs. 1 FamFG wird jedoch üblicherweise eine Liquidation noch nicht stattgefunden haben. Dennoch bestehen bei beiden Liquidationsformen nahezu keine sachlichen Unterschiede, so dass hier zum besseren Verständnis in beiden Fällen der Begriff der „Nachtragsliquidation" verwendet wird. Hiermit wird zum Ausdruck gebracht, dass es sich nicht um eine „normale" Liquidation handelt, sondern um einen Sonderfall. *Galla*, GmbHR 2006, 635.

[355] *Hachenburg/Hohner*, § 74 Rz. 32; *Michalski*, § 66 Rz. 91f.; *Rowedder/Schmidt-Leithoff*, Anh. nach § 60 Rz. 20 jeweils m.w. Nw. aus der Rechtsprechung.

[356] Analog § 273 Abs. 4 AktG: BGH, NJW 1989, 220; BayObLGZ 1983, 130ff., 135/137; OLG Hamm, BB 1987, 294, 295; OLG Stuttgart, Urteil vom 07. 12. 1994, 8 W 311/93, BB 1995, 405; *Roth/Altmeppen* § 74 Rz. 11ff.; *Scholz* § 74 Rz. 20; s.u. D.II.3.5.

164 Bis auf die Modalitäten der Bestellung der Liquidatoren ergibt sich gegenüber dem Erstverfahren kein Unterschied, allerdings sind Eröffnungsbilanz[357], Gläubigeraufruf und Sperrjahr entbehrlich.

Auch bei der Abberufung des Nachtragsliquidators ergeben sich keine Besonderheiten. Auf die Fortsetzung der GmbH in der Nachtragsliquidation wird in Teil 1 E.I.4. eingegangen.

Ist eine Nachtragliquidation beschränkt auf bestimmte Abwicklungshandlungen, so kann die gelöschte GmbH auch in Bezug auf andere Rechtshandlungen als rechtsfähig behandelt werden. Jede Anordnung der Nachtragsliquidation umfasst alle Maßnahmen, die die Vollbeendigung der GmbH eintreten lassen. Wenn die gelöschte GmbH nachträglich also noch einen Aktivanspruch geltend macht, ist es dafür nicht zu spät.[358]

2. Besonderheiten bei der Bestellung der Liquidatoren

165 Befugt, die Nachtragsliquidatoren zu bestellen, ist wie gesagt nur das Registergericht nicht die Gesellschafterversammlung.[359] Der bisherige Liquidator oder der frühere Geschäftsführer haben unter keinem denkbaren rechtlichen Gesichtspunkt eine Handlungs- oder Prozessführungsbefugnis – auch nicht für den Fall, wenn bei einer wegen Vermögenslosigkeit gelöschten GmbH nachträglich Vermögenswerte auftauchen.[360]

Die bisherigen Liquidatoren können, müssen aber nicht durch das Gericht bestellt werden (§ 273 Abs. 4 AktG analog). Umgekehrt muss der zu Bestellende einwilligen. Eine gesetzliche Verpflichtung des ehemaligen Geschäftsführers, das Amt des Nachtragsliquidators im Rahmen einer gerichtlichen Bestellung zu übernehmen, besteht nicht – genauso wenig wie für ehemalige Liquidatoren.[361] Selbst wenn sie im Anstellungsvertrag vorgesehen ist, macht die Missachtung dieser Verpflichtung den früheren Geschäftsführer allenfalls schadensersatzpflichtig. Eine Zwangsbestellung ist ausnahmslos ausgeschlossen.[362]

166 Ist eine GmbH gelöscht worden, so kommt eine Löschung dieser Löschung auf Antrag eines anderen Beteiligten, etwa eines Gesellschafters, nicht in Frage.[363] Der gesetzlich vorgesehene Weg ist, die Nachtragsliquidation zu beantragen, bei der der frühere Rechtszustand nicht wieder auflebt, insbesondere nicht das Liquidatorenamt. Der BGH zieht § 273 Abs. 4 AktG entsprechend heran und sieht in der Erklärung des Liquidators, dass die Liquidation abgeschlossen ist, regelmäßig gleichzeitig die Erklärung, dass sein Amt beendet ist (§ 67 Abs. 1

[357] A. A. OLG Stuttgart, Urteil vom 07. 12. 1994, 8 W 311/93, BB 1995, 405 mit nicht überzeugendem Verweis auf den Gläubigerschutz, auf den es jedenfalls bei der Nachtragsliquidation wegen einzelnen Abwicklungsmaßnahmen nicht ankommen kann.

[358] OLG Koblenz, Urteil vom 09. 03. 2007, 8 U 228/06. Im Streitfall war die Nachtragsliquidation auf die Regelung noch offener Steuerfragen beschränkt und die GmbH nicht vermögenslos.

[359] BayObLG, Urteil vom 07. 01. 1998, 3Z BR 491/97, DStR 1998, 581; *Scholz*, Anhang zu § 60 Rz. 20 m. w. Nw.

[360] BGHZ 53, 269; LG Köln, Entscheidung vom 09. 12. 1988 – 87 T 25/88, BB 1990, 44; OLG München, Urteil vom 23. 01. 2002, 7 U 4255/01 1, DB 2002, 1706 entschieden für eine kapitalistisch strukturierte GmbH & Co KG.

[361] OLG München, Beschluss vom 07. 05. 2008, 31 Wx 28/08, GmbHR 2008, 823. Im Streitfall hatten die früheren Liquidatoren einen Kostenvorschuss von 20.000 Euro verlangt. Dies geht jedoch in die Leere, da das Gericht darauf hingewiesen hat, dass es Aufgabe des Antragstellers und des Registergerichtes ist, gegebenenfalls mit Hilfe der IHK, einen Dritten zu finden, der das Amts des Nachtragsliquidators übernehmen will.

[362] LG Köln, Urteil vom 09. 12. 1988, 87 T 25/88, BB 1990, 444.

[363] OLG Hamm, Beschluss vom 08. 05. 2001, 15 W 43/01, DB 2001, 2087.

GmbHG).[364] Damit bleibt es dabei, dass der Nachtragsliquidator vom Registergericht zu ernennen ist.

Besteht ein rechtliches Bedürfnis für eine Nachtragsliquidation, so hat das Registergericht nur noch ein Ermessen in Bezug auf die Auswahl des Liquidators und auf die Eintragung des Nachtragsliquidators im Handelsregister[365], aber nicht mehr, ob eine Nachtragsliquidation überhaupt angeordnet werden soll oder nicht.

Gegen die Entscheidung des Registergerichtes (in Bezug auf Bestellung eines Nachtragsliquidators) ist die sofortige Beschwerde und gegen die Beschwerdeentscheidung des Landgerichtes ist die sofortige weitere Beschwerde zum OLG eröffnet.[366] Die Frist beträgt 14 Tage.

3. Fallgruppen der Zulässigkeit der Nachtragsliquidation

3.1. Behauptung einer Forderung der gelöschten GmbH

Hauptfall der Nachtragsliquidation ist, wenn eine GmbH, die bereits im Handelsregister wegen Vermögenslosigkeit gelöscht wurde, eine Aktivforderung behauptet und hierzu ausreichend den Sachverhalt vorträgt.[367] Dann muss das Registergericht die Nachtragsliquidation anordnen. Von vorhandenem Gesellschaftsvermögen ist regelmäßig auch dann auszugehen, wenn zur Feststellung und Realisierung des Vermögens ein Aktivprozess zu führen ist.[368] Voraussetzung ist lediglich, dass die Kosten für einen Nachtragsliquidator sicher gestellt sind. *167*

Das gilt auch, wenn gegen einen Gesellschafter vorgegangen werden soll. Ist im Liquidationsverfahren die Beitreibung der ausstehenden Stammeinlage gegen diesen unterblieben, weil der Gesellschafter vermögenslos war, muss der Antragsteller allerdings schlüssig darlegen, dass die Forderung nunmehr realisierbar ist, weil sich dessen Vermögenssituation in ausreichendem Umfang gebessert hat.[369]

3.2. Gläubigerübergehung

Auch (und nur dann) wenn ein Gläubiger unter Verstoß gegen § 73 GmbHG (Sperrjahr) -unberücksichtigt geblieben, rechtfertigt der – als Vermögensgegenstand zu wertende – Regressanspruch der GmbH gegen den Liquidator oder die Gesellschaft eine Nachtragsliquidation.[370] Damit der Gläubiger auf ihn zugreifen kann, muss es einen Rechtsinhaber geben, der darüber verfügen und gegen den er notfalls einen Titel erwirken kann.[371] *168*

---

364 BGHZ 53, 264, 266, DB 1970, 874.

365 OLG München, Beschluss vom 21. 10. 2010, 31 Wx 127/10, GmbHR 2011, 39.

366 OLG München, Beschluss vom 07. 05. 2008, 31 Wx 28/08.

367 KG Berlin, Beschluss vom 13. 02. 2007, I W 272/06: Abgelehnt für einen Antrag stellenden Gläubiger, der jeden Sachvortrag zur Behauptung vermissen ließ, dass die GmbH eine Forderung wegen unwirksamer Stammeinlageleistungen innehat.

368 BayObLG, Beschluss vom 22. 10. 2003, 3Z BR 197/03, DB 2004, 180.

369 BayObLG, Urteil vom 30. 10. 1984, 3Z BR 917/03, DB 1985, 179.

370 OLG Karlsruhe NJW-RR 1990, 100; *Roth/Altmeppen* § 73, Rz. 12.

371 BGH, Urteil vom 10. 10. 1988, II ZR 92/88, BB 1988, 2407.

3.3. Kostenfestsetzungsantrag eines Rechtsanwalts

169 Will ein Rechtsanwalt einen Vergütungsanspruch gegen eine gelöschte GmbH im Wege des Kostenfestsetzungsantrages gemäß § 11 RVG durchsetzen, so muss ein Nachtragsliquidator bestellt werden.[372] Andernfalls ist der Kostenfestsetzungsantrag gegen den eigenen Mandanten mangels Prozessfähigkeit der gelöschten GmbH unzulässig.

3.4. Gesellschafterklage und Nachtragsliquidation

170 Wenn sich Treuepflichtverletzungen von Gesellschaftern erst nach der Löschung offenbaren, etwa wenn ein Mitgesellschafter die GmbH durch die Verwertung von GmbH-Vermögen außerhalb des Liquidationsverfahrens geschädigt haben soll, ist zwar eine Nachtragsliquidation zu beantragen. Wenn der Nachtragsliquidator allerdings aufgrund der Vermögenslosigkeit der GmbH die Forderung nicht gerichtlich geltend machen kann, ist die Klage eines Gesellschafters direkt gegen einen Mitgesellschafter auf Leistung an die Gesellschaft zulässig.[373] Der BGH bejaht die Möglichkeit einer Klage auf Auskunft und Schadensersatzleistung gegen den weiteren Gesellschafter einer zweigliedrigen GmbH.[374] Die allgemeinen Zulässigkeitskriterien außerhalb der Liquidation gelten auch im Falle einer Nachtragsliquidation. Der klagende Gesellschafter braucht nicht darauf verwiesen zu werden, dass er der GmbH die Prozesskosten vorstrecken könne.

3.5. Erforderlichkeit sonstiger Abwicklungsmaßnahmen

171 Gegen eine wegen Vermögenslosigkeit gelöschte GmbH[375] können grundsätzlich keine vermögensrechtlichen Ansprüche mehr geltend gemacht werden; dafür besteht kein anerkennenswertes Interesse der Gläubiger, weil ein Leistungsurteil mangels Vermögensmasse nicht vollstreckt werden könnte.[376] Das wird aber anders beurteilt, wenn für die Rechtsverfolgung tatsächlich ein Bedürfnis besteht.

Der BGH hat ein solches Bedürfnis anerkannt, wenn aufgrund einer prioritätsälteren Vormerkung der Anspruch auf Einräumung einer Sicherungshypothek gegen eine gelöschte GmbH – und damit auch gegen den Rechtsnachfolger – durchgesetzt werden soll.[377] Trotz einer zwischenzeitlichen Veräußerung des Grundstücks gilt die veräußernde (und gelöschte) GmbH im Verhältnis zum Vormerkungsberechtigten weiterhin als Eigentümer, soweit es zur Verwirklichung des vorgemerkten Anspruchs erforderlich ist. Als berechtigtes Interesse des Vormerkungsberechtigten wird daher anerkannt, die zur Hypothekenbestellung nötige Erklärung seiner im Übrigen vermögenslosen Schuldnerin zu erlangen. Da mit der Löschung der GmbH im Handelsregister die Vertretungsbefugnis ihres bisherigen Vertretungsorgans erlischt, ist sie

---

[372] BayObLG, Beschluss vom 14. 08. 2002, 3 Z BR 154/02, DB 2003, 267 entschieden zu § 19 BRAGO.

[373] BGHZ 65, 15, 19, DB 1976, 2172; BGH, Urteil vom 14. 5. 1990, II ZR 185/89, WM 1990, 1240.

[374] BGH, Urteil vom 29. 11. 2004, II ZR 14/03, DB 2005, 331.

[375] Dies steht im Gleichklang damit, dass unbekannte Gläubiger im Normalfall der Liquidation nach der Schlussauskehrung ebenfalls gegen die GmbH keine Forderungen mehr erheben können, wenn die liquidationsrechtlichen Vorschriften beachtet wurden.

[376] BGHZ 74, 212, 213.

[377] BGH, Urteil vom 10. 10. 1988, II ZR 92/88, BB 1988, 2407. Zum BGH gelangte der Fall, weil der Grundstückkäufer die Zustimmung zur Löschung der Vormerkung vom Berechtigten verlangte.

solange geschäfts- und prozessunfähig, bis ein Liquidator als Vertretungsorgan neu bestellt wird.[378]

Die Rechtsprechung lässt also in Fällen des berechtigten Interesses eine Nachtragsliquidation zu, auch wenn kein verteilungsbedürftiges Vermögen mehr vorhanden ist. Allgemein müssen sich sonstige Abwicklungsmaßnahmen, etwa die Abgabe rechtsgeschäftlicher Erklärungen der GmbH[379] oder der Empfang von Bescheiden[380], als notwendig herausstellen. Dies kann der Fall sein, wenn an eine Komplementär-GmbH einer GmbH & Co KG, Bescheide über einheitliche und gesonderte Gewinnfeststellungen zugestellt werden sollen und die GmbH bereits im Handelsregister gelöscht wurde. Das berechtigte Interesse des Finanzamtes ergibt sich daraus, dass im Feststellungsbescheid die steuerpflichtige Höhe von Einnahmen der beteiligten Gesellschafter mit verbindlicher Wirkung für diese festgelegt wird. Anders als durch Zustellung an die untergegangene KG – vertreten durch die geschäftsführende GmbH – wäre die Steuerfestsetzung für die Beteiligten nicht möglich. In diesem Fall ist das Aufgabengebiet des Nachtragsliquidators auch lediglich auf den Empfang der Feststellungsbescheide zu beschränken.[381] Das gleiche gilt, wenn die gelöschte GmbH als Treuhandkommanditistin für mehrere Treugeber fungierte, sodass sie aus diesem Grund alleine zustellungslegitimiert war.[382] 172

Das Gericht bestellt dann den Liquidator der gelöschten GmbH in analoger Anwendung des § 66 Abs. 5 GmbHG. Allerdings sind in diesen Fällen weder öffentliche Bekanntmachungen nach § 65 Abs. 2 GmbHG noch die Einhaltung des Sperrjahres nach § 73 GmbHG erforderlich. Außerdem ist in diesen Fällen zweifelhaft, ob es außer der notwendigen Neubestellung eines Abwicklers auch der Wiedereintragung der GmbH im Handelsregister bedarf.[383]

4. Unzulässigkeit der Nachtragsliquidation

In allen anderen Fällen ist die Nachtragsliquidation nicht gerechtfertigt, etwa wenn der tragende Vermögenswert aus einer unanfechtbar sicherungshalber übertragenen Forderung besteht.[384] 173

Besteht der einzige Vermögensgegenstand der gelöschten GmbH in einem im Klagewege verfolgten Anspruch, so bedarf es dann keiner Nachtragsliquidation, wenn der Prozessbevollmächtigte wirksam bestellt wurde. Ein Nachtragsliquidator ist dann nicht zu bestellen.[385] Eine

378 BFH, NJW 1986, 2594; BGHZ 53, 264; BGH, Urteil vom 18. 04. 1985, BB 1985, 1248, NJW 1985, 2479.

379 OLG Hamm, Urteil vom 11. 11. 1986, 15 W 70/86, BB 1987, 294: Löschung einer praktisch wertlosen Auflassungsvormerkung zugunsten einer GmbH & Co KG: im entschiedenen Fall musste deshalb sogar die Komplementär-GmbH „wiederbelebt" werden, damit sie als alleinig vertretungsbefugt für die ebenfalls vermögenslose und gelöschte KG die erforderliche Erklärung abgeben konnte. Die GmbH war zwar als Komplementärin der KG schon durch die Ablehnung der Insolvenz mangels Masse aufgelöst worden ist, hat dadurch aber nicht ihre Alleinvertretungsbefugnis für die KG verloren, BGHZ 75, 182.

380 OLG München, Beschluss vom 07. 05. 2008, 31 Wx 28/08, GmbHR 2008, 821.

381 OLG München, Beschluss vom 07. 05. 2008, 31 Wx 28/08, GmbHR 2008, 823.

382 BGH, Beschluss vom 10. 12. 2007, II ZB 13/07, GmbHR 2008, 264.

383 verneinend: BayObLG, DNotZ 1955, 642.

384 Zur Begründung s.o. Teil 1 C.I.3.

385 BayObLG, Beschluss vom 21. 07. 2004, 3Z BR 130/04; DB 2004, 2258; für die Zulässigkeit der einfachen (nicht sofortigen) Beschwerde gegen eine ablehnenden Entscheidung des Registergerichts in einem solchen Fall: BayObLG, Beschluss vom 22. 10. 2004, 3Z BR 197/03; DB 2004, 179.

wirksam erteilte Vollmacht liegt vor, wenn sie vor Erlöschen der Gesellschaft erteilt wurde, und zwar von einem vertretungsberechtigten Organ der GmbH: das heißt vor dem Auflösungsbeschluss vom Geschäftsführer oder nachher (und noch vor der Löschung der GmbH) vom Liquidator. In § 86 ZPO wird angeordnet, dass die Bevollmächtigung fort wirkt mit der Folge, dass die vertretene GmbH weiter als prozessfähig zu behandeln ist.[386] Dies gilt auch dann, wenn die GmbH später im Handelsregister gelöscht wird.[387] Es spielt auch keine Rolle, ob die Klage vor oder nach der Löschung erhoben wurde, da auch insofern die Prozessvollmacht nach § 86 ZPO fort wirkt.[388] Bei wirksam und rechtzeitig erteilter Prozessvollmacht entfällt also das sachliche Bedürfnis für eine Nachtragsliquidation. Wenn der Anspruch schließlich durchgesetzt wird und der erhaltene Vermögenswert verteilt werden muss, ist m.E. allerdings fraglich, ob die dann notwendigen Maßnahmen noch von der Prozessvollmacht des Anwalts gedeckt sind.

174 Die Nachtragsliquidation ist ferner nicht gerechtfertigt, wenn ein unbekannter Gläubiger nachträglich seine Forderung geltend machen will. Er fällt nach der gesetzlichen Grundentscheidung aus, wenn § 73 GmbHG beachtet wurde und nach Ablauf des Sperrjahres zulässiger Weise das verbliebene Reinvermögens verteilt wurde.[389] Versagt der Schutz des Gläubigeraufrufs und des Sperrjahrs im Einzelfall, so geht dies bei Abwägung aller Interessen zu Lasten des bisher unbekannten Gläubigers.

Kein materieller Grund für eine Nachtragsliquidation ist schließlich, dass ein Gesellschafter die bislang verwehrte Einsichtgewährung in Bücher und Schriften der Gesellschaft durchsetzen möchte. Dies ist nicht mehr als Abwicklungsmaßnahme zu werten, so dass dieses Recht den Abschluss der Liquidation nicht hindert. Gemäß § 47 Abs. 3 GmbHG besteht dieser Anspruch gegen denjenigen fort, bei dem die Bücher und Schriften zur Verwahrung gegeben wurden. Hat der Betroffene bereits einen Titel gegen die Gesellschaft erwirkt, so muss er hinnehmen, dass er nach Löschung der GmbH versuchen muss, den Titel auf den Verwahrer umzuschreiben oder aber einen neuen Prozess gegen den sich weigernden Verwahrer anstrengen muss.[390]

5. Vorläufige Prozessführungsbefugnis einer gelöschten GmbH ohne Nachtragsliquidation

175 Grundsätzlich können Ansprüche, die sich erst nach der Amtslöschung wegen Vermögenslosigkeit herausgestellt haben, gerichtlich nur dann geltend gemacht werden, wenn eine Nachtragsliquidation angeordnet wurde. Wird diese Voraussetzung allerdings außer Acht gelassen, ist die gelöschte GmbH trotzdem bis zur Feststellung im Urteil als partei- und prozessfähig zu behandeln.[391]

---

[386] BGH, Urteil vom 08. 02. 1993, II ZR 62/92, BGHZ 121, 263; BGH, Urteil vom 18. 01. 1994, XI ZR 95/93, NJW-RR Zivilrecht 1994, 542; Für den Finanzgerichtsprozess zu § 155 FGO: BFH, Urteil vom 27. 04. 2000, I R 65/98, BB 2000, 1718.

[387] BGH, Beschluss vom 16. 04. 2007, I B 115/06 in Bezug auf eine Nichtzulassungsbeschwerde und BGH, Urteil vom 10. 10. 2007, XII ZB 26/05 in Bezug auf ein Kostenfestsetzungsverfahren zu Gunsten der beklagten bereits gelöschten GmbH.

[388] BGHZ 121, 263, DB 1993, 1868.

[389] *Baumbach/Hueck*, § 73 Rz. 9; *Lutter/Hommelhoff*, § 73 Rz. 9.

[390] OLG Hamm, Beschluss vom 08. 05. 2001, 15 W 43/01, DB 2001, 2087.

[391] BAG, Urteil vom 19. 03. 2002, 9 AZR 752/00, DB 2002, 296.

E. Fortsetzung und Umwandlung der aufgelösten GmbH

I. Die Fortsetzung der aufgelösten GmbH

1. Grundvoraussetzungen

Die Abwicklung einer GmbH kann sich aus verschiedenen Gründen erheblich in die Länge ziehen. Die Gesellschafter verlieren das Interesse an der GmbH, weil nur ein geringer Liquidationsüberschuss zu erwarten ist. Der Liquidator treibt die Liquidation nicht entschlossen genug voran. Ein Aktiv- oder Passivprozess, der den Abschluss der Liquidation hindert, zögert sich hinaus oder wird ins Rechtsmittelstadium fortgesetzt. *176*

Im Laufe der Zeit können sich die Interessenlagen der Gesellschafter aber wieder ändern, so wenn eine unter Umständen Existenz vernichtende Klage endgültig abgewehrt wurde oder wenn es darum geht, prioritätsälteren attraktiven Firmennamen gegenüber fremden Adepten oder Nachahmern Geltung zu verschaffen. Dann stellt sich Frage nach den Wiederbelebungsmöglichkeiten der GmbH. Nachdem der Gesetzgeber den Verlustvortrag bei der Mantelfortführung laufend eingeschränkt hat[392], sind für die Fortsetzungsmöglichkeit steuerliche Gründe jedoch nur noch selten ausschlaggebend.

Allgemein gesprochen kann die aufgelöste GmbH fortgesetzt werden, wenn entweder noch keine Abwicklungstätigkeit entfaltet wurde oder eine begonnene Liquidation abgebrochen wird und die Gesellschaft aus dem Liquidationsstadium in den Zustand werbender Tätigkeit zurückversetzt werden kann. Einigkeit besteht zunächst darüber, dass ein Beschluss, durch den gemäß § 60 Abs. 1 Nr. 2 GmbHG die Gesellschaft aufgelöst wurde, wieder rückgängig gemacht werden kann.[393] *177*

Ferner müssen folgende Voraussetzungen stets kumulativ gegeben sein:

- Die GmbH muss aufgelöst, darf aber noch nicht voll beendet sein und damit ihre Rechtsfähigkeit verloren haben (Löschung im Handelsregister und kein Vermögen mehr),
- der Auflösungsgrund muss beseitigt werden können,
- es muss ein wirksamer Fortsetzungsbeschluss vorliegen und
- der Fortsetzungsbeschluss muss als eintragungsbedürftige Tatsache zum Handelsregister angemeldet und eingetragen werden.[394]

In den einzelnen Fällen des § 60 Abs. 1 GmbHG kann die Wirksamkeit des Fortsetzungsbeschlusses von weiteren Voraussetzungen abhängen: *178*

- Im Fall des § 60 Abs. 1 Nr. 3 GmbHG wurde die Gesellschaft durch Rechtskraft des Urteils auf Betreiben von Minderheitsgesellschaftern aufgelöst. Deshalb ist in diesem Falle

---

392 Als Reaktion auf das BFH-Urteil vom 29. 10. 1986, JZ 1987, 728, das dogmatisch sauber auf die Trennung von Gesellschaft und Gesellschafter abgestellt und eine wirtschaftliche Identität zwischen der Person, die den Verlust erlitten hat und derjenigen, die den Verlust geltend macht, nicht mehr gefordert hat. Vorläufiger Höhepunkt ist die Fassung des § 8c KStG i.d.F. des Unternehmenssteuerreformgesetzes.

393 BayObLG, Urteil vom 04. 02. 1998, 3Z BR 462/97, DB 1998, 715, BB 1998, 1327; *Hachenburg/Hohner*, § 60 Rz. 96; *Scholz*, § 60 Rz. 55.

394 Vgl. *Hachenburg/Ulmer*, § 60 Rz. 94; *Lutter/Hommelhoff*, § 60 Rz. 29; *Scholz*, § 60 Rz. 91.

zusätzlich noch die Zustimmung der obsiegenden Kläger erforderlich, die ursprünglich gerade keine Fortsetzung der Gesellschaft in der alten Formation wollten.[395]

- Im Falle der Auflösung nach § 60 Abs. 1 Nr. 6 GmbHG durch registergerichtliche Verfügung, kann durch einen Fortsetzungsbeschluss, der gleichzeitig den Mangel des Gesellschaftsvertrages beseitigt, die GmbH wieder aufleben.[396]

2. Fortsetzung vor und bei teilweiser oder vollständiger Vermögensverteilung

2.1. Das Liquidationsvermögen ist vollständig erhalten

179 Die Fortsetzung einer aufgelösten GmbH kann im Normalfall ohne weiteres beschlossen werden, wenn mit der Vermögensverteilung noch nicht begonnen wurde. Dies ist im Sperrjahr stets der Fall, wenn der Liquidator § 73 GmbHG beachtet und vor Ablauf eines Jahres keinen Liquidationserlös an die Gesellschafter ausgekehrt hat. Nach Ablauf des Sperrjahres können die Liquidatoren jedoch mit der Vermögensverteilung beginnen, so dass die folgenden Fallgestaltungen relevant werden.

2.2. Das Liquidationsvermögen wurde teilweise ausgekehrt

2.2.1. Das Stammkapital ist nochvollständig vorhanden

180 Es ist umstritten, ob hier eine Fortsetzung möglich ist.[397] Die h.M. lehnt dies ab und wendet § 274 Abs. 1 Satz 1 AktG auf die GmbH analog an.[398] Genauso wie bei der AG darf nach dieser Ansicht eine einmal aufgelöste GmbH nicht mehr in das werbende Stadium zurückversetzt und fortgeführt werden, wenn mit der Vermögensverteilung unter die Gesellschafter begonnen wurde. Als Begründung dient die Gefahr, dass andernfalls die Vorschriften zur Kapitalerhaltung umgangen werden könnten. Dann wäre es denkbar, dass die Gesellschafter von vornherein eine Schein-Liquidation durchführen, um in den Genuss des § 73 Abs. 1 GmbHG zu kommen und nach einer Auszahlung des Vermögens an die Gesellschafter – ohne den Erstattungsanspruch der GmbH nach § 31 GmbHG auszulösen – die Fortsetzung zu beschließen.[399]

Dieser Gefahr kann allerdings sehr einfach vorgebeugt werden: Man macht die Fortsetzungsmöglichkeit davon abhängig, dass das Stammkapital gerade noch nicht angegriffen wird. Das Registergericht müsste lediglich auf die Versicherung der Anmelder bestehen, dass das Stammkapital noch nicht angegriffen ist, und wäre mit dieser Aufgabe auch nicht schlicht überfordert[400]: Bei jeder Neugründung fällt eine identische Versicherung in Bezug auf das Stammkapital an. Als Sanktion für eine falsche Versicherung reicht ohne weiteres die persönliche Haftung der Anmelder aus.

---

[395] *Lutter/Hommelhoff*, § 61 Rz. 6.

[396] OLG Düsseldorf, Urteil vom 13. 07. 1979, 3 W 140/79, GmbHR 1979, 276.

[397] Nachweise bei *Erle*, Anforderung an Kapitalausstattung einer aufgelösten GmbH bei ihrer Fortsetzung, GmbHR 1997, 973.

[398] OLG Düsseldorf, Urteil vom 13. 07. 1979, 3 W 139/79, GmbHR 1979, 228; *Baumbach/Hueck*, § 60 Rz. 52 ff; *Lutter/Hommelhoff*, § 60 Rz. 29; *Rowedder/Schmidt-Leithoff*, § 60 Rz. 66; *Scholz*, § 60 Rz. 82; *Hofmann*, GmbHR 1975, 227; *Scholz*, GmbHR 1982, 233.

[399] *Galla*, GmbHR 2006, 636.

[400] So aber *Galla*, GmbHR 2006, 636.

181 Mit diesem zusätzlichen und einfach handhabbaren Erfordernis fällt auch die Begründung der herrschenden Meinung in sich zusammen. Die Argumentation wirkt auch sonst gekünstelt und am erwünschten Ergebnis orientiert, in dem sie sich allein auf einen recht abwegigen Fall stützt. Welche greifbaren Vorteile können denn die Beteiligten einer Scheinliquidation für sich in Anspruch nehmen, wenn das Kapital erhalten bleiben muss? Nicht einmal Gläubiger, die die Sperrfrist zur Anmeldung ihrer Forderungen versäumen, fallen bei der Fortsetzung der GmbH mit ihren Forderungen aus.

Im Gegenteil, die Scheinliquidatoren halsen sich jede Menge formal notwendiger Maßnahmen auf und brandmarken die GmbH im Geschäftsverkehr obendrein mit dem Makel der GmbH i.L. Alle diese Bemühungen bringen allerdings letztendlich keine wirtschaftlichen Vorteile, so dass in der Praxis niemand diesen Weg beschreiten wird. Damit ist in rechtlicher und tatsächlicher Hinsicht die Gefahr gebannt, die allein die Begründung zur analogen Anwendung der Vorschriften des AktG abgibt. Gerade weil für die im GmbHG zu dieser Frage nichts geregelt ist, bedarf es aber triftiger Gründe für die entsprechende Heranziehung des § 274 Abs. 1 Satz 1 AktG.[401] Insgesamt vermag diese Ansicht daher nicht zu überzeugen.

182 Als Ergebnis dieser Erwägungen muss die Fortsetzungsmöglichkeit anerkannt werden, wenn bei der teilweisen Auszahlung die Schutzvorschriften der §§ 72, 73 GmbHG beachtet werden und im Zeitpunkt der Fassung des Fortsetzungsbeschlusses noch ausreichendes Vermögen zur Dekkung des Stammkapitals vorhanden ist.

Für den Fortsetzungsbeschluss genügt nach der Grundregel die einfache Mehrheit. Für die Anhänger der Ansicht, die das AktG analog heranziehen möchte, erfordert der Beschluss zur Fortsetzung der Gesellschaft konsequent in entsprechender Anwendung des § 274 Abs. 1 Satz 2 AktG eine Mehrheit von drei Vierteln der abgegebenen Stimmen.[402]

2.2.2. Das Stammkapital ist noch teilweise vorhanden

183 Zunächst muss – nach dem zu 2.2.1. Ausgeführten – der auf das Stammkapital entfallende Teil der ausgekehrten Liquidationserlöse wieder zur freien Verfügung der GmbH stehen.[403] Das Registergericht hat dies anhand einer entsprechenden Versicherung genauso zu überprüfen wie im Fall, dass das Stammkapital – angeblich – noch nicht angegriffen wurde. Auch in dieser Hinsicht ist das Registergericht mit der Entgegennahme einer entsprechenden Versicherung nicht überfordert, die Sanktion persönlicher Haftung reicht ebenfalls aus.

Ferner ist für eine Fortsetzung erforderlich, wenn noch soviel Vermögen vorhanden ist, dass die Schulden einschließlich des Stammkapitals gedeckt sind; die GmbH darf also nicht im Sinne von § 63 GmbHG überschuldet sein.[404] Eine Überschuldung liegt vor, wenn das Vermö-

---

[401] *Galla*, GmbHR 2006, 636 sieht damit lediglich eine einheitliche Handhabung bei Kapitalgesellschaften sichergestellt. Darauf kommt es aber gerade nicht an, da die GmbH im Vergleich zur AG im europäischen Wettbewerb der Rechtsformen flexibler ausprägt sein soll, so wie es auch in den Reformbestrebungen zum GmbHG zum Ausdruck gekommen ist.

[402] *Hachenburg/Ulmer*, § 60 Rz. 88 m.w.Nw.; *Lutter/Hommelhoff*, § 60 Rz. 29.

[403] Nach *Galla*, GmbHR 2006, 636 genügt dies nicht für die Wiederherstellung der Fortsetzungsfähigkeit; so auch *Scholz*, § 60 Rz. 82.

[404] BayObLG, Urteil vom 04. 02. 1998, 3Z BR 462/97, DB 1998, 715, BB 1998, 1328, *Rowedder/Schmidt-Leithoff*, § 60 Rz. 42; *Hachenburg/Hohner*, § 60 Rz. 86; *Baumbach/Hueck*, § 60 Rz. 47; *Roth/Altmeppen*, § 60 Rz. 26; A.A. OLG Düsseldorf GmbHR 1979, 228 m.w.Nw.

gen der Gesellschaft bei Ansatz von Liquidationswerten unter Einbeziehung der stillen Reserven die bestehenden Verbindlichkeiten nicht deckt (rechnerische Überschuldung) und die Finanzkraft der Gesellschaft nach überwiegender Wahrscheinlichkeit mittelfristig nicht zur Fortführung des Unternehmens ausreicht.[405] Dazu muss dem Registergericht gfs. eine anhand von Liquidationswerten erstellte Bilanz vorgelegt werden, um eine Überlebensprognose für die GmbH treffen zu können. Andernfalls muss der Liquidator Insolvenz anmelden.

2.2.3. Das Stammkapital wurde vollständig ausgekehrt

184 Wurde das Stammkapital an die Gesellschafter ausbezahlt, so ist zwar kein Reinvermögen mehr vorhanden, die Gesellschaft ist aber nicht unbedingt schon vermögenslos. Vielmehr können Mittel in der GmbH verbleiben, die für noch nicht auflösbare Passiva, wie schwebende Passivprozesse, rückgestellt wurden. Die Gesellschaft kann jedoch fortgesetzt werden, wenn die Gesellschafter mit dem Fortsetzungsbeschluss gleichzeitig das Stammkapital wieder einzahlen. Bei der sich anschließenden Anmeldung zum Handelsregister sind die Neugründungsvorschriften zu beachten. Es gilt also nichts anderes als in den beiden vorher erörterten Fallgestaltungen.

3. Fortsetzung einer vermögenslosen, nicht gelöschten GmbH

3.1. Die vermögenslose aber zu keinem Zeitpunkt insolvente GmbH

185 Ist die GmbH vermögenslos und hat keine Schulden, so kann sie von Amts wegen oder auf Antrag einer Steuerbehörde gelöscht werden (§ 394 Abs. 1 Satz 1 FamFG). Solange die vermögenslose GmbH aber nicht gelöscht ist (Eintragung der Löschung im Handelsregister), kann aber nichts anderes gelten wie bei der GmbH, die nach Auskehrung kein Reinvermögen mehr besitzt, deren Löschung aber aus anderen noch nicht beantragt wurde (s. o. 2.2.3.): Grundsätzlich kann die Gesellschaft per Gesellschafterbeschluss fortgesetzt werden. Es sind jedoch die GmbH-Gründungsvorschriften zu beachten: Das bedeutet insbesondere, dass die Gesellschaft wieder mit ausreichendem Kapital in Höhe der Mindesteinlage auszustatten ist. Diese Einlage muss als Eigenkapital geleistet werden und die die Fortsetzung anmeldenden Liquidatoren haben die freie Verfügbarkeit zu versichern. Das Registergericht prüft dies wie bei einer Neugründung.

3.2. Fortsetzung einer nach eröffneten Insolvenzverfahren aufgelösten GmbH

186 § 60 Abs. 1 Nr. 4 GmbHG macht nach Eröffnung eines Insolvenzverfahrens eine Fortsetzung der aufgelösten GmbH davon abhängig, dass das Insolvenzverfahren auf Antrag des Schuldners gem. § 212 Satz 1 InsO (Wegfall des Insolvenzgrundes) oder gem. § 213 Abs. 1 Satz 1 InsO (Zustimmung aller Gläubiger) aufgehoben worden ist. Nach der Schlussverteilung ist die Fortsetzung jedoch nicht mehr möglich.[406]

---

[405] Überlebens- oder Fortsetzungsprognose; BGH, BB 1992, 1898, 1900, DB 1992, 2025; BayObLG, Urteil vom 04. 02. 1998, 3Z BR 462/97, DB 1998, 715, BB 1998, 1328; *Scholz*, § 63 Rz. 10ff.

[406] OLG Celle, Beschluss vom 29. 12 2010, 9 W 136/10, rkr. GmbHR 2011, 257. Im Streitfall wurde aber eine Befriedigung sämtlicher ausgefallener Gläubiger nicht ansatzweise begründet.

3.3. Fortsetzung einer nach abgelehnten Insolvenzverfahren aufgelösten GmbH

Ob im Falle des § 60 Abs. 1 Nr. 5 GmbHG die Gesellschaft fortgesetzt werden kann, ist umstritten. Die Gesellschaft darf noch nicht vollbeendet sein, also noch im Handelsregister gelöscht sein und es muss ein entsprechender Fortsetzungsbeschluss gefasst werden. Davon abgesehen machen die Befürworter die Fortsetzungsmöglichkeit von unterschiedlichen Voraussetzungen abhängig. 187

Nach einer Ansicht genügt die Auffüllung des Stammkapitals und die diesbezügliche Versicherung der anmeldenden Liquidatoren.[407] Reicht diese Finanzspritze nicht aus, um alle Gläubiger zu befriedigen, müssten die Liquidatoren allerdings sofort wiederum Insolvenz anmelden, die in Regel nicht wie bei der ersten Anmeldung mangels Masse scheitert.

Deshalb fordert eine weitere Literaturansicht zu Recht, dass zusätzlich der Auflösungsgrund, also hier die Überschuldung beseitigt werden muss. Dazu sollen i.d.R. Zuschüsse der Gesellschafter, eine Kapitalerhöhung oder die Wiederauffüllung des Stammkapitals ausreichen, wenn dadurch alle Gläubiger zu befriedigt wurden und die Zahlungsfähigkeit der GmbH wiederhergestellt wurde.[408]

Demgegenüber stellen die Rechtsprechung[409] und Teile der Literatur auf die Bereinigungsfunktion ab[410] und lassen die Fortsetzung in diesen Fällen nicht zu. Die Problematik wurde vom BGH noch nicht entschieden. Auch zur Frage, ob eine GmbH durch einfachen Gesellschafterbeschluss während der Nachtragsliquidation über die später aufgetauchten Vermögenswerte fortgesetzt werden kann, gibt es keine Gerichtsurteile.[411]

Die Argumentation der Rechtsprechung ist allerdings lediglich dogmatisch haltbar. Wirtschaftlichen Sinn macht sie nicht. Richtig ist an den Einwänden zwar, dass mit der Fortsetzung der GmbH nach Ablehnung des Insolvenzverfahrens mangels Masse nicht dessen Vorschriften umgangen werden dürfen. Es erscheint daher zunächst als folgerichtig, die Fortsetzung einer GmbH, die durch Insolvenzeröffnung aufgelöst ist, nur in den in § 60 Abs. 1 Nr. 4 GmbHG genannten Fällen zuzulassen nicht aber in den in § 60 Abs. 1 Nr. 5 GmbHG genannten Fällen.[412] Denn es ist grundsätzlich Sache der Gesellschafter, ihrer Gesellschaft rechtzeitig das zur Beseitigung der Insolvenzreife erforderliche Kapital zuzuführen.

Ist zwingend aber genauso zu verfahren, wenn die Gesellschafter dazu erst später in der Lage sind oder nicht schnell genug reagiert haben? Sollen deren Bemühungen, alle Gläubiger zu befriedigen, nur deshalb vereitelt werden, weil eine wie auch immer zu rechtfertigende Bereinigungsfunktion des Insolvenzverfahrens und des § 60 GmbHG Vorrang beansprucht?[413] Die GmbH ist nicht als finanziell endgültig gescheitert zu beurteilen, wenn die Gesellschafter

---

407 *Ulmer/Habersack/Winter*, § 60 Rz. 148; *Kalweit*, NZG 2009, 1419.

408 LG Berlin MDR 1971 848; *Scholz*, § 60 Rz. 48, 97 und Anh. § 60 Rz. 5 m.w.Nw.; *Lutter/Hommelhof*, § 60 Rz. 31, 33 und § 63 Rz. 14; *Roth/Altmeppen*, § 60 Rz. 52 und § 75 Rz. 52 a.E.

409 OLG Köln, Beschluss vom 22. 02 2010, 2 Wx 18/10, rkr. GmbHR 2010, 710 mit zustimmender Kommentierung von *Blöse;* BayObLG, Urteil vom 14. 10. 1993, 3Z BR 116/93, BB 1994, 98; BayObLGZ 1993 Nr. 81; KG BB 1993, 1750 m.w.Nw.

410 *Hachenburg/Hohner*, § 60 Rz. 107 und Anh. § 60 Rz. 13, *Baumbach/Hueck*, § 60 Rz. 50, *Rowedder/Schmidt-Leithoff*, § 60 Rz. 54.

411 Offen gelassen vom BayObLG, Urteil vom 14. 10. 1993, 3Z BR 116/93, BB 1994, 98; BayObLGZ 1993 Nr. 81; dazu nächste Ziffer 4.

412 OLG Köln, Beschluss vom 22. 02 2010 GmbHR 2010, 711 m.w.Nw.

noch vor der Löschung der GmbH bereit sind, ausreichenden Gesellschaftsvermögen aufzubringen, das bei der Fortsetzung der Gesellschaft die Gläubigerinteressen sichert.

Die Abwägung zwischen der abstrakten Bereinigungsfunktion des § 60 GmbHG einerseits[414] und den gegenläufigen Interessen der fortsetzungswilligen Gesellschafter der GmbH sowie der sonst leer ausgehenden Gläubiger andererseits fällt eindeutig zugunsten der beiden am Wirtschaftsleben beteiligten Personengruppen aus.[415]

Immerhin sind die Anforderungen an die Fortsetzungsmöglichkeit in diesen Fällen hoch. Sind die Gesellschafter aber zu diesen außerordentlichen Bemühungen bereit, so werden sie ihre Gründe haben, die eine liberale wirtschaftsorientierte Rechtsordnung zu akzeptieren hat. Man halte sich vor Augen, dass die Gesellschafter darauf verzichten, die Gläubiger leer ausgehen zu lassen: Kein Gläubiger, auch wenn er die Hoffnung auf Zuteilung nach der Ablehnung des Insolvenzverfahrens mangels Masse bereits aufgegeben hatte, wird aber berechtigterweise Verständnis dafür aufbringen, dass er trotz der völlig freiwilligen Bereitschaft der Gesellschafter der insolventen GmbH, alle Gläubiger vollständig zu befriedigen, aus formaljuristischen Gründen nichts erhalten soll.

188 Die Gefahr, dass ein Insolvenzverfahren in Eigenregie angestrebt wird, besteht ebenfalls nicht. Das Insolvenzverfahren bezweckt nicht, die Gesellschafter zu Nachschüssen zu zwingen, sondern das ungenügende Gesamtvermögen der GmbH gerecht unter die Gläubiger zu verteilen. Daher ist es den Registergerichten unter Dienstleistungsgesichtspunkten zuzumuten, anhand der Gläubigeraufstellung zum Insolvenzverfahren zu überprüfen, ob von allen Gläubigern schriftliche Bestätigungen der Schuldtilgung oder eines Vergleichs vorliegen. Dies wird i.d.R. nur problemlos gelingen, wenn die Zahl der Gläubiger überschaubar ist.

Die GmbH muss sich im europäischen Wettbewerb – insbesondere mit dem Erfolgsmodell der britischen Limited – zu einer im Vergleich zur AG wesentlich beweglicheren Rechtsform entwikkeln. Deshalb sind Erwägungen der Rechtsprechung zur AG nicht unbesehen auf die GmbH zu übertragen.[416]

Die Begründungen der älteren Rechtsprechung sind auch aus anderen Gründen teilweise überholt. Sie lassen sich nämlich kaum damit vereinbaren, dass die neuere Rechtsprechung des BGH bei Mantelverwertungen von „wirtschaftlichen Neugründungen“ spricht und die Kapitalaufbringungsvorschriften anwendet.[417] Damit ist gerade der Gleichklang mit den Insolvenzmangelfällen hergestellt, weil in beiden Fallgestaltungen gewährleistet ist, dass das erforderliche Stammkapital der Gesellschaft auch zum Zeitpunkt der Wiederbelebung zur Ver-

---

413 Es gebietet auch das demokratisches Selbstbewusstsein und der politische Mindestanstand, Gesetzesbegründungen aus der Zeit von 1933 bis 1945 ausnahmslos außer Acht zu lassen. So aber schon BayObLG, Urteil vom 14. 10. 1993, 3Z BR 116/93, BB 1994, 98, – mittlerweile selbst aufgelöst – zu § 1 Abs. 1 LöschG a.F. (jetzt § 394 FamFG – Aufhebung des Löschungsgesetzes vom 09. 10. 1934 zum 01. 01. 1999 durch Art. 2 Nr. 2 EGInsO): „Nach der amtlichen Erläuterung zum Löschungsgesetz vom 09. 10. 1934 können diese Gesellschaften ‚im Rechtsleben nicht weiter geduldet, geschweige denn vom Staat als selbständige Rechtspersönlichkeit anerkannt werden‘. Die Bestimmung des § 1 Abs. 1 LöschG dient dazu, nicht mehr lebensfähige Gesellschaften aus dem Rechtsverkehr zu ziehen.“

414 Dies betont mehrmals das OLG Köln im Beschluss vom 22. 02 2010, 2 Wx 18/10.

415 So auch *Fichtelmann*, GmbHR 2003, 71.

416 So aber BayObLG, Urteil vom 14. 10. 1993, 3Z BR 116/93, BB 1994, 99.

417 BGH, GmbHR 2003, 1127.

fügung steht. Nur diese Voraussetzung muss Registergericht anhand der entsprechenden Versicherung überprüfen. Zur Gläubigersicherung reicht darüber hinaus aus, dass die Gesellschafter andernfalls persönlich haften.

Auch in steuerlicher Hinsicht (Erhaltung des Verlustvortrages) wurde die Identität der GmbH immer stärker aufgeweicht. Es ist daher nicht einzusehen, warum die Flexibilisierung der GmbH auch im Interesse der Gesellschafter fortentwickelt werden kann.

Als Ergebnis bleibt festzuhalten: Wenn alle Gläubiger befriedigt sind und das Stammkapital – ein zweites Mal – ordnungsgemäß den Geschäftsführern zur Verfügung steht, ist kein Grund ersichtlich, die Existenz dieser GmbH zu vernichten. Überdies erhalten die Gläubiger, die sonst leer ausgingen, nur im Fall der Fortsetzung ihr Geld, wodurch das Vertrauen in die Rechtsform GmbH gestärkt wird.

4. Fortsetzung einer gelöschten GmbH

4.1. Fortsetzung einer wegen Vermögenslosigkeit gelöschten GmbH

Wenn eine nach § 60 Abs. 1 Nr. 7 GmbHG aufgelöste GmbH nach § 394 FamFG gelöscht *189*
wurde, kann sie unter keinem denkbaren Gesichtspunkt mehr fortgesetzt werden, weil sie kein Vermögen mehr besitzt und ihr nach der gesetzgeberischen Entscheidung, derartige „Geister"-GmbHs zu löschen, auch kein Vermögen mehr zugeführt werden kann.[418]

4.2. Fortsetzung einer gelöschten GmbH in der Nachtragsliquidation

Anders ist es zu beurteilen, wenn sich nachträglich noch verwertbares Vermögen ergibt und *190*
eine Nachtragsliquidation erforderlich wird. Tatsächlich ist die GmbH in diesem Fall noch nicht beendet (s. o. Teil 1. B.III.7.). Die Frage ist jedoch sehr umstritten.

Die herrschende Meinung lehnt die Fortsetzung ab, da eine bereits aus dem Handelsregister entfernte GmbH nur noch für Zwecke der Liquidation des unvermuteten Restvermögens fortbestehen soll.[419] Im von der Löschung ausgehenden Anschein der Beendigung ist eine so schwere Zäsur zu sehen, dass es kein Zurück mehr gibt. Eine Neugründung sei den Gesellschaftern in diesem Fall zuzumuten.[420] Diese Auffassung findet jedoch weder im Gesetzestext eine Stütze noch ist sie aus systematischen Gründen zwingend.

Begründet wird eine ablehnende Haltung ferner damit, dass eine zu Unrecht eingetragene Löschung ein Hinweis auf eine mangelhafte und nicht funktionsfähige Organisation der Gesellschaft sei.[421] Das kann im Einzelfall zutreffen, muss aber nicht zwangsläufig so sein, da eine Löschung durchaus gewollt sein oder zumindest berechtigterweise hingenommen werden kann, wenn aus Gesellschaftersicht tatsächlich weit und breit kein Vermögen der GmbH in Sicht ist. Mit dem Zutagetreten von erheblichen Vermögenswerten ändert sich die Situation aber schlagartig. Außerdem endet mit der Löschung der Gesellschaft gleichzeitig auch das

418 OLG Celle, Urteil vom 3. 1. 2008, 9 W 124/07: Keine Fortsetzung der GmbH nach Löschung durch schlichten Beschluss der Gesellschafter, auch wenn die Gesellschaft tatsächlich nicht vermögenslos ist.

419 *Lutter/Hommelhoff*, § 60 Rz. 32 m.w.Nw.; *Fichtelmann*, GmbHR 2003, 73.

420 Eine weitere Folge dieser Ansicht ist, dass eine aufgelöste und im Handelsregister gelöschte GmbH nicht mehr ihre Verschmelzung beschließen kann, KG Berlin, Urteil vom 22. 09. 1998, 1 W 2161/97, DNotZ 1999, 148.

421 *Rowedder/Schmidt-Leithoff*, Anh. § 60 Rz. 19.

Amt des Vertretungsorgans. Eine etwaige mangelhafte Organisation wird mithin durch die Löschung beseitigt. Es besteht daher kein Anlass dafür, der schon mit der fehlerhaften Löschung bestraften Gesellschaft unter dem Vorwurf mangelhafter Organisation auch noch die Fortsetzung zu verwehren.[422]

Als Zwischenergebnis bleibt festzuhalten, dass die Gründe, die die Literatur für die Ablehnung der Fortsetzungsmöglichkeit einer gelöschten GmbH in der Nachtragsliquidation anführt, nicht stichhaltig sind. Dies hat Galla überzeugend dargelegt.[423]

191 Galla nimmt die Fortsetzungsfähigkeit unter bestimmten Voraussetzungen an. Er fordert einerseits unter der Prämisse der analogen Anwendbarkeit des § 274 AktG auf die GmbH, dass die Gesellschafterversammlung mit einer 3/4-Mehrheit der abgegebenen Stimmen entscheidet und dass noch nicht mit der Vermögensverteilung unter die Gesellschafter begonnen wurde. Andererseits soll die Gesellschaft unter Gläubigerschutzgesichtspunkten ein mindestens die Schulden deckendes Vermögen aufweisen müssen. Sind diese Voraussetzungen erfüllt, soll die Fortsetzung einer GmbH möglich sein. Auf das Vorhandensein eines bestimmten Reinkapitals in Höhe des gesetzlichen Mindeststammkapitals bzw. des satzungsmäßigen Stammkapitals kommt es seiner Ansicht nach nicht an.

Der Rekurs auf das Recht der Aktiengesellschaft wird m.E. jedoch den Intentionen der GmbH-Reform nicht gereicht, nach der sich die GmbH als flexiblere Rechtsform von der Aktiengesellschaft abheben und bewähren soll. Ferner sind die Fortsetzungskriterien Gallas nicht schlüssig, weil die vermögenslose GmbH ohne Not bevorzugt behandelt wird gegenüber der werthaltigen GmbH, die schon mit der Verteilung des – vor der Nachtragsliquidation bekannt gewordenen – Vermögens an die Gesellschafter begonnen hat.

192 Den gegenläufigen Interessen der Gesellschaftsneugläubiger und der fortsetzungswilligen Gesellschafter wird man am besten dadurch gerecht, dass man wiederum darauf besteht, dass die Voraussetzungen wie bei einer Neugründung gegeben sein müssen. Das bedeutet, dass die GmbH weder überschuldet sein darf noch an Vermögen weniger als das – gfs. aufzufüllende – Stammkapital aufweisen darf. Dann kann in der Nachtragsliquidation mit einfacher Mehrheit die Fortsetzung der gelöschten GmbH beschlossen werden.

Bei genauer Hinsicht können nämlich beide Fälle der Nachtragsliquidation bei sich nachträglich ergebenden Vermögen – es ging eine Liquidation voraus oder in den Fällen der Vermögenslosigkeit gerade nicht – nicht anders zu beurteilen sein wie die Fortsetzungsmöglichkeit bei einer nach abgelehnten Insolvenzverfahren aufgelösten GmbH. Es kann an dieser Stelle daher im Übrigen weit gehend auf die obigen Ausführungen verwiesen werden.

II. Umwandlung einer aufgelösten GmbH

1. Voraussetzungen der Umwandlung

193 Nach § 3 Abs. 3 UmwG können an der Verschmelzung als übertragende Rechtsträger auch aufgelöste Rechtsträger beteiligt sein, wenn die Fortsetzung dieser Rechtsträger beschlossen werden könnte. Nicht ausdrücklich geregelt ist die Beteiligung eines aufgelösten übernehmen-

422 So *Galla*, GmbHR 2006, 635.

423 *Galla*, GmbHR 2006, 636. Grundsätzlich befürwortend auch: OLG Düsseldorf, Urteil vom 13. 07. 1979, 3 W 139/79, GmbHR 1979, 228; *Baumbach/Hueck*, § 60 Rz. 70.

den Rechtsträgers; nach h.M.[424] ist auch hier eine Verschmelzung möglich, wenn der übernehmende Rechtsträger in der Lage ist, seine Fortsetzung zu beschließen. Letzteres kann eine Gesellschaft nicht, bei der ein Insolvenzantrag mangels Masse zurückgewiesen wurde.[425]

Ist die aufgelöste übernehmende GmbH überschuldet, so kann eine Fortsetzung also nur beschlossen werden, wenn die Voraussetzungen der Überschuldung zunächst beseitigt werden, z.B. durch eine Kapitalerhöhung.

2. Verschmelzung einer aufgelösten GmbH auf den Alleingesellschafter

Ob eine durch Gesellschafterbeschluss aufgelöste GmbH, die überschuldet ist (§ 63 *194* GmbHG), auf den Alleingesellschafter verschmolzen werden kann, wird nicht einheitlich entschieden.[426] Der ablehnende Teil der Rechtsprechung folgert dies aus § 3 Abs. 3 UmwG, wonach ein aufgelöster Rechtsträger an einer Verschmelzung nur dann als übertragender Rechtsträger beteiligt sein kann, wenn zusätzlich die Fortsetzung dieses Rechtsträgers beschlossen werden kann. M. E. ist jedoch Ausschlag gebend, dass die Gläubiger mehr erhalten, wenn sie ihre Forderungen gegen einen persönlichen Schuldner richten können. Deshalb sind Gläubigerschutzerwägungen nach § 3 Abs. 3 UmwG nicht angebracht und die Verschmelzung zulässig.

Die Umwandlung auf den Alleingesellschafter richtet sich ferner nach den §§ 120, 121, 122 UmwG. Es handelt sich um einen Unterfall der Verschmelzung durch Aufnahme. Es bedarf (§ 121 UmwG) eines Verschmelzungsvertrages zwischen dem Alleingesellschafter und der GmbH i. L., der notariell zu beurkunden ist. Minderheitenschutz ist nicht erforderlich; daher sind Verschmelzungsbericht, Verschmelzungsprüfungsbericht etc. ebenso wenig erforderlich wie ein Zustimmungsbeschluss bei der übertragenden GmbH i. L.

Ob der Alleingesellschafter Kaufmann oder Nichtkaufmann ist, spielt für die Verschmelzung keine Rolle.[427] Die Firmierung des Alleingesellschafters richtet sich nach § 122 UmwG, der bestimmt, dass ein noch nicht in das Handelsregister eingetragener Alleingesellschafter nach den Vorschriften des Handelsgesetzbuches einzutragen ist.[428]

In der Regel werden bei einer in Liquidation befindlichen GmbH keine stillen Reserven vor- *195* handen sein. Ist dies nicht der Fall, können die Buchwerte können auf Antrag vom Alleingesellschafter fortgeführt werden. Nach § 3 Abs. 2 UmwStG sind dazu folgende Voraussetzungen kumulativ zu erfüllen: Die übergehenden Wirtschaftsgüter werden Betriebsvermögen beim Übernehmer, die spätere Besteuerung der Wirtschaftsgüter und des Erlöses aus deren Veräußerung ist sicher gestellt und eine Gegenleistung darf allenfalls in Gewährung von Gesellschaftsrechten gewährt werden. Sind stille Reserven vorhanden, so sollte bereits die GmbH nur dann aufstocken, wenn ein Verlustvortrag bei der Körperschaft- und Gewerbe-

424 Siehe *Heckschen*, Die Entwicklung des Umwandlungsrechts aus Sicht der Rechtsprechung und Praxis, DB 1998, 1385.

425 KG Berlin, Urteil vom 22. 09. 1998, 1 W 2161/97, DNotZ 1999, 148 mit Anm. *Limmer*.

426 Ablehnend BayObLG, Urteil vom 04. 02. 1998, 3Z BR 462/97, DB 1998, 715, BB 1998, 1327; zustimmend OLG Stuttgart, Beschluss vom 04. 10. 2005, 8 W 426/05.

427 § 122 Abs. 2 UmwG i.d.F. des Handelsrechtsreformgesetz; für die Zeit davor vgl. BGH, Beschluss vom 04. 05. 1998, II Z B 18/97, DStR 1998, 1230.

428 OLG Düsseldorf, Urteil vom 17. 09. 1997, 3 WX 106/97, GmbHR 1997, 1109.

steuer gegeben ist: Ein Übernahmeverlust ist nach der Novellierung des § 4 Abs. 2 Satz 2 UmwStG steuerlich nicht mehr zu berücksichtigen. Beim aufnehmenden Gesellschafter sind wiederum steuerliche Besonderheiten in Bezug auf Wertaufholungen i.S.d. § 4 Abs. 1 Satz 2 UmwStG zu berücksichtigen.

Im Einzelunternehmen können nach einer Wartezeit von fünf Jahren die Wirtschaftsgüter mit stiller Reserve gem. § 18 Abs. 3 UmwStG folgenlos veräußert werden. Gewerbesteuer fällt dann keine an. Außerdem ist der Veräußerungserlös nach § 16 Abs. 4 EStG und § 34 Abs. 3 EStG begünstigt.

3. Formwechsel einer aufgelösten GmbH in eine neue Personengesellschaft

196 Wird eine GmbH i.L. auf eine neu zu gründende Personengesellschaft „verschmolzen“, so liegt keine Verschmelzung durch Neubildung vor, sondern es handelt sich um einen Formwechsel entsprechend §§ 226 ff. UmwG.

Während kraft ausdrücklicher gesetzlicher Regelung (§ 214 Abs. 2 UmwG) eine aufgelöste Personengesellschaft nicht übertragender Rechtsträger beim Formwechsel sein kann, fehlt für die Kapitalgesellschaft in § 226 UmwG ein entsprechendes Verbot. Es gilt für Kapitalgesellschaften also § 191 Abs. 2 UmwG: „Der Formwechsel ist auch bei aufgelösten Rechtsträgern möglich, wenn ihre Fortsetzung in der bisherigen Rechtsform beschlossen werden könnte“ (zu den erforderlichen Schritten Checkliste im Anhang unter A.II.).

197 Zur Zulässigkeit der Buchwertfortführung kann auf die Ausführungen unter Rz. 195 verwiesen werden. Verfügt die GmbH über offene Gewinnrücklagen, so kommt es stets zu einer fiktiven Gewinnausschüttung, die kapitalertragsteuerpflichtig ist (§ 7 UmwStG).

Teil 2
Rechnungslegung und Steuerrecht

A. Liquidationsrechnungslegung

I. Vorüberlegungen

Bei Auflösung einer GmbH mit anschließender Liquidation ist der Gewinn/Verlust grundsätzlich auf den Zeitpunkt des Abschlusses der Liquidation der GmbH zu ermitteln. 198

Bei der Liquidation einer Kapitalgesellschaft innerhalb eines Wirtschaftsjahres beginnt der Liquidationszeitraum am Tage der beschlossenen Auflösung. Das Rumpfwirtschaftsjahr ist steuer- und handelsrechtlich nicht in den Liquidationszeitraum einzubeziehen.[429]

II. Schlussbilanz der werbenden Gesellschaft

Die Auflösung einer GmbH bezeichnet den Zeitpunkt, zu dem die Gesellschaft ihre „Lebensphase" nach außen abschließt; sie wird nicht mehr werbend tätig. Es ist deshalb herrschende Meinung, dass auf diesen Zeitpunkt eine Schlussbilanz zu erstellen ist.[430] 199

Beispiel:
Am 07.12.01 beschließt die Gesellschafterversammlung einer GmbH (Wirtschaftsjahr = Kalenderjahr) die Auflösung der Gesellschaft.

Rumpfwirtschaftsjahr: 01.01.01 – 06.12.01

Schlussbilanz: 06.12.01

Eröffnungsbilanz: 07.12.01

Für die Bewertung gelten bei der Schlussbilanz keine Besonderheiten.

Möglich ist es, im Auflösungsbeschluss zu bestimmen, dass die Liquidation erst zu einem späteren Zeitpunkt, z.B. am 01.01.02 beginnen soll; wird dieser Fristbeginn im Auflösungsbeschluss nicht ausdrücklich genannt, wird die Auflösung der GmbH mit dem Tage der Beschlussfassung wirksam (07.12.01). Auf die Eintragung der Auflösung in das Handelsregister kommt es nicht an.[431]

III. Liquidationseröffnungsbilanz

Nach § 71 Abs. 1 GmbHG haben die Liquidatoren für den Beginn der Liquidation eine Bilanz und einen diese erläuternden Bericht aufzustellen. Die so genannte Liquidationseröffnungsbilanz muss innerhalb von 3 Monaten nach Auflösung der GmbH auf den Tag der Auflösung aufgestellt werden. Dabei sind gfs. Vermögensgegenstände neu zu bewerten, wenn feststeht, 200

429 BFH, Urteil vom 17. 07. 1974, I R 233/71, BStBl. II 1974, 692; die Finanzverwaltung lässt es aus Vereinfachungsgründen allerdings zu, das Rumpfwirtschaftsjahr dem Liquidationszeitraum zuzuschlagen – Abschn. 46 Abs. 1 Satz 4 KStR i.E. s.u. Teil 2, B.I.1.1.

430 A.A. *Förschle/Kropp/Deubert*: „Schlussbilanz der werbenden Gesellschaft" kein Pflichtbestandteil der Rechnungslegung von Kapitalgesellschaften in Liquidation – Anm. zum Urteil des BayObLG vom 04. 01. 1994, 3Z BR 307/93, DB 1994, 998.

431 Gem. § 65 GmbHG ist der Auflösungsbeschluss zur Eintragung in das Handelsregister anzumelden, vgl. auch BFH, Urteil vom 09. 03. 1983, I R 202/79, BStBl. II 1983, 433.

dass die GmbH ihre aktive Geschäftstätigkeit sofort eingestellt hat und unmittelbar damit beginnt, das Gesellschaftsvermögen zu versilbern.

Dies ist jedoch der Ausnahmefall, weil die Anteilseigner regelmäßig Wert darauf legen, dass aus der Abwicklung ein möglichst hoher Erlös erzielt wird. Deshalb wird die Geschäftstätigkeit in den meisten Fällen zunächst fortgesetzt, alle abgeschlossenen Verträge werden ordnungsgemäß erfüllt und Dauerschuldverhältnisse möglichst kostengünstig beendet. Damit stellt sich die schwierige Frage, auf welchen Zeitpunkt die Vermögensgegenstände neu zu bewerten sind. Maßgeblich ist letztendlich alleine der Zeitpunkt, an dem die eigentliche Verwertung des Gesellschaftsvermögens beginnt und damit die der regulären handelsrechtlichen Bewertung zugrunde liegende Fortführungsprämisse nicht mehr zutrifft. Die Folge ist, dass zu Zerschlagungswerten neu bewertet werden muss und die Wertdifferenzen buchmäßig erfasst werden müssen.

201 Die Problematik ist erst seit Geltung des BiRiLiG von 1986 virulent geworden, weil seither die § 270 ff. AktG und § 71 GmbHG von einer zumindest vorläufig weiter bestehenden wirtschaftlichen Kontinuität ausgehen.[432] Der Zeitraum, in dem eine Gesellschaft nach Auflösung noch fortgeführt werden kann, ist gesetzlich nicht beschränkt, bei umfangreichen Liquidationen kann er auch mehrere Jahre betragen, solange sich kein Dauerzustand herauskristallisiert. In dieser Phase ist die Erfolgsrechnung mit Bilanz und GuV fortzuführen, wobei die Fortführungsrechnungslegung (§ 252 Abs. 1 Nr. 2 HGB) zunächst maßgeblich bleibt.[433]

Dies ändert sich erst, wenn die Produktion eingestellt, der Ausverkauf der Vorräte im Wesentlichen abgeschlossen und verstärkt Anlagevermögen veräußert wird. Der Übergang fällt in den meisten Fällen gleitend aus, so dass für die Liquidatoren ein gewisser Spielraum verbleibt, den Zeitpunkt der Neubewertung festzulegen.

202 Die Liquidationseröffnungsbilanz wird durch die Gesellschafterversammlung festgestellt. Auf die Liquidationseröffnungsbilanz sind die Vorschriften über den Jahresabschluss werbender Gesellschaften „entsprechend" anzuwenden (§ 71 Abs. 2 Satz 2 GmbHG). Das bedeutet u.a. die Anwendung folgender Vorschriften:

- §§ 243–245 HGB (allgemeine Vorschriften für alle Kaufleute)
- §§ 246–251 HGB (Ansatzvorschriften)
- §§ 252–256a HGB (Bewertungsvorschriften)
- §§ 257–261 HGB (Aufbewahrungs-/Vorlagevorschriften)
- §§ 264–289 HGB (ergänzende Vorschriften für Kapitalgesellschaften).

Zu beachten ist dabei, dass nach § 71 Abs. 2 Satz 3 GmbHG Anlagevermögen wie Umlaufvermögen zu bewerten ist, falls die betreffenden Vermögensgegenstände in einem überschaubaren Zeitraum zur Veräußerung bestimmt sind oder nicht mehr dem Geschäftsbetrieb dienen. Das bedeutet u.a., dass für das Anlagevermögen im Ergebnis das strenge Niederstwertprinzip gilt.

203 Pensionsverpflichtungen müssen in der Liquidationsbilanz vollständig angesetzt werden und zwar mit ihrem (Renten-)Barwert bzw. dem Anwartschaftsbarwert.[434] Das gilt auch für Altzusagen aus der Zeit vor 1987, die wegen Art. 28 EGHGB nicht passiviert worden sind.

---

432 *Winnefeld*, N Rz. 696.

433 *Lutter/Hommelhoff*, § 71 Rz. 2.

434 Wert der Abfindung aller Zahlungen mit einem Einmalbetrag; *Förschle/Budde*, R Rz. 130, 167.

Der vom Gesetz geforderte Erläuterungsbericht hat insbesondere die angewandten Bilanzierungs- und Bewertungsmethoden darzustellen und zu erläutern. Grundsätzlich gelten für die Liquidationseröffnungsbilanz die allgemeinen Vorschriften über die Prüfung (§§ 316ff. HGB) und die Offenlegung (§§ 325ff. HGB), wobei das Gericht von der Prüfungspflicht durch einen Abschlussprüfer bei überschaubaren Gesellschaftsverhältnissen befreien kann (§ 73 Abs. 3 Satz 1 GmbHG).

Beispielsfall

Die Gesellschafter einer GmbH beschließen am 15. 12. 00 die Auflösung zum 01. 01. 01. und die Entwicklung der Liquidationseröffnungsbilanz zum 01. 01. 01. aus der Handelsbilanz zum 31. 12. 01.[435] Dieses Beispiel geht aus Gründen der Darstellung vom Ausnahmefall aus, dass bereits unmittelbar nach dem Wirksamwerden des Auflösungsbeschlusses (Stichtag) mit der Veräußerung des Gesellschaftsvermögens begonnen wird. Im Normalfall schließt sich nach diesem Stichtag zunächst ein Zeitabschnitt mit uneingeschränkter Fortführung der handelsrechtlichen Bilanzierung an (h.M.). Deren Prinzipien gelten in diesem Fall auch für die Aufstellung der Liquidationsbilanz auf den Stichtag. Erst in der „heißen Phase" der Abwicklung, wenn also konkret mit dem Verkauf des Anlagevermögens begonnen wird, lassen sich die voraussichtlichen Veräußerungserlöse einigermaßen zutreffend einschätzen. Erst zu diesem späteren Zeitpunkt wäre dann wie im folgenden Beispielsfall vorzugehen.

Zur Vorbereitung der Liquidationseröffnungsbilanz stellt man am besten die bisherigen Werte der Handelsbilanz den Veränderungen gegenüber, so dass zunächst die Differenz bestimmt werden kann.

	Handelsbilanzwert	**Veräußerungswert**	**Differenz**
AKTIVA			
Immaterielle Vermögensgegenstände	0	100.000	+ 100.000
Grundstücke	500.000	530.000	+ 30.000
Maschinen	120.000	70.000	– 50.000
Forderungen	80.000	60.000	– 20.000
Sonstige Vermögensgegenstände	200.000	200.000	0
	900.000	960.000	+ 60.000

	Handelsbilanzwert	**Veräußerungswert**	**Differenz**
PASSIVA			
Gezeichnetes Kapital	300.000	300.000	0
sonstige Rückstellungen	200.000	170.000	+ 30.000
Rückstellung Liquidationskosten	0	50.000	– 50.000
Sonstige Verbindlichkeiten	400.000	400.000	– 0
	900.000	920.000	– 20.000

[435] Beispiel nach *Winnefeld*, N Rz. 767.

Prognostizierte Veränderung des Nettovermögens durch die Liquidation:+ 40.000

Diese Differenzen werden zweckmäßigerweise in einem Neubewertungskonto gesammelt.

Selbst geschaffene Patente	100.000
Grundstücke über Buchwert	30.000
Maschinen unter Buchwert	– 50.000
Forderungsausfälle	– 20.000
Wegfall von Rückstellungen	30.000
Liquidationskosten	– 50.000
	40.000

204 Anschließend ist das Neubewertungskonto abzuschließen auf das Konto Liquidationskapital.

SOLL			HABEN
Maschinen	50.000	Immaterielle Vermögensgegenstände	100.000
Forderungen	20.000	Grundstücke	30.000
Liquidationskosten	50.000	sonstige Rückstellungen	30.000
Liquidationskapital	40.000		
	160.000		160.000

205 Als nächste Schritte sind das Konto Gezeichnetes Kapital sowie das Neubewertungskonto abzuschließen und daraus die Liquidationseröffnungsbilanz zu entwickeln:

Gezeichnetes Kapital

SOLL			HABEN
Liquidationskapital	300.000	Anfangsbestand	300.000

Liquidationskapital

SOLL			HABEN
Liquidationseröffnungsbilanz	340.000	Gezeichnetes Kapital	300.000
		Liquidationskapital	40.000
	340.000		340.000

206 Liquidationseröffnungsbilanz zum 01.01.01

AKTIVA			PASSIVA
Immaterielle Vermögens-gegenstände	100.000	Liquidationskapital	340.000
Grundstücke	530.000	Rückstellungen für die -Liquidationskosten	50.000
Maschinen	70.000	sonstige Rückstellungen	170.000
Forderungen	60.000	sonstige Verbindlichkeiten	400.000
Sonstige Vermögensgegenstände	200.000		
	960.000		960.000

IV. Jahresabschlüsse in der Liquidation

Unabhängig vomEinschnitt des Überganges zur Liquidationsbewertung haben die Liquidatoren handelsrechtlich für jedes Liquidationsgeschäftsjahr einen Liquidationsjahresabschluss (Bilanz, GuV, Anhang) und einen Lagebericht aufzustellen (§ 17 Abs. 1 GmbHG). Das erste und volle Liquidationsgeschäftsjahr beginnt abweichend vom bisherigen Satzungsgeschäftsjahr mit dem Tag des beschlossenen Auflösungszeitpunktes.[436] Durch einen entsprechenden Beschluss kann aber die bisherige Regelung über das Geschäftsjahr in Kraft gesetzt werden. *207*

Bei der Aufstellung des Jahresabschlusses sind die Rechnungslegungsvorschriften werbender Gesellschaften grundsätzlich unmittelbar anzuwenden, soweit sich keine Abweichung aus der Neubewertung zu Zerschlagungswerten ergibt. Wird bei einer Liquidation ein Unternehmen im Ganzen oder ein Teilbetrieb veräußert, so gilt insofern jedoch wieder die Fortführungsbewertung. Der (Teil)Betrieb wird zum voraussichtlichen Veräußerungspreis bewertet, sofern keine stillen Reserven auf den übertragenen Vermögensgegenständen ruhen, ist ein Firmenwert zu aktivieren.

Ferner sind die Rückstellungen aufzulösen, soweit sie sich auf die Fortführung des Unternehmens beziehen. Der Hauptfall ist die Auflösung von Rückstellungen für Pensionszusagen. Deren steuerliche Konsequenzen ist ein eigener Abschnitt D im Teil 2 gewidmet. Schließlich sind auch Rückstellungen für von Arbeitgeberseite nicht ausgezahlte und in das Arbeitszeitkonto eingestellte Gelder aufzulösen.[437] *208*

Die Stimmen in der Literatur, die wie Förster aus betriebswirtschaftlicher Sicht mit der grundsätzlichen Fortgeltung der HGB-Vorschriften die Zwecke der Liquidationsrechnungslegung verfehlt sieht[438], sind vereinzelt geblieben.

Auch für die handelsrechtlichen Abwicklungs-Jahresabschlüsse sind die §§ 238 ff. und 264 ff. HGB sowie die Grundsätze ordnungsgemäßer Buchführung zu beachten. Insbesondere ist darauf zu beachten, dass nicht überbewertet wird, etwa wenn Aktivposten mit einem höheren Wert oder Passivposten mit einem niedrigeren Wert bewertet werden als nach den §§ 238 ff. HGB zulässig ist. Bei einer Überbewertung können Abwicklungs-Jahresabschlüsse nichtig (§ 256 AktG) oder anfechtbar sein. Nichtig ist bei Überbewertung ein Jahresabschluss, wenn die Überbewertung wesentlich bzw. zumindest nicht bedeutungslos ist.

Die Liquidationsjahresabschlüsse unterliegen den allgemeinen Prüfungs- und Offenlegungsvorschriften. Nach § 71 Abs. 3 GmbHG kann sich eine prüfungspflichtige Gesellschaft im Abwicklungszeitraum von der Prüfungspflicht befreien lassen.[439] Das Liquidationsgeschäftsjahr ist grundsätzlich das Kalenderjahr, nicht das bisherige Geschäftsjahr der Gesellschaft. *209*

Ergeben sich im Laufe der Abwicklung Abweichungen von den geschätzten Werten, so sind die Ergebnisse am zweckmäßigsten in ein Liquidationsabwicklungskonto aufzunehmen. Des-

---

436 *Winnefeld*, N Rz. 770; *Lutter/Hommelhoff*, § 71 Rz. 22; A.A. *Budde/Förschle*, R Rz. 201.

437 Die Rückstellung schließt auch den Arbeitgeberanteil an den Sozialabgaben ein. BFH, Urteil vom 30. 11. 2005, I R 110/04.

438 *Förster/Döring*, 2. Teil Rz. 171ff.

439 Das gilt nach einem Beschluss des OLG München vom 10. 08. 2005, 31 Wx 61/05, nicht für das Insolvenzverfahren.

sen Abschluss korrigiert die vorläufigen Werte der Liquidationseröffnungsbilanz und führt folgerichtig in die Liquidationsschlussbilanz (Beispiel unter Ziffer VI.).

V. Liquidationszwischenbilanz

210 Handelsrechtlich ist eine Liquidationszwischenbilanz nur erforderlich, wenn die Gesellschafter dies beschließen. Das kann der Fall sein, wenn die Gesellschafter bei länger andauernden Liquidationen einen steuerlichen Verlust in einem bestimmten Jahr ausnutzen möchten, für das weder eine Handelsbilanz noch eine Steuerbilanz zu erstellen gewesen wäre. Dann ist aus der Handelszwischenbilanz eine Steuerzwischenbilanz zu entwickeln, die die Realisierung des bisher entstandenen und voraussichtlich noch entstehenden Liquidationsverlustes feststellt und damit vorzieht.[440]

Als geringfügige und damit unschädliche Änderungen gelten etwa weitere Abwicklungskosten und gfs. Guthabenzinsen. Auch wenn in der Zwischenbilanz ein schwebendes Kapitalherabsetzungsverfahren bilanziell berücksichtigt ist, wird ein etwaiger Liquidationsverlust auf den Zeitpunkt dieser Zwischenbilanz realisiert und nicht erst nach Abschluss des Kapitalherabsetzungsverfahrens.[441]

211 Im Zuge des Übergangs zum Halbeinkünfteverfahren wurde bei zum 01. 01. 2001 bereits begonnenen Liquidationsverfahren auf Antrag bis zum 30. 06. 2002 eine Zwischenbilanz zum 31. 12. 2000 zugelassen, in denen die Ausschüttung zur Realisierung des vorhandenen Körperschaftsteuer-Guthabens fingiert wurde (dazu näher Teil 2 B.II.7.3.).

VI. Liquidationsschlussbilanz

212 Die Liquidationsschlussbilanz markiert das Ende der Abwicklungsphase der GmbH i.L., wenn also alle Gläubiger befriedigt sind und – idealerweise – alle Aktiva verwertet worden sind. Bleiben schwer veräußerbare Aktiva, etwa Grundstücke, übrig, so sind sie bei den Gesellschaftern mit dem gemeinen Wert in die Schlussverteilung aufzunehmen, an die sie übertragen werden. Ist das Sperrjahr abgelaufen, kann mit der Verteilung des Reinvermögens an die Anteilseigner begonnen werden, was Aufgabe der Liquidations-Schlussrechnung ist (dazu sogleich Ziffer VII.).

213 Fortführung des Beispiels zu o. III. Folgende Abweichungen haben sich bis zum 31.03.02 gegenüber den prognostizierten Beträgen ergeben.

Zusätzliche Liquidationskosten	– 10.000
Mehrerlöse aus der Veräußerung von Patenten	+ 50.000
Zuschreibung aus der Höherbewertung von Grundstücken	+ 20.000
Mehrerlöse aus der Veräußerung von Maschinen	+ 30.000

[440] FG Hamburg, Urteil vom 29. 11. 2004, III 493/01; danach ist der Liquidationsverlust ebenfalls realisiert, sobald eine Liquidationszwischenbilanz erstellt wird, die das Liquidationsergebnis bis auf geringfügige Unwägbarkeiten festhält.

[441] FG Hamburg, Urteil vom 29. 11. 2004, III 493/01.

Liquidationsschlusskonto

SOLL			HABEN
Mehrkosten Liquidation	10.000	Grundstücke	20.000
Liquidationskapital	90.000	Patente	50.000
		Maschinen	30.000
	100.000		100.000

Liquidationskapital

SOLL			HABEN
Liquidationsschlussbilanz	430.000	Anfangsbestand	340.000
		Liquidationsmehrgewinn	90.000
	430.000		430.000

Liquidationsschlussbilanz zum 31.03.02

AKTIVA			PASSIVA
Liquide Mittel	330.000	Liquidationskapital	430.000
Grundstück	100.000		
	430.000		430.000

VII. Liquidations-Schlussrechnung

Zur Liquidations-Schlussrechnung bestehen keine gesetzliche Vorschriften, was den Zweck, den Umfang und die Form betrifft. Damit kann die Liquidations-Schlussrechnung in Form eines Jahresabschlusses oder auch in Form einer Einnahmen-Ausgaben-Rechnung erstellt werden. Die Liquidations-Schlussrechnung muss durch die Gesellschafterversammlung festgestellt und genehmigt werden. 214

Gesellschafter	Summen	A	B	C
1. Reinvermögen laut Schlussbilanz	430.000			
2. zuzüglich nachträgliche Einnahmen/Minderausgaben	– 20.000			
3. abzüglich Mehrausgaben/ausgefallene Ansprüche aus dem Gesellschafts-verhältnis	10.000			
4. Verteilungsfähiger Liquidationsüberschuss	420.000			
5. Auskehrung liquider Mittel	320.000	40.000	140.000	140.000
6. Zuteilung von Vermögens-gegenständen	100.000	100.000		
7. Gesamtauskehrung	420.000	140.000	140.000	140.000

B. Besteuerung auf Gesellschaftsebene

I. Verfahrensfragen

215 Das für die werbende GmbH zuständige Finanzamt wechselt in der Liquidation nicht. Selbst wenn der Liquidator die Abwicklungsgeschäfte im Bereich eines anderen Finanzamtes als dem des Betriebstätten-Finanzamts ausübt, bleibt gemäß § 26 Satz 2 AO trotzdem das bisherige Finanzamt weiter zuständig. Es ist mit den Sachverhalten der GmbH besser vertraut und kann so die Liquidationsbesteuerung besser meistern. Nach einer Verwaltungsanweisung soll § 26 Satz 1 AO nicht angewendet werden, obwohl der Liquidator die Geschäfte im Sinne des § 10 AO leitet.[442]

II. Körperschaftsteuer

1. Fortdauer der Körperschaftssteuerpflicht

216 Die Körperschaftsteuerpflicht knüpft zunächst an die zivilrechtliche Rechtsfähigkeit an.[443] Durch die Auflösung einer GmbH erlischt die Körperschaftsteuerpflicht selbstverständlich noch nicht. Da die Liquidation die unbeschränkte Steuerpflicht der GmbH unberührt lässt, ist sie auch in der gesamten Abwicklungsphase körperschaftsteuerpflichtig.

Erst mit der tatsächlichen Beendigung der GmbH endet die Körperschaftsteuerpflicht. Voraussetzung dafür ist im Normalfall, dass das Abwicklungs-Endvermögen an die Anteilseigner verteilt wurde und dass keine Vermögenswerte mehr vorhanden sind oder später zu Tage treten (Näheres zum Ende der Körperschaftsteuerpflicht u. 8.).

2. Der Drei-Jahres-Besteuerungszeitraum nach § 11 KStG

2.1. Besonderheiten des verlängerten Gewinnermittlungszeitraums

217 Der Abwicklungsgewinn ist nach § 11 Abs. 1 Satz 1 KStG abweichend von §§ 7 Abs. 3 i.V.m. 49 KStG einheitlich für den gesamten Liquidationszeitraum zu ermitteln – jedoch längstens innerhalb von drei Jahren. Man spricht von einem speziellen Drei-Jahres-Zeitraum zur Ermittlung der Körperschaftsteuer in der Liquidation.

Innerhalb dieses Zeitraums ist das Einkommen einheitlich zu ermitteln. Ein Verlustausgleich erstreckt sich dann über 3 Jahre, ohne dass der Verlustabzug nach § 10d EStG zum Zuge kommt. Der verlängerte letzte Veranlagungszeitraum beginnt nach § 11 Abs. 4 KStG mit dem Schluss des vorhergehenden Wirtschaftsjahres, auf das das Jahr des Beginns der Liquidation folgt. Die handelsrechtlich auch während der Liquidation jährlich aufzustellenden Jahresabschlüsse sind also steuerlich ohne Bedeutung.

2.2. Beginn des Drei-Jahres-Zeitraums und Rumpfwirtschaftsjahr

218 Wenn der Beschluss über die Auflösung nicht die – zulässige[444] – Bestimmung enthält, dass diese zu Beginn eines neuen Wirtschaftsjahres eintreten soll, bedingen die speziellen Vor-

---

442 OFD Hannover, Verfügung vom 27. 09. 2001 – S 0121 – 7 – StH 552/S 0121 – 4 – StO 321, StuB 1999, 1115.

443 BFH, BStBl. II 1990, 469, I R 98-99/86.

444 Dazu o. Teil 1, B.III.2.

schriften für den Abwicklungszeitraum zunächst die Bildung eines steuerlichen Rumpfwirtschaftsjahres für das angebrochene Wirtschaftsjahr, in dem bis zum Zeitpunkt der Auflösung noch regulär gewirtschaftet wurde. Auch wenn nach dem Auflösungsbeschluss der Gewerbebetrieb der GmbH zunächst fortgesetzt wird, etwa um schwebende Geschäfte zu erledigen, so ändert dies nichts daran, dass der Drei-Jahres-Zeitraum sofort in Anspruch genommen werden kann. Voraussetzung ist allerdings, dass in absehbarer Zeit der Geschäftsbetrieb eingestellt und mit der Zerschlagung des Unternehmens begonnen wird.

Die Körperschaftsteuer-Richtlinien lassen jedoch in R 46 Abs. 1 Satz 4 KStR zu, dass dieses Rumpfwirtschaftsjahr dem Abwicklungszeitraum zugeschlagen wird.[445] In der Literatur wird diese Großzügigkeit des Richtliniengebers kritisiert, da handelsrechtlich stets ein Rumpfwirtschaftsjahr zu bilden ist. Der Vereinfachungseffekt läuft damit zwar vielfach ins Leere.[446] Bei kleineren GmbHs mit einem überschaubaren Gesellschafterkreis wird in der Regel kein Anteilseigner auf eine Stichtagsbilanz zum Ablauf des Rumpfwirtschaftsjahres bestehen. Insofern hat der Richtliniengeber mit guten Gründen doch vereinfacht. Unterstellt man einen gleich bleibenden Steuersatz für das Rumpfwirtschaftsjahr und den anschließenden Liquidationszeitraum, so ergibt sich auch in der Steuerbelastung kein Unterschied.

Der Vereinfachungseffekt wird allerdings meist nur dann von den Gesellschaftern erwünscht *219*
werden, wenn zum Auflösungszeitpunkt kein im Rumpfwirtschaftsjahr hinzugekommenes ausschüttbares und auszuschüttendes Eigenkapital angesammelt wurde (dazu u. 2.3. und zu Gestaltungsmöglichkeiten u. 2.5.).

Wird die GmbH nur aufgelöst, jedoch überhaupt nicht abgewickelt, so ist § 11 KStG nicht anzuwenden. Gleiches gilt, wenn die Liquidation zwar nach außen (durch Räumungsverkäufe o.ä.) publik gemacht wird, die GmbH jedoch ihren Geschäftsbetrieb aufrecht erhält (Scheinliquidation). Es sind dann weiterhin jährliche Körperschaftsteuer-Veranlagungen auf Grund einer regulären Gewinnermittlung durchzuführen.

2.3. Ausschüttungen im Sperrjahr und innerhalb des Drei-Jahres-Zeitraums

Für das erste Jahr der Liquidation – genauer nach dem dritten Gläubigeraufruf – sind liquida- *220*
tionsbedingte Ausschüttungen zunächst ein Jahr lang absolut gesperrt. Dies gilt auch für Gewinne, die im – in den Liquidationszeitraum einbezogenen – Rumpfwirtschaftsjahr erwirtschaftet werden. Dagegen sind Gewinne aus früheren Wirtschaftsjahren und aus dem auf den Auflösungszeitpunkt gebildeten Rumpfwirtschaftsjahr nicht erfasst, so dass diese rechtmäßig ausgeschüttet werden können.[447]

---

445 In Satz 5 der Richtlinie wird ausdrücklich auf den fakultativen Charakter hingewiesen: Der GmbH bleibt es unbenommen, die gesetzliche Regelung der § 11 Abs. 1 Satz 1 KStG zu wählen und ein Rumpfwirtschaftsjahr bis zum Auflösungszeitpunkt zu bilden.

446 *Hermann/Heuer/Raupach*, § 11 KStG Rz. 23; *Gosch*, § 11 Rz. 33.

447 BFH, Urteil vom 22. 10. 1998, BFH/NV 1999, 829; *Erle*, § 11, Rz. 26; *Hottmann*, N Rz. 37.

2.4. Ende und Überschreitung des Drei-Jahres-Zeitraums

221 Der Drei-Jahres-Zeitraum soll nach allgemeiner Meinung möglichst nicht überschritten werden.[448] Geringfügige und unverschuldete Überschreitungen von drei bis zu sechs Monaten sollen nach verbreiteter Auffassung unschädlich sein.[449] Teilweise wird vertreten, dass ein einbezogenes Rumpfwirtschaftsjahr nicht in den Zeitraum einberechnet werden darf.[450] Es steht allerdings allein im Ermessen der Finanzverwaltung, von einem Zwischenabschluss abzusehen.[451]

Wird der Drei-Jahres-Zeitraum des § 11 Abs. 1 Satz 2 KStG von diesen Ausnahmen abgesehen deutlich überschritten, so kann das Finanzamt sein Ermessen dahingehend ausüben, dass ein Zwischenabschluss erstellt werden muss.[452] Der BFH hat sich jedoch noch nicht zu der Frage geäußert, ob nach einem berechtigt verlangten Zwischenabschluss auf eine jährliche Abschlusserstellung gewechselt und jährlich veranlagt werden muss.[453]

222 Soweit eine Abwicklungszwischenbilanz zu erstellen ist, ist unstrittig dabei allerdings nur, dass die Gewinnermittlungsvorschriften des § 11 Abs. 2 KStG nicht auf den Zwischenabschluss sondern erst auf den letzten Jahresabschluss vor der Auskehrung des Gesellschaftsvermögens anzuwenden sind.[454]

Strittig sind in diesem Zusammenhang jedoch zwei weitere Rechtsfragen: Zum einen die Bedeutung der Zwischenveranlagung. Die Finanzverwaltung geht von einer endgültigen Veranlagung aus.[455] Konsequenz ist, dass diese nach Erstellung der Schlussbilanz bei Abschluss der Liquidation nicht mehr gem. § 175 Abs. 1 Nr. 2 AO zu ersetzen ist. Wenn die Gesellschafter ab 2009 den eigentlichen Liquidationsgewinn – das heißt alle Auskehrungen, die nicht als Kapitalerträge zu erfassen sind – mit 60 % (statt bisher mit 50 %) zu versteuern haben, würde sich dies ohne sachlichen Grund nachteilig auswirken: Unter der Geltung des Halbeinkünfteverfahrens waren die Gewinne aufgrund von Zwischenabschlüssen mit 25 % Körperschaftsteuer belastet und die Steuerbelastung bei den Anteilseignern im Zuge der Schlussauskehrung ist ab 2009 auf den neuen Körperschaftsteuersatz von 15 % ausgelegt. Deshalb geht die zutreffende Auffassung von einem einheitlichen Veranlagungszeitraum aus.[456]

223 Nach Ablauf des Drei-Jahres-Zeitraumes ist wiederum jährlich eine Steuerbilanz für Zwecke der Körperschaftssteuererklärung zu erstellen.[457] Ein Verlust kann dann jeweils nur einen Veranlagungszeitraum zurückgetragen oder unbegrenzt vorgetragen werden. Im Anschluss an ein Urteil des FG Brandenburg wird aber teilweise die Meinung vertreten, es ins Ermessen des

---

448 BFH, Urteil vom 18. 09. 2007, I R 44/06, insoweit nicht vom Nichtanwendungserlass im BMF-Schreiben vom 04. 04. 08 betroffen

449 *Gosch*, § 11 Rz. 41 mit Beispielen, etwa wenn die Liquidation in absehbarer Zeit abgeschlossen sein wird.

450 Str. *Erle*, § 11, Rz. 27 m.w.Nw.

451 *Erle*, § 11, Rz. 29.

452 BFH, Urteil vom 18. 09. 2007 unter II. 4 b) m.w.Nw., I R 44/06.

453 Dieser Grundsatz findet sich in R 51 Abs. 1 Satz 6; so auch *Jünger*, BB 2001, 71; *Herrmann/Heuer/Raupach*, § 11 Rz. 56.

454 *Hottmann*, N Rz. 37.

455 So R 51 Abs. 4 KStR.

456 H.M. *Erle*, § 11 Rz. 30 m.w.Nw.; *Gosch*, § 11, Rz. 42; ausdrücklich offen gelassen vom BFH im Urteil vom 18. 09. 2007 unter II.4.b) m.w.Nw., I R 44/06.

457 R 51 Abs. 1 Satz 6; *Jünger*, BB 2001, 71; *Herrmann/Heuer/Raupach*, § 11 Rz. 56.

Finanzamtes zu stellen, einen bis zu drei Jahre langen Anschluss-Veranlagungszeitraum zu gewähren.[458]

2.5. *Gestaltungsmöglichkeiten*

In erster Linie kommt in Betracht, wenn die Anteilseigner nicht dem Spitzensteuersatz unterliegen, den auszuschüttenden Gewinn über mehrere Veranlagungszeiträume zu strecken. Andererseits kann es sich für einen Hauptgesellschafter bis einschließlich 2008 vorteilhaft erweisen, einen hohen Anteil des Liquidationsgewinnes in einem Jahr anfallen zu lassen, in dem er anderweitige und bereits verrechnete Verluste nur vor- und zurücktragen könnte und damit den Grundfreibetrag plus Sonderausgabenabzug verliert. Allerdings ist bei der gezielten Ausschüttung des Liquidationsgewinnes das Sperrjahr zu beachten, weil sonst § 42 AO in Betracht kommt.[459] Andererseits kann die Besteuerung des Liquidationsgewinnes auch insoweit vermieden werden, als einzelne Wirtschaftsgüter oder Betriebsteile übertragen werden.[460] *224*

Wenn im zu bildenden Rumpfwirtschaftsjahr vor dem Auflösungszeit nicht ausreichend Gewinn angefallen ist, um einen rücktragungsfähigen Liquidationsverlust ausgleichen zu kommen, wohl aber im vorangegangenen Wirtschaftsjahr, empfiehlt es sich unter Umständen, kein Rumpfwirtschaftsjahr zu bilden. Dann kann der Liquidationsverlust steuerlich vorteilhaft in das vorangegangene Wirtschaftsjahr zurückgetragen werden.

Zusammenfassendes Beispiel:

Die X-GmbH (Wirtschaftsjahr = Kalenderjahr) wurde mit Wirkung zum 01. 04. 01 aufgelöst und am 08.05.04 nach der Liquidation beendet. *225*

Für die X-GmbH ergibt sich für den Zeitraum vor der Auflösung (01. 01. 01 – 31. 03. 01) ein Rumpfwirtschaftsjahr, das der normalen Besteuerung unterliegt, wenn nicht die Option nach R 46 Abs. 1 Satz 4 KStR 1995 gewählt wurde, das Rumpfwirtschaftsjahr dem Drei-Jahres-Zeitraum zuzuschlagen. Der Abwicklungszeitraum hat am 01. 04. 01 begonnen. Der Drei-Jahres-Zeitraum würde demnach am 31. 03. 04 enden. Die Abwicklung hat tatsächlich aber erst am 08. 05. 04 geendet.

Unter diesen Umständen kann davon ausgegangen werden, dass das Finanzamt der relativ geringfügigen Verlängerung des Besteuerungszeitraums zustimmt und den Liquidationsgewinn in einem einheitlichen Vorgang der Besteuerung unterwirft.

Alternative:

Trotz Auflösung zum 01. 04. 01 kann auf ein Rumpfwirtschaftsjahr verzichtet werden (R 46 Abs. 1 Satz 4 KStR 1995). Das Abwicklungswirtschaftsjahr beginnt in diesem Fall bereits am 01. 01. 01.

---

[458] FG Brandenburg, EFG 2002, 432 mit kritischer Anm. Neu; zustimmend *Gosch*, § 11, Rz. 42; *Erle*, § 11 Rz. 32.

[459] BFH, Urteil vom 04. 10. 2006, VIII R 7/03 zum umgekehrten Fall, dass durch Übernahmen sämtlicher Aktiva und Passiva ein Liquidationsverlust bereits in das Übernahmejahr vorgezogen werden sollte, wenn es an außersteuerlichen Gründen fehlt.

[460] So *Gosch*, § 11 Rz. 18, 31; Er schlägt auch vor, die Abwicklung an sich zu vermeiden und damit auch die Besteuerung des Liquidationsgewinnes, indem der Betrieb im Ganzen verpachtet wird. Die GmbH bleibt dann allerdings weiter bestehen, so dass dies keine Alternative darstellt, wenn man sich einer GmbH gerade entledigen will.

Wird auf die Bildung eines Rumpfwirtschaftsjahres verzichtet, so hat dies den Vorteil, dass für die ersten 3 Monate keine gesonderte Körperschaftsteuererklärung abzugeben ist. Nachteilig ist, dass Gewinne, die bis zum 31.03.01 erzielt wurden, erst ab 01.04.02 (Ablauf des Sperrjahres, wenn der dritte Gläubigeraufruf am 01.04.01 veröffentlicht wurde) ausgeschüttet werden können.

3. Ermittlung des Liquidationsgewinns

3.1. Schema der Gewinnermittlung nach § 11 KStG

226 Zur Ermittlung des Liquidationsgewinns sind das Abwicklungs-Endvermögen und das Abwicklungs-Anfangsvermögen gegenüberzustellen. Der sich so ergebende Betrag steht nach Abzug aller Steuern insbesondere der Ertragsteuern zur Einkommensverwendung und somit zur Auskehrung an die Anteilseigner zur Verfügung.

3.2. Ermittlung des Abwicklungs-Anfangsvermögens

3.2.1. Ausgangspunkt

227 Das Abwicklungs-Anfangsvermögen ist das Vermögen, das sich aus der letzten laufenden Schlussbilanz vor Auflösung der GmbH ergibt. Es wird sich dabei i.d.R. um den letzten Abschluss der werbenden Gesellschaft handeln. Bei Bildung eines Rumpfwirtschaftsjahres ist die auf den Auflösungszeitpunkt aufgestellte Zwischenbilanz maßgeblich. Diese Bilanz muss aus der laufenden Buchführung der GmbH unter Beachtung der allgemeinen handels- und steuerrechtlichen Bilanzierungsvorschriften (§§ 6ff. EStG) erstellt worden sein.

Allerdings ist für die Ermittlung des Liquidationsgewinnes nach § 11 Abs. 2 KStG die Handelsbilanz für die Steuerbilanz nicht mehr maßgeblich, weil Handelsbilanzen, die der Ermittlung des Gewinns dienen, nicht mehr aufzustellen sind.[461]

3.2.2. Abrechnungen

a) Gewinnausschüttungen für vorangegangene Wirtschaftsjahre

228 Werden im Abwicklungszeitraum Gewinne aus (Rumpf)Wirtschaftsjahren, die vor dem Zeitpunkt der Auflösung der Gesellschaft liegen, ausgeschüttet, muss das Abwicklungs-Anfangsvermögen entsprechend gekürzt werden (§ 11 Abs. 4 Satz 3 KStG).[462]

Beispiel:

Am 01. 09. 01 wurde von der Gesellschafterversammlung der zum 01. 04. 01 aufgelösten GmbH eine Gewinnausschüttung für das Jahr 00 in Höhe von 100.000 Euro beschlossen. Ohne Berücksichtigung dieser Gewinnausschüttung hat das Abwicklungs-Anfangesvermögen 800.000 Euro betragen. Die Gesellschaft muss korrigieren:

Abwicklungs-Anfangesvermögen bisher	800.000 Euro
Korrektur wegen Gewinnausschüttung	– 100.000 Euro
Korrigiertes Abwicklungs-Anfangsvermögen	700.000 Euro

461 BFH, Urteil vom 14. 12. 1965, BStBl. III 1966, 152; BFH, Urteil vom 08. 12. 1971, I R 164/64, BStBl. II 1972, 229.

462 Diese Gewinne sind von der Auszahlungssperre des § 73 GmbHG nicht erfasst, BFH, Urteil vom 20. 10. 1998, I R 15/98, BFH/NV 1999, 829; *Jünger*, BB 2001, 72.

b) Eigene Anteile einer GmbH an sich selbst

Eigene Anteile einer GmbH an sich selbst gehen bei der Liquidation unter. Sind sie im Abwicklungs-Anfangsvermögen enthalten[463], müssen sie als Berichtigungsposten mit ihrem Buchwert davon abgesetzt werden. Der Buchwertabgang dieser Anteile ist der gesellschaftsrechtlichen Ebene zuzuordnen und darf daher den Liquidationsgewinn nicht mindern.[464] *229*

3.3. Ermittlung des Abwicklungs-Endvermögens

3.3.1. Ausgangspunkt

Das Abwicklungs-Endvermögen wird durch § 11 Abs. 3 KStG definiert als das zur Verteilung kommende Vermögen. Es handelt sich dabei also um das Vermögen, das nach Befriedigung sämtlicher Gläubiger und Verwertung der vorhandenen Wirtschaftsgüter noch verblieben ist. Ziel der Ermittlung des Abwicklungs-Endvermögens ist es, die im Betrieb der Gesellschaft ruhenden stillen Reserven aufzudecken und der Besteuerung zuzuführen. *230*

3.3.2. Hinzurechnungen

Liquidationsraten der Gesellschaft in Form von Geld- oder Sachleistungen an einzelne Anteilseigner haben im Abwicklungszeitraum das Vermögen gemindert. Da es sich dabei um eine Vorwegnahme der Vermögensverteilung handelt, sind diese Zahlungen bei der Ermittlung des Abwicklungs-Endvermögens im Rahmen des § 11 Abs. 3 KStG wieder hinzuzurechnen.[465] Ob bei den Auszahlungen gegen Vorschriften des GmbHG verstoßen wurde (etwa § 73 GmbHG), spielt für die steuerliche Behandlung keine Rolle.[466] *231*

Werden den Gesellschaftern während des Abwicklungszeitraumes durch das Gesellschaftsverhältnis veranlasste Vorteile gewährt (z.B. bei erhöhten Mieten), sind diese als verdeckte Gewinnausschüttung § 8 Abs. 3 Satz 2 KStG analog) dem Abwicklungsendvermögen ebenfalls hinzuzurechnen.[467]

3.3.3. Abrechnungen

Nach § 11 Abs. 3 KStG ist das Abwicklungs-Endvermögen um steuerfreie Vermögensmehrungen zu mindern, die die Gesellschaft im Abwicklungszeitraum bezogen hat. Dazu gehören steuerfreie Einnahmen i.S.v. §§ 3, 3a EStG, nach Doppelbesteuerungsabkommen steuerfreie Schachteldividenden und Einlagen der Gesellschafter. Mit Ausnahme der nach § 8b Abs. 5 KStG nicht abziehbaren Betriebsausgaben i.H.v. 5 % gilt das Gleiche für steuerfreie Gewinne aus der Veräußerung von Anteilen an in- und ausländischen Kapitalgesellschaften und für vereinnahmte Gewinne aus Beteiligungen an anderen Gesellschaften nach § 8b KStG.[468] *232*

---

[463] Unter der Geltung des BilMoG dürfen eigene Anteile der GmbH nicht mehr aktiviert werden, *Wälzholz* GmbH-StB 2011, 118.

[464] *Hottmann*, N Rz. 37.

[465] *Erle/Sauter*, § 11 Rz. 40; *Gosch*, § 11 Rz. 51; *Jünger*, BB 2001, 71.

[466] *Erle/Sauter*, § 11 Rz. 50.

[467] *Erle/Sauter*, § 11 Rz. 40; *Gosch*, § 11 Rz. 51; *Jünger*, BB 2001, 71.

[468] *Erle/Sauter*, § 11 Rz. 45; *Gosch*, § 11 Rz. 53; *Jünger*, BB 2001, 71.

3.4. Bewertungsfragen

3.4.1. Regelbewertung mit dem gemeinen Wert und Bewertungsstichtag

233 Das Abwicklungs-Endvermögen wird nicht zu den Buchwerten angesetzt, sondern mit den gemeinen Werten nach § 9 BewG, damit die stillen Reserven erfasst werden. Die §§ 5 und 6 EStG sind daher nicht maßgeblich.[469]

Bewertungsstichtag ist der Tag der Übertragung an die Gesellschafter. Bei Übertragungen während des Abwicklungszeitraumes ist dies der Übertragungsstichtag und bei Sachauskehrungen im Rahmen der Schlussverteilung der Abschlusszeitpunkt der Liquidation.[470]

3.4.2. Immaterielle Wirtschaftsgüter

234 Noch vorhandene immaterielle Wirtschaftsgüter sind bei der Ermittlung des Abwicklungs-Endvermögens ebenfalls mit dem gemeinen Wert anzusetzen, wenn sie von einem übernehmenden Gesellschafter weiter genutzt werden. Es ist dann gleichgültig, ob sie entgeltlich erworben oder selbst geschaffen wurden.[471] Dies bedeutet, dass eine Berücksichtigung im Abwicklungs-Endvermögen nur dann in Betracht kommen kann, wenn das Wirtschaftsgut einzeln veräußerbar ist und somit – zumindest theoretisch – ein Einzelveräußerungspreis erzielbar wäre. Denkbar ist dies bei Software, Patenten, Know-how, Kundenstamm und Kunden-Datenbanken.

3.4.3. Firmenwert

235 Ein Firmenwert dagegen wird im Allgemeinen mit 0 Euro anzusetzen sein, wenn er von keinem Gesellschafter weiter genutzt wird und folglich mit der Auflösung der GmbH untergeht. Wird einem Gesellschafter erlaubt, den Firmenwert weiter zu nutzen (Sachteilung), muss dieser mit dem gemeinen Wert bewertet werden, auch wenn es sich um einen selbst geschaffenen Firmenwert handelt.[472]

3.4.4. Sachwerte

236 Werden Sachwerte verteilt, so ist nicht § 6 EStG maßgeblich, sondern die allgemeinen Bewertungsvorschriften in § 9 ff. BewG. Dies ist im Normalfall der gemeine Wert dieser Vermögensgegenstände, nicht der Teilwert, der auf den Fortführungswert abzielt.

Sowohl das GmbH-Gesetz wie auch das KStG gehen grundsätzlich davon aus, dass sämtliche Wirtschaftsgüter einer GmbH bis zu deren Beendigung veräußert oder anderweitig verwertet wurden und somit reines Geldvermögen an den Anteilseigner verteilt werden kann. Dieser Idealfall ist natürlich in der Praxis nicht immer anzutreffen. Es kommt häufig vor, dass die einzelnen Gesellschafter noch vorhandene Wirtschaftsgüter (Grundstücke, Maschinen, Einrichtungsgegenstände, Fahrzeuge, aber auch Waren oder Material) in das Privatvermögen übernehmen. Diese Sachwerte können in diesen Fällen nicht mit dem Teilwert bewertet werden, weil es an der Absicht der Fortführung des Betriebs fehlt. Es ist vielmehr der gemeine

---

469 *Hottmann*, N Rz. 41.

470 BFH, Urteil vom 14. 12. 1965, BStBl. III 1966, 152: Wert aufhellende Tatsachen sind zu berücksichtigen.

471 *Erle/Sauter*, § 11 Rz. 42.

472 *Erle/Sauter*, § 11 Rz. 42; *Hottmann*, N Rz. 41.

Wert des einzelnen Wirtschaftsguts anzusetzen. Dies gilt auch für Gegenstände, die innerhalb des Liquidationszeitraums bereits auf die Anteilseigner übertragen wurden.

3.4.5. Einlagen

Einlagen, die nach § 11 Abs. 3 KStG vom Abwicklungs-Endvermögen abzurechnen sind, sind mit dem gemeinen Wert zu taxieren. *237*

3.5. Sonderfälle

3.5.1. Liquidationsbeginn vor dem Ende des ersten Wirtschaftsjahres einer GmbH

In den seltenen Fällen, in denen eine Kapitalgesellschaft vor Ablauf ihres ersten Wirtschaftsjahres und ohne Bildung eines Rumpfwirtschaftsjahres in die Liquidation geht, ist § 11 Abs. 5 KStG einschlägig. Dann sind nur die Einlagen der Eröffnungsbilanz vorhanden, so dass als Abwicklungs-Anfangsvermögen die Summe der später geleisteten Einlagen zählt. Dies sind gesellschaftsrechtliche Einlagen auf das Stammkapital, Aufgelder und verdeckte Einlagen.[473] *238*

3.5.2. Auflösung der Organgesellschaft

Gewinnabführungsverträge im Sinne des § 291 AktG beziehen sich nur auf laufende Gewinne, nicht auf einen Liquidationsgewinn. Löst sich die Organgesellschaft auf, endet daher die Versteuerung beim Organträger. Bei der Organgesellschaft beginnt der Liquidationszeitraum, an dessen Ende sie den Liquidationsgewinn selbst zu versteuern hat.[474] *239*

Das gleiche gilt für den Zeitraum bis zur Auflösung, wenn die Organgesellschaft kein Rumpfwirtschaftsjahr bildet oder wenn die Organgesellschaft ohne Auflösungsbeschluss ihre gewerbliche Tätigkeit einstellt. Damit Gewinnabführungsverträge anerkannt werden, müssen sie 5 Jahre lang durchgeführt werden. Dies gilt nicht, wenn der Gewinnabführungsvertrag aufgrund der Liquidation der Organgesellschaft endet.[475]

3.6. Zusammenfassendes Beispiel

Die Schlussbilanz der werbenden Gesellschaft mit den gleich beteiligten Gesellschaftern A und B weist ein Eigenkapital von 700.000 Euro aus. Im Laufe der Liquidation wird dem A ein Grundstück überlassen, dessen gemeiner Wert den Buchwert um 450.000 Euro übersteigt. Durch Verkäufe werden 100.000 Euro mehr erlöst, als es den Buchwerten entspricht. Der derivative Firmenwert wird nicht weiter genutzt und steht mit 150.000 Euro zu Buche. An Gesellschafter B werden vorab 300.000 Euro ausgekehrt. Zur Verteilung stehen noch 400.000 Euro an Barmitteln an. *240*

---

473 *Hottmann*, N Rz. 36.

474 KStH, H 61 „Gewinn im Zeitraum der Abwicklung"; BFH-Urteil vom 18. 10. 1967, BStBl. II 1968, 105.

475 *Erle/Sauter*, § 11 Rz. 56; *Hottmann*, N Rz. 48.

Vorläufiges Abwicklungsendvermögens)	400.000
Stille Reserven, die im dem A überlassenen Grundstück enthalten sind	+ 450.000
Stille Reserven übriges Anlagevermögen	+ 100.000
Ausbuchung Firmenwert	./. 150.000
Abschlagszahlungen an Gesellschafter B während des Liquidationsverfahrens	+ 300.000
Korrigiertes Abwicklungsendvermögen	1.100.000
. /. Abwicklungs-Anfangsvermögen	./. 700.000
Liquidationsgewinn	400.000

4. Rückzahlung aus dem steuerlichen Einlagekonto

241 Bei der Auskehrung des nach der Liquidation verbliebenen Vermögens kommt i. d. R. neben dem verwendbaren Eigenkapital auch das Stammkapital zur Verteilung. Die Rückzahlung des Stammkapitals unterliegt nicht der Körperschaftsteuer, weil dadurch lediglich die von den Gesellschaftern eingebrachten Eigenmittel wieder zurückgegeben werden (zur Ermittlung dieses Teils des Eigenkapitals i. E. u. II.2.3.). Das während der Gesellschaftsdauer angesammelte verwendbare Eigenkapital (steuerpflichtige und steuerfreie Vermögensmehrungen) unterliegt bei der Beendigung der GmbH dagegen einer Art „Schlussbesteuerung".[476]

5. Körperschaftsteuerliches Einkommen und Körperschaftsteuerguthaben

5.1. Maßgeblichkeit der allgemeinen Gewinnermittlungsvorschriften

242 Der Liquidationsgewinn bildet die Grundlage für die Ermittlung des körperschaftssteuerlichen Einkommens. Für die Einkommensermittlung gelten auch im Falle der Liquidation die allgemeinen Grundsätze des KStG (§ 11 Abs. 6 KStG). Wie in einem „normalen" Veranlagungszeitraum sind daher auch bei der Einkommensermittlung für den Abwicklungszeitraum nichtabziehbare Aufwendungen, wie z. B. Gewerbesteuer,[477] Körperschaftsteuer, Solidaritätszuschlag, 30 % der Bewirtungskosten oder Geschenke über 35 Euro, dem im Abwicklungszeitraum ermittelten steuerlichen Einkommen hinzuzurechnen.

243 Die Vorschriften über den Abzug von Spenden oder die Berücksichtigung eines Verlustabzugsbetrags werden ebenfalls angewandt. Auch bei der Abzugsfähigkeit von Spenden ist das allgemeine Ermittlungsschema des KStG im Rahmen des § 11 Abs. 6 KStG zu berücksichtigen. Damit werden die Spenden zunächst einmal dem ermittelten Gewinn wieder hinzugerechnet, um nach § 9 Abs. 2 KStG das nach dem Einkommen zu bestimmende Höchstabzugspotential zu berechnen. Ein überschießender Betrag stellt eine nicht abzugsfähige Betriebsausgabe dar, so dass lediglich der Höchst-Spendenabzugsbetrag vor der Ermittlung des zu versteuernden Einkommens wieder abgezogen wird.

Das Einkommen des Abwicklungszeitraums wird dem Körperschaftsteuersatz unterworfen, der für das Jahr, in dem die Liquidation beendet wird (bis 2007 25 %, ab 2008 15 %) gilt.

[476] Zu Einzelheiten der Gliederung des verwendbaren Eigenkapitals: *Neu*, GmbHR 2000, 60.

[477] Zu Liquidationen im Übergangszeitraum 2008/2009, Wohltmann, NWB 2009, 950ff.

5.2. Verlustbehandlung

Schließt der Liquidationszeitraum mit einem Verlust ab, ist ein Verlustrücktrag zulässig. Ein Liquidationsverlust kann nach § 10d EStG in Verbindung mit § 8 Abs. 1 und 4 KStG um ein Jahr in das letzte abgelaufene Wirtschaftsjahr zurückgetragen werden. Ein Verlust kann vorgetragen werden, wenn sich im Anschluss an den Dreijahreszeitraum weitere Besteuerungszeiträume anschließen. 244

Bei einem zu erwartenden Liquidationsverlust nach einem Wirtschaftsjahr mit erheblichen Gewinnen, sollte daher auf die Bildung eines Rumpfwirtschaftsjahres verzichtet werden, wenn der Gewinn des Rumpfwirtschaftsjahres nicht ausreicht, den zurückzutragenden Liquidationsverlust zu kompensieren, wohl aber der Gewinn des vorangegangenen Wirtschaftsjahrs. Auf der Seite der Kapitalgesellschaft kann die für das letzte Gewinnjahr angefallene Körperschaftsteuer sonst nicht mehr rückgängig gemacht werden, so dass die Körperschaft insoweit definitiv steuerbelastet bleibt.[478]

Ein vorhandener Verlustvortrag kann mit Liquidationsgewinnen verrechnet werden. Zweifelhaft ist dabei, ob die Mindestbesteuerung auch angewandt werden kann, wenn die Gesellschaft aus anderen Gründen den nicht anerkannten Verlust später nicht mehr mit Einkünften verrechnen kann.[479] Die von Geist[480] aufgeworfene Argumentation ist auch in Liquidationsfällen anwendbar, in denen mangels späteren Liquidationsgewinnen in ausreichender Höhe ein wegen der Mindestbesteuerung verbleibender Verlustvortrag mit der Löschung der Gesellschaft endgültig untergeht.

5.3. Körperschaftsteuerguthaben und -erhöhung bis 31. 12. 2006

Für Liquidationen, die zum 31. 12. 2000 noch nicht beendet waren oder die später begonnen haben, musste das Körperschaftsteuergesetz bestimmen, wie das angesammelte Körperschaftsteuerguthaben geltend gemacht werden konnte. Andernfalls kann die GmbH nicht beendet werden, da die Forderung gegen den Fiskus ein Aktivposten ist, der aufzulösen ist. 245

Bei Liquidationen, die zum 31. 12. 2000 noch nicht beendet waren, wurde nach § 36 KStG das verwendbare Eigenkapital zum Schluss des letzten Wirtschaftsjahres gegliedert werden, das vor Beginn der Liquidation geendet hat und für das noch das alte Körperschaftssteuerrecht anzuwenden war. Auf diesen Stichtag ist dann der Schnittpunktbestand gemäß § 36 Abs. 1 und 7 KStG gesondert festzustellen.

Wurde von der Option Gebrauch gemacht, auf den 31. 12. 2000 einen Zwischenabschluss zu erstellen, waren die Schnittpunktbestände entsprechend fortzuschreiben, wenn Liquidationsraten infolge des Zwischenabschlusses nach dem früheren Anrechnungsverfahren ausgeschüttet wurden.

§ 37 KStG a.F. sah vor den Änderungen durch das SEStEG und das Jahressteuergesetz 2008 spezielle Regelungen zur Verwertung des Körperschaftsteuerguthabens, das zu Zeiten des

[478] *Hottmann*, N Rz. 44.

[479] Der BFH hat im Beschluss vom 26. 08. 2010, I B 49/10, DStR 2010, 2179, DB 2010 2366, in einem Aussetzungsverfahren ernsthafte Zweifel an der Verfassungsmäßigkeit der Mindestbesteuerung geäußert, weil eine Gesellschaft den 1 Mio. Euro sowie 60 % der verbleibenden Einkünfte übersteigenden Betrag nicht mehr in Zukunft späteren Gewinnen verrechnen konnte, weil sie verschmolzen wurde.

[480] Geist, GmbHR 2008, 969

Anrechnungsverfahrens angesammelt wurde, in Liquidationen vor. Dies war erforderlich, da es zum Zeitpunkt der Schlussverteilung letztmals möglich war, angesammeltes Körperschaftssteuerguthaben geltend zu machen. Einzelheiten zur Übergangsregelung finden sich unter 7.4. Zum nicht mehr aktuellen Verfahren – auch zur Körperschaftsteuererhöhung nach § 38 KStG a.F. aus Ausschüttungen aus dem EK 02 – wird im Übrigen auf die Kommentarliteratur hingewiesen.[481]

5.4. Körperschaftsteuerguthaben und -erhöhungen nach dem 31. 12. 2006

246 Durch das SEStEG wird das Entstehen von Körperschaftsteuerguthaben durch Ausschüttungen bis 2020 durch eine einmalige Festsetzung auf den 31. 12. 2006 und ratierliche und unverzinsliche Auszahlungen von 2008 bis 2017 ersetzt. Damit Liquidationen, die zum 01. 01. 2007 andauern, vor dem 2017 abgeschlossen werden können, muss die Forderung gegen den Fiskus gem. § 46 AO abgetreten werden[482], wobei es bei einem Erwerber aus dem Gesellschafterkreis ausgeschlossen erscheint, dass Geschäftsmäßigkeit angenommen werden kann. Der Zufluss der Steuererstattung ist übrigens nur bei der zu liquidierenden GmbH steuerfrei: Beim Abtretungsempfänger handelt es sich um eine steuerpflichtige Einnahme, von der er allerdings als Anschaffungskosten den der abtretenden GmbH gezahlten – i.d.R. abgezinsten – Betrag abziehen kann.

247 Für die Körperschaftsteuererhöhung aus Ausschüttungen aus dem EK 02 in Liquidationen sieht § 38 Abs. 4 KStG Sonderregelungen vor, wie das EK 02 letztmals ermittelt und festgestellt wird.[483] Die festgesetzten Erhöhungsbeträge sind zehn Jahre lang jeweils am 30. 09. eines Jahres fällig. Soll die Liquidation jedoch vor Ablauf des Zehn-Jahres-Zeitraumes abgeschlossen werden, muss der Antrag nach § 38 Abs. 7 Satz 5 KStG gestellt werden, nach der die mit 5,5 % abgezinste Körperschaftsteuerschuld sofort bezahlt werden kann.

6. Zusammenfassendes Schema zur Ermittlung des Liquidationsgewinnes

248 Endvermögen, das zur Schlussverteilung ansteht mit dem Nennwert
bzw. gemeiner Wert nach § 9 BewG bewertet
\+ Liquidationsraten
\+ verdeckte Zuwendungen an Gesellschafter (insbesondere Unterwertverkäufe)
\+ Ausschüttungen für den Zeitraum nach dem letzten Wirtschaftsjahr bis zum Auslösungszeitpunkt, wenn dafür kein Rumpfwirtschaftsjahr gebildet wurde
\+ nicht abziehbare Betriebsausgaben § 10 Nr. 2 KStG, insbesondere Körperschaftsteuervorauszahlungen und Solidaritätszuschlag
\+ Spenden
– steuerfreie Einnahmen
– nicht Körperschaftsteuer unterliegende gesellschaftsrechtliche Einlagen
= steuerlich maßgebendes Abwicklungsendvermögen gem. § 11 Abs. 2 KStG Zwischensumme 1

[481] *Hottmann*, N Rz. 64 mit Berechnungsschema.
[482] S. dazu *Sedemund/Schreiber*, Abtretung des Körperschaftssteuerguthabens, BB 2009, 697
[483] Etwa *Hottmann*, 1. Aufl., N Rz 44–56.

	Abwicklungs-Anfangsvermögen = Schlussbilanz des vorausgehenden Wirtschaftsjahres	
–	Gewinnausschüttung für frühere Wirtschaftsjahre	
–	Buchwert eigener Anteile (wenn bilanziert) und des untergehenden Firmenwerts	
=	steuerlich maßgebendes Abwicklungs-Anfangsvermögen	Zwischensumme 2
	Zwischensumme 1 abzüglich Zwischensumme 2	
=	Vorläufiger steuerlicher Abwicklungsgewinn	Differenz
–	nach § 9 Abs. 1 Nr. 2 und Abs. 2 KStG abzugsfähige Spenden	
–	Verlustabzug § 10d EStG, falls Verlustvortrag vorhanden	
	steuerpflichtiger Abwicklungsgewinn	
	Abwicklungsgewinn = Liquidationsgewinn, wenn positiv, sonst Liquidationsverlust	
–	Körperschaftsteuer auf den Liquidationsgewinn	
–	Körperschaftsteuer aus Erhöhung gem. § 38 KStG	
+	Körperschaftsteuer-Guthaben aus Verwendung des § 38 KStG	
	Zur Auskehrung an die Gesellschafter bestimmtes Liquidations-Endvermögen	

7. Anrechnungsverfahren und Übergangsregelungen

7.1. Liquidationen im Rahmen des Anrechnungsverfahrens

Liquidationen im Rahmen des Anrechnungsverfahrens sind seit 01. 01. 2001 nicht mehr durchzuführen. Insoweit wird auf ältere Auflagen der Kommentarliteratur verwiesen. Dies gilt auch für ab diesem Zeitpunkt abgeflossene Liquidationsraten, andere Ausschüttungen oder sonstige Leistungen.[484] *249*

7.2. Liquidationen im Übergangszeitraum zum Halbeinkünfteverfahren

Systemübergreifende Liquidationen, die vor 2000 begonnen wurden und bis Ende 2002 abgeschlossen waren, wurden von erheblichen Rechtsunsicherheiten begleitet insbesondere zur Rückwirkung erst nachträglich eingefügter Bestimmungen zur Liquidation im Körperschaftsteuerrecht. Wegen der Einzelheiten wird auf die entsprechende Fachliteratur verwiesen, da im Rahmen von derzeit noch nicht abgeschlossenen Liquidationen Probleme im Zusammenhang mit dem Übergang zum Halbeinkünfteverfahren keine Rolle mehr spielen.[485] *250*

Mehrere Rechtsfragen sind dabei höchstrichterlich geklärt: für Auflösungsverluste im Veranlagungszeitraum 2001 gilt das Halbeinkünfteverfahren mit der Folge der nur hälftigen Berück-

[484] BMF-Schreiben vom 26. 08. 2003, BStBl. I 2003, 434 Rz. 8, abgedruckt im Anhang C.

[485] *Dötsch/Pung*, DB 2002, 1232; *Jünger*, BB 2001, 74ff.; *Maack*, DStR 2001, 1064; *Semmler/Zimmermann*, DB 2006, 1804, *Gold*, GmbHR 2007, 682, *Neu*, GmbHR 2000, 57

sichtigung noch nicht.[486] Ferner kann es zu einer Minderung der für 2001 festzusetzenden Körperschaftsteuer führen, wenn eine in Liquidation befindliche GmbH in diesem Jahr Liquidationsraten an ihre Gesellschafter ausgekehrt, jedenfalls dann wenn die Liquidation schon am 1. Januar 1998 begonnen hatte.[487]

Für den Veranlagungszeitraum 2000 ist ferner die Ausschüttungsbelastung herzustellen, wenn eine Kapitalgesellschaft in Liquidation im Jahr 2001 Gewinn für ein Wirtschaftsjahr vor Beginn der Liquidation im Jahr 2000 ausgeschüttet hat. Voraussetzung ist lediglich, dass der Ausschüttungsbeschluss den gesellschaftsrechtlichen Vorschriften entspricht.[488] Das Gleiche gilt, wenn die Liquidation einer GmbH im Jahr 2000 eingeleitet und im Jahr 2001 beendet wird, ohne ein Rumpfwirtschaftsjahr zwischen zu schalten, wenn sich die beschlossene Gewinnausschüttung auf ein früheres Jahr bezieht.[489]

7.3. Zwischenbilanzen bis 31. 12. 2000

251 Aufgrund einer speziellen Übergangsregelung war es bei zum 01. 01. 2001 bereits begonnenen Liquidationsverfahren möglich, auf Antrag bis zum 30. 06. 2002 eine Zwischenbilanz auf den 31. 12. 2000 aufzustellen, in denen die Ausschüttung zur Realisierung des vorhandenen Körperschaftssteuer-Guthabens fingiert wurde.[490] Auf den Zwischenabschluss auf den 31. 12. 2000 folgte nach zutreffender Ansicht nicht der 3-jährige Liquidationsbesteuerungszeitraum gem. § 11 KStG sondern der reguläre 1-jährige.[491]

7.4. Abschluss der Liquidation bis zum 31. 12. 2006

252 Bei der regulären Besteuerung der GmbH spielte das alte Anrechnungsverfahren noch bis zum 31. 12. 2006 eine Rolle. Angesammelte Körperschaftssteuerguthaben konnten gem. § 37 Abs. 2 KStG bis zu diesem Zeitpunkt durch Ausschüttung der entsprechenden Teilbeträge des EK 40 bis zu gewissen Höchstbeträgen realisiert werden. Bei Ausschüttungen aus dem EK 02 wurde die Körperschaftssteuer gem. § 38 KStG erhöht. Dies galt auch für Liquidationsraten und Schlussverteilungen, die bis zum 13. 12. 2006 ausgezahlt wurden, wenn die Liquidation bis zu diesem Zeitpunkt abgeschlossen war (§ 37 Abs. 2a KStG). Das Körperschaftsteuerguthaben wird hingegen, falls es nicht durch Körperschaftssteuerverbindlichkeiten verbraucht wurde, auf den 31. 12. 2006 festgesetzt, wenn die Liquidation nach dem 12. 12. und vor dem 01. 01. 2007 abgeschlossen wurde (§ 37 Abs. 4 Satz 3 KStG nach Änderung

[486] BFH, Urteil vom 27. 03. 2007, VIII R 25/05: § 52 Abs. 4b Satz 1 Nr. 2 i.V.m. § 3 Nr. 40 Satz 1 Buchst. c EStG sind insofern am Normzweck orientiert einschränkend auszulegen. Die Finanzverwaltung will diese Rechtsprechung laut Kurzinformation der OFD Münster anerkennen, ESt. Nr. 13/2008. Nach BFH, Urteil vom 27. 03. 2007, VIII R 60/05, gilt dies auch bei Verlusten bei liquidationsloser Löschung der GmbH im Handelsregister und nach BFH, Urteil 27. 03. 2007, VIII R 10/06, auch bei Werbungskosten aus der Finanzierung von GmbH-Anteilen, jeweils im Veranlagungszeitraum 2001.

[487] BFH, Urteil vom 22. 02. 2006, I R 67/05, Nichtanwendungserlass im BMF-Schreiben vom 04. 04. 2008; s. a FG Berlin-Brandenburg, Urteil vom 25. 06. 2011, 12 K 8366/05 B, insbesondere zur Festsetzung des Endbetrages des EK 02, wenn Liquidationsverluste aus 2001 nach 2000 zurückgetragen werden.

[488] BFH, Urteil vom 17.07.2008, I R 12/08 entgegen BMF-Schreiben vom 26. 08. 2003, BStBl. I 2003, 434, GmbHR 2003, 1089.

[489] BFH, Urteil vom 10. 06. 2009, I R 80/08

[490] *Jünger*, BB 2001, 70

[491] *Hottmann*, N Rz. 31.

durch das SEStEG). In beiden Fällen richtete sich auch eine ev. Körperschaftsteuererhöhung nach dem alten Recht.

7.5. Liquidationen über den 31. 12. 2006 hinaus

Für Gesellschaften in Liquidation, bei denen die Abwicklung über den 31. 12. 2006 andauert, bestimmt sich die Erstattung des Körperschaftsteuerguthabens nach neuem Recht, das heißt es wird ab 2008 ratierlich ausgezahlt (§ 37 Abs. 4–7 KStG, bei Guthaben bis 1.000 Euro wird ab 2009 in einer Summe ausgezahlt). Das gleiche gilt nach der Änderung durch das Jahressteuergesetz 2008 auch für die Festsetzung und jährliche Zahlungspflicht hinsichtlich der Körperschaftsteuererhöhung aus dem festgesetzten EK 02. Zum Abschluss der Liquidation ist es also erforderlich, das Körperschaftsteuerguthaben entgeltlich an einem Dritten abzutreten gfs. mit Abschlag für die ratierliche Auszahlung. *253*

8. Ende der Körperschaftsteuerpflicht

Erst mit der tatsächlichen Beendigung der GmbH endet die Körperschaftsteuerpflicht. Voraussetzung dafür ist, dass das Abwicklungs-Endvermögens an die Anteilseigner verteilt, die Schlusssteuer aufgrund der Schlussbilanz der GmbH erklärt wurde und diese nur noch beglichen zu werden braucht. Schließlich dürfen keine Vermögenswerte mehr vorhanden sein oder später zu Tage treten. Verfügt die GmbH noch über Aktivposten, kann die Körperschaftsteuerpflicht trotz Löschung im Handelsregister fortbestehen. *254*

Wird die GmbH trotzdem im Handelsregister gelöscht, zieht dies also nicht automatisch das Ende der Körperschaftsteuerpflicht nach sich. Als Körperschaftsteuersubjekt besteht die GmbH solange fort, als sie noch steuerrechtliche Pflichten zu erfüllen hat oder ein Rechtsmittel- oder Klageverfahren noch nicht beendet ist.[492] Nichts anderes kann für die Fälle einer Nachtragsliquidation gelten, wenn nachträglich noch Vermögenswerte auftauchen.

III. Gewerbesteuer

Die Gewerbesteuerpflicht einer GmbH i.L. endet nicht bereits mit Einstellung der werbenden Tätigkeit, sondern erst mit Einstellung jeglicher Tätigkeit, also erst dann, wenn das gesamte Vermögen verteilt ist. Das ergibt sich aus § 2 Abs. 2 Nr. 2 GewStG. Solange die GmbH i.L. noch Vermögen hat, das verwaltet wird oder zurückbehalten wurde, um Schulden zu begleichen, bleibt die Gewerbesteuerpflicht bestehen. Eine Ausnahme hiervon besteht nur für Vermögen, das zurückbehalten wurde, um die letzte Gewerbe- und Körperschaftsteuerschuld zu bezahlen. *255*

Umgekehrt kann die GmbH in der Liquidation auch in die Gewerbesteuerpflicht hineinwachsen. Wenn das letzte Grundstück einer grundstücksverwaltenden GmbH im Laufe der Liquidation verkauft wird, steht der GmbH ab diesem Zeitpunkt der erweiterte Gewerbeertragssteuerabzug nicht mehr zu.[493] Grundstücksverwaltende GmbHs sollten daher die Veräußerung des letzten Grundstückes möglichst ganz an den Schluss der Liquidation schieben. Das letzte Grundstück kann auch erst in der Schlussverteilung an einen Gesellschafter

[492] BFH/NV 2004, 671, I B 210/03, *Gosch*, § 1 Rz. 38.

[493] BFH, Urteil vom 19. 10. 2010, I R 1/10

übertragen werden, wenn sich die Gesellschafter über dessen Wert einig sind und gfs. mit zusätzlichem Barausgleich. Dann wird nämlich die erweiterte Kürzung des Gewerbeertrags bis zum Schluss der Liquidation beibehalten. Unter diesen Voraussetzungen sind auch gewisse anderweitige Erträge nicht gewerbesteuerschädlich.

256 Der Liquidationsgewinn, der an die Anteilseigner ausgekehrt wird, unterliegt der Gewerbesteuer, soweit er nicht aus dem Stammkapital oder aus dem steuerlichen Einlagekonto gemäß § 29 KStG[494] stammt. Da der Gewerbeertrag erst am Ende des Abwicklungszeitraums feststeht, kann die Gewerbesteuer für die in den Abwicklungszeitraum fallenden Erhebungszeiträume regelmäßig erst nach Ablauf des Abwicklungszeitraums veranlagt werden.

257 Während für die Veranlagung zur Körperschaftsteuer eine Besteuerungsperiode von i.d.R. maximal 3 Jahren zugrunde gelegt wird, ist der während des Abwicklungszeitraums entstehende Gewerbeertrag zeitanteilig auf die Veranlagungsjahre des Abwicklungszeitraums zu verteilen (§ 16 Abs. 1 GewStDV, Abschn. 44 Abs. 1 Satz 6 GewStR).[495]

Beispielsfall

Beginn der Liquidation: 01.01.00

Abschluss der Liquidation: 31.10.02

Gewerbegewinn 00/01: je 12/34 des Liquidationsgewinns

Gewerbegewinn 02: 10/34 des Liquidationsgewinns

IV. Umsatzsteuer

258 Die Auflösung hat keine umsatzsteuerlichen Konsequenzen, da Unternehmer und Unternehmereigenschaft erst erlöschen, wenn der Unternehmer alle Rechtsbeziehungen abgewickelt hat, die mit dem Betrieb im Zusammenhang stehen. Eine Gesellschaft besteht daher als Unternehmer i.S.d. Umsatzsteuerrechts grundsätzlich so lange fort, bis auch das Rechtsverhältnis zwischen der Gesellschaft und dem Finanzamt abgewickelt wurde. Selbst nach ihrer Löschung im Handelsregister kann die GmbH noch Umsätze im Rahmen ihres (nicht mehr vorhandenen) Unternehmens ausführen.[496] Dies gilt nicht nur für den Sonderfall einer Löschung wegen Vermögenslosigkeit, sondern immer dann, wenn die GmbH nach der Anmeldung zur Löschung im Handelsregister noch Umsätze ausführt.

Im Liquidationszeitraum sind die Umsätze der GmbH i.L. nach den allgemeinen Vorschriften der Umsatzsteuer zu unterwerfen. Vorsteuerabzüge sind zulässig, wenn die entsprechenden Voraussetzungen erfüllt sind. Bareinlagen sind allerdings kein steuerbarer Umsatz, weder bei der Gründung einer Gesellschaft noch später.[497]

---

494 Früher EK 04 im Sinne des § 30 Abs. 2 Nr. 4 KStG 1977; vgl. BFH, Urteil vom 08. 05. 2003, IV R 35/01, DB 2003, 1881.

495 Ein dieser Hinsicht abweichendes BFH-Urteil vom 18. 09. 2007, I R 44/06 wird insofern von der Finanzverwaltung laut Nichtanwendungserlass vom 04. 04. 2008 nicht angewandt.

496 BFH, Urteil vom 09. 12. 1993, V R 108/91, BStBl. II 1994, 483; das Urteil betrifft zwar den Sonderfall einer wegen Vermögenslosigkeit gelöschten GmbH, gilt aber allgemein.

497 BFH, Urteil vom 01. 07. 2004, V R 32/00, BStBl. II 2002, 1022. Dies steht im Einklang mit der Rechtsprechung des EuGH, Urteil vom 26. 05. 2005, C – 465/03, EuGHE I 2005, 4357.

Wenn das Liquidationsendvermögen an die Anteilseigner ausgekehrt wird, werden umsatzsteuerliche Leistungen ausgetauscht, weil einerseits Gesellschafterrechte gemindert werden gegen Zuflüsse beim Anteilsinhaber. Besteht die Leistung in Sachwerten, kommt es darauf an, ob die GmbH diese mit Vorsteuerabzug erworben hat. Dann wird die Auskehrung dieses Sachwertes an einen Gesellschafter mit dem Zeitwert als Entnahme der Umsatzsteuer unterworfen. Hat die GmbH allerdings einen Gegenstand ohne Vorsteuerabzug erworben – wie bei der Differenzbesteuerung nach § 25a UStG oder beim Ankauf von Nichtunternehmern –, dann muss der Entnahmevorgang nicht der Umsatzsteuer unterworfen werden.[498] Nach § 3 Abs. 1b UStG ist nämlich die Entnahme von betrieblichen Gegenständen, bei deren Erwerb keine Vorsteuer abgezogen werden konnte, ohne Umsatzsteuerbelastung möglich. *259*

Der Gesellschafter hingegen ist schon kein umsatzsteuerlicher Unternehmer oder falls er dies ist, ist der Umsatz aus seiner Warte zwar steuerbar aber nach § 4 Nr. 8f UStG steuerfrei.

Auch bei der Umsatzsteuer gibt es keinen mehrjährigen Veranlagungszeitraum. Die in Liquidation befindliche Gesellschaft muss also weiterhin Umsatzsteuer-Voranmeldungen und Jahreserklärungen beim Finanzamt einreichen.

498 Vgl. BFH, Urteil vom 02. 03. 2006, V R 35/04, BStBl. II 2006, 675.

C. Besteuerung des Abwicklungserlöses bei den Anteilseignern

I. Überblick über die gesetzliche Systematik

260 Wie die denkbaren Zuflüsse im Rahmen eines Liquidationsverfahrens bei den Anteilseignern besteuert werden, zählt zu den komplexesten Themengebieten dieses Werkes. Dem Gesetzgeber ist es bei der Einführung des Halbeinkünfteverfahrens nicht gelungen, die Besteuerung stimmig auszugestalten. Durch die Einführung des Teileinkünfteverfahrens und der Abgeltungssteuer auf Kapitalerträge hat sich daran nichts geändert, weil diese Neuerungen lediglich auf das vorher bestehende System aufsetzen und es mit zahlreichen weiteren Varianten bereichern. Ab 2008 bzw. 2009 (Einführung der Abgeltungssteuer) gilt daher erst recht, was schon bisher zu resümieren war: Die gesetzliche Systematik zeichnet sich durch eine Unzahl von unterschiedlichen Besteuerungsansätzen und Versteuerungsvorschriften aus. Zahlreiche Durchbrechungen der Systematik, Ausnahmen und Unterausnahmen zur Vorsorge gegen missbräuchliche Gestaltungen sind die – fiskalisch bedingt – notwendige Folge der uneinheitlichen Besteuerung.

In die Betrachtung mit einzubeziehen sind im Übrigen alle Zahlungen an und geldwerten Vorteile für die Anteilseigner der zu liquidierenden GmbH im Laufe der gesamten Abwicklung, nicht nur die abschlagsweise und endgültige Auskehrung des Liquidationserlöses.

261 Die Darstellung in diesem Kapitel orientiert sich an folgendem Schema, anhand dessen die Steuerpflicht beim Anteilseigner umfassend geprüft werden kann.

Das erste und wichtigste Unterscheidungskriterium ist die Rechtsform des Anteilseigners; natürliche Personen und Personengesellschaften einerseits und Körperschaften andererseits, weil je nachdem das maßgebliche Ertragsteuergesetz entweder das Einkommen- oder Körperschaftsteuergesetz ist.

In einem zweiten Schritt müssen die Zuflüsse als Kapitalerträge einerseits und als – vereinfachend ausgedrückt – Kapitalrückzahlungen andererseits qualifiziert werden. Bei beiden Kategorien von Anteilseignern fallen die Vorschriften und Ergebnisse unterschiedlich aus. Bei den Kapitalerträgen muss noch danach unterschieden werden, ob sie bis 2008 oder ab 2009 unter der Geltung der Abgeltungssteuer bezogen werden.

262 In einem dritten Schritt müssen hinsichtlich der Kapitalrückzahlungen bei natürlichen Personen und Personengesellschaften folgende Varianten und Untervarianten berücksichtigt werden:

- Die Anteile hält eine natürliche Person im Privatvermögen.
  - Die Beteiligung beträgt dabei mindestens 1 %.
  - Die Beteiligung ist geringer als 1 % (Splitterbeteiligung).
  - Es handelt sich um einbringungsgeborene Anteile im Sinne des § 20 UmwStG a.F.
  - Es handelt sich um gründungsgeborene Anteile im Sinne des § 17 Abs. 2 S. 4 EStG.
- Eine natürliche Person hält die Beteiligung im Betriebsvermögen.
  - Die Beteiligung beträgt weniger als 100 %.
  - Die Beteiligung beträgt 100 % (Alleininhaber).

Für Kapitalgesellschaften muss auf dieser Prüfungsstufe keine Unterscheidung getroffen werden.

In einem vierten Schritt sind die eben bezeichneten Grundfälle auf Ausnahmetatbestände hin zu untersuchen, insbesondere normierte Missbrauchsfälle und Rückausnahmen zu den Missbrauchstatbeständen. Dies ist in erster Linie bei Kapitalgesellschaften als Eignern zu prüfen. 263

Anhand des dargestellten Prüfschemas kann zuverlässig bestimmt werden, wie und nach welchen Vorschriften der Anteilseigner Ausschüttungen während der Liquidation, Liquidationsraten und die Schlussauskehrung zu versteuern hat.

In vielen Abwicklungsfällen erzielt der Anteilseigner jedoch keinen Überschuss, weil die Anschaffungskosten der Beteiligung den Erlös übersteigen. Dann ist zwar nichts zu versteuern, für den Inhaber der verlustträchtigen Beteiligung stellt sich aber die besonders wichtige Frage, zu welchem Zeitpunkt im Laufe der Abwicklung der Verlust steuerlich bei ihm selbst geltend zu machen ist. Aus Gründen der Übersichtlichkeit werden diese Fragen in einem eigenen Kapitel im Teil 2 C.IV. abgehandelt.

II. Anteile natürlicher Personen und Personengesellschaften

1. Systematik und Vorüberlegungen

Hält eine natürliche Person oder eine Personengesellschaft Anteile an einer GmbH, so müssen aus den Zuflüssen während der Abwicklung zunächst die Ausschüttungen für frühere Jahre ausgeschieden werden. Sie sind regulär als Kapitalerträge zu versteuern, das heißt seit 2009 zu 60 % für Anteile im Betriebsvermögen und für Anteile im Privatvermögen zu 100 % im Rahmen der Abgeltungssteuer, von der Ausnahme einer unternehmerische Beteiligung einmal abgesehen. Was übrig bleibt, sind die eigentlichen Liquidationsraten und die Schlussauskehrung. Aus deren Gesamtbetrag muss in einem zweiten Schritt die Rückzahlung des (modifizierten) Nennkapitals und der Einlagen – im Folgenden vereinfacht als Kapitalrückzahlung bezeichnet – ausgeschieden werden. 264

Das gesamte aufgebrachte Kapital unterliegt bei der Rückzahlung selbstverständlich nicht der Ertragsteuerpflicht – weder bei der GmbH noch bei den Anteilseignern. Der gesamte Rest an Liquidationsauszahlungen ist als Kapitalertrag seit 2009 zu 60 % zu versteuern bzw. bei privat gehaltenen Anteilen der Abgeltungssteuer zu unterwerfen.

Die Rückzahlung des Stammkapitals ist nicht ausnahmslos steuerfrei, auch wenn dies oft vereinfachend so dargestellt wird. Wenn das Stammkapital nämlich die Anschaffungskosten übersteigt, wird die Rückzahlung insoweit im Bereich des § 17 EStG seit 2009 zu 60 % der Besteuerung unterworfen. Dies ist in erster Linie dann der Fall, wenn Anteile an einer GmbH unter dem Nennwert erworben werden und der Wert der GmbH-Anteile gestiegen ist oder den Nennwert erreicht hat. Seit 2009 kommt die Abgeltungssteuer insofern nicht zum Zuge, da § 20 Abs. 2 Nr. 1 i.V.m. Abs. 1 Nr. 1 EStG nur Veräußerungen von GmbH-Anteilen umfasst nicht aber deren Untergehen bei der Löschung nach beendigter Liquidation. 265

Im Übrigen spielt eine Besteuerung nach § 23 EStG im Rahmen von Liquidationen keine Rolle, da stets ein Sperrjahr abgewartet werden muss und die Frist des § 23 Abs. 1 S. 1 Nr. 2 EStG damit in jedem Fall überschritten ist, die jedenfalls in der Rechtslage bis 2008 einschlägig ist. Wird das Sperrjahr nicht eingehalten, kommt aber nach zutreffender Ansicht § 23 Abs. 1 EStG auch deshalb nicht in Frage, weil es sich dort stets um Veräußerungsvorgänge handeln muss, was bei einer Liquidation gerade nicht der Fall ist: Die Anteile gehen unter und werden nicht an einen neuen Eigentümer übertragen. Aus diesem Grund ist auch ab 2009 § 23 Abs. 1 Satz 1 Nr. 2 S. 2 EStG n.F. nicht zu beachten, nach dem sich für GmbH-Anteile die Frist auf 10 Jahre erhöht, wenn auch nur in einem Jahr an den Eigner ausgeschüttet wird.

266 Bleibt die Kapitalrückzahlung hinter den Anschaffungskosten zurück, muss selbstverständlich nichts versteuert werden. Es stellt sich aber die Frage der Verlustberücksichtigung im Rahmen von § 17 EStG, die seit Jahren die Gerichte im Übermaß beschäftigt. Die Zahl der Fälle, in denen der Veräußerungserlös außerhalb des Anwendungsbereichs des § 17 EStG nicht zu berücksichtigen ist, ist zwar in Folge der Absenkung der Wesentlichkeitsgrenze auf 1 % stark zurückgegangen. Umgekehrt haben sich aber die Sachverhalte vervielfacht, in denen Anteilseigner im Grundsatz einen Auflösungs- oder Liquidationsverlust steuerlich geltend machen können.

2. Liquidationserlös als Kapitalertrag

2.1. Entwicklung der Liquidationsbesteuerung

267 Bei der ersten Änderung des Körperschaftssteuergesetzes im Zuge der Einführung des Halbeinkünfteverfahrens durch das Steuersenkungsgesetz wurden die Auswirkungen auf laufende und neu beginnende Liquidationsverfahren nicht richtig bedacht oder schärfer formuliert: eine Lösung für die speziellen Probleme des Halbeinkünfteverfahrens in der Liquidation wurde schlichtweg vergessen.[499] Trotz Nachbesserungen ist es dem Gesetzgeber nicht gelungen, für diesen Problemkomplex eine nahe liegende und sich geradezu aufdrängende einfache Lösung zu wählen: dass nämlich der gesamte Liquidationserlös bei wesentlichen Beteiligungen im Rahmen des § 17 Abs. 4 EStG zu behandeln ist. Dies hat der Gesetzgeber nicht gewollt, weil sonst bei Splitterbeteiligten (seit 2001 weniger als ein Prozent) mit privat gehaltenen Anteilen – nach der Rechtslage bis einschließlich 2008 – der gesamte Liquidationserlös steuerfrei gestellt worden wäre und dies wohl zu Ausweichgestaltungen angeregt hätte.

Auch seit der Einführung der Abgeltungssteuer zum 01. 01. 2009 werden die zersplitterten Besteuerungsvorschriften nicht vereinfacht – im Gegenteil, sie werden um neue Varianten bereichert. Neu eingeführt wird beispielsweise das dem Nettobelastungsprinzip fremde Abzugsverbot von Werbungskosten insbesondere von Finanzierungskosten, das allerdings für unternehmerische Beteiligungen im Privatvermögen wesentlich entschärft worden ist (§ 32d Abs. 2 Nr. 3 EStG, s.u. Rz. 283).

268 Geltendes Recht ist daher eine schwer nachvollziehbare und durchzuführende Aufteilung des gesamten ausgekehrten Liquidationserlöses in Kapitaleinkünfte (§ 20 Abs. 1 Nr. 1 und Nr. 2 EStG) einerseits und Veräußerungserlöse in Sinne des § 17 Abs. 4 EStG andererseits, wenn dessen Voraussetzungen gegeben sind. Gekrönt wird das Werk des Gesetzgebers durch die maßgeblichen Bestimmungen, deren Wortlaut den Sinngehalt kaum erschließen lässt.[500]

Der Gesetzgeber hat im System der Teileinkünftebesteuerung die Anteilsgrenze des § 17 EStG so weit herabgesetzt, weil die Erträge aus Kapitalbeteiligungen und deren Veräußerung in der Sphäre der Körperschaften (weit gehend) steuerfrei gestellt wurden. Ertragsteuern wer-

---

[499] *Jünger*, BB 2001, 69; beispielsweise hatte der Gesetzgeber zunächst vergessen, in § 28 KStG zu normieren, dass auch die in Nennkapital umgewandelten Gewinnrücklagen gesondert zu bescheinigen sind.

[500] *Jünger*, BB 2001, 74.

den insoweit erst an der Schnittstelle des Vermögensflusses an natürliche Personen abgeschöpft.

Splitterbeteiligte an GmbHs sind zwar eher die Ausnahme. Insgesamt werden sie aber so schlecht wie möglich gestellt: Sie müssen den gesamten Liquidationserlös außerhalb der Kapitalrückzahlung einer zweifachen wenn auch abgemilderten Besteuerung unterwerfen: Als reguläre mit Körperschaftssteuer belastete Gewinnerzielung bei der aufgelösten Körperschaft seit 2009 als mit Abgeltungssteuer belasteten Kapitalertrag. Mit der Einbeziehung des Löwenanteils an den gesamten Liquidationserlösen in die Kapitalerträge wird erreicht, dass es hinsichtlich der Auflösung von geringfügigen Anteilen an Kapitalgesellschaften fast keine steuerunbelastete private Vermögenssphäre mehr gibt. Steuerfrei sind lediglich Liquidationsgewinne, die aus Erwerben von Anteilen unter Nennwert erzielt werden, wenn das Stammkapital voll zurückgezahlt wird. 269

Dabei wurde auf der Ebene der Splitter-Anteilseigner der Werbungskostenabzug seit 2009 vollkommen ausgeschlossen. Schließlich wird ein Auflösungsbestandsverlust steuerlich nicht anerkannt. Insgesamt gesehen ist eine GmbH-Beteiligung von weniger als 1 % im Privatvermögen in den meisten Fallgestaltungen zu vermeiden.

2.2. *Negative Definition der Kapitalerträge*

Der gesamte Liquidationserlös ist also aufzuteilen in steuerpflichtige Kapitalerträge nach § 20 Abs. 1 Nr. 2 EStG und in Kapitalrückzahlungen, die nur im Rahmen von § 17 EStG und nur zu 60 % steuerpflichtig sind, soweit sie die Anschaffungskosten übersteigen. Als Kapitalertrag gilt alles, was der Gesellschafter im Rahmen der Liquidation erhält, soweit der Zufluss nicht als Kapitalrückzahlung zu werten ist, weil er sich aus dem steuerlichen Einlagekonto im Sinne des § 27 KStG oder – von einigen Ausnahmen abgesehen – aus dem Stammkapital speist. 270

Die wichtigste Auswirkung dieser gesetzgeberischen Grundentscheidung zum Teileinkünfteverfahren ist wie bereits ausgeführt, dass wesentlich und nicht wesentlich beteiligte Personen und Personengesellschaften den im Normalfall weit überwiegenden Teil des Liquidationserlöses als Einkünfte aus Kapitalvermögen gleichermaßen zu versteuern haben. Je nach Veranlagungszeitraum wird der Kapitalertrag bei der persönlichen Veranlagung mit unterschiedlichen Sätzen erfasst: zu 60 %, wenn die Kapitalbeteiligung im Betriebsvermögen gehalten wird oder außerhalb des Progressionstarifs zu 100 % jedoch mit dem Abgeltungssteuersatz von 25 %, wenn es sich bei der Kapitalbeteiligung nicht um Betriebsvermögen handelt (§ 20 Abs. 8 EStG n.F.).

Der Gesetzgeber erklärt zwar in § 17 Abs. 4 Satz 3 EStG die Besteuerung als Kapitalertrag vorrangig, bedient sich jedoch einer negativen Definition. Daher ist es – abweichend von der oben genannten Prüfungsreihenfolge – zur Feststellung der Kapitalerträge zunächst notwendig, auf die Bestandteile und den Umfang der Kapitalrückzahlungen einzugehen. 271

Im nächsten Abschnitt „Liquidationserlös als Veräußerungserlös“ wird dann erläutert, wie der Veräußerungserlös bei den verschiedenen Gruppen von Anteilseignern und im Hinblick auf Freibeträge zu ermitteln ist und wie ein Verlust bei übersteigenden Anschaffungskosten zu berücksichtigen ist.

2.3. Bestandteile des Eigenkapitals

2.3.1. Vorüberlegung

272 Vorab ist zu untersuchen, ob noch Schnittpunktbestände von EK 02 und Körperschaftsteuerguthaben vorhanden sind. Die sich daraus ergebenden Modifizierungen müssen von den nachfolgend genannten Kapitalbestandteilen abgesetzt werden.

2.3.2. Die offenen Gewinnrücklagen

273 Gemeint sind nur Gewinnrücklagen, die im Abwicklungszeitraum selbst gebildet wurden, nicht Gewinnrücklagen aus früheren Veranlagungszeiträumen, da diese regulär außerhalb der Liquidationsbesteuerung ausgeschüttet werden können.

2.3.3. Steuerliches Einlagekonto

274 Im steuerlichen Einlagekonto gem. § 27 KStG werden alle gesellschaftsrechtlich veranlassten Einlageleistungen der Anteilseigener aufgenommen und festgestellt.

2.3.4. Nennkapital

275 Das Nennkapital, bei der GmbH als Stammkapital bezeichnet, ist das gezeichnete Haftkapital einer Körperschaft. Wird es ausgezahlt, liegt in keinem denkbaren Fall ein Kapitalertrag vor, wenn nicht der nachfolgend behandelte Sonderfall vorliegt. Auch wenn GmbH-Anteile unter ihrem Nennwert angekauft werden, ist der – bei der Liquidation aus der vollständigen Rückzahlung der Stammanteile erzielte – Überschuss nur im Rahmen von § 17 EStG relevant.

2.3.5. Sonderbehandlung der in Nennkapital umgewandelten Gewinnrücklagen

a) Gründe für die Sonderbehandlung

276 Der Gesetzgeber stellt allerdings die Rückzahlung von Nennkapital mit folgender Erwägung nicht durchgängig steuerfrei: Nennkapital einer Gesellschaft kann nämlich zulässigerweise durch Umwandlungen von (von der Kapitalgesellschaft versteuerten) Rücklagen gebildet werden. Im Unterschied zu den Einlagen der Gesellschafter ist dieser Teil des Nennkapitals allerdings bei den Anteilseignern noch nicht besteuert worden. Deshalb sah sich der Reformgesetzgeber veranlasst, diesen Teil des Nennkapitals aus der Steuerfreiheit auszunehmen und in § 20 Abs. 1 Nr. 2 EStG den Einkünften aus Kapitalvermögen zuzuschlagen.[501]

Andernfalls könnten in Gesellschaften mit Körperschaftssteuer belastete Gewinne gezielt in Nennkapital umgewandelt werden, um ein nach § 17 EStG begünstigt (Freibetrag!) zu versteuerndes Potential für die Anteilseigner aufzubauen. Insofern ist diese Aufteilung konsequent, wenn auch hybridakribisch. Ein Systembruch liegt entgegen der Ansicht Jüngers[502] auch deswegen nicht vor, da die Umwandlung von Rücklagen in Nennkapital nichts anderes ist als die Abkürzung einer steuerbelasteten Ausschüttung und Rückübertragung als Nennkapital. Als Alternative hätte man lediglich bereits die Umwandlung in Nennkapital als steuerpflichtigen Ertrag bei den Anteilseignern definieren können. Dass der Besteuerungszeitpunkt in das Liquidationsstadium verlagert wird, fördert zwar die Rücklagen-Umwandlung in Nenn-

---

501 *Jünger*, BB 2001, 72.

502 *Jünger*, BB 2001, 72.

kapital steuerlich, macht die systemgerechte Durchdringung der Besteuerung allerdings nicht einfacher.

Soweit in Nennkapital umgewandelte Gewinnrücklagen im Rahmen der Liquidation ausgekehrt werden, sind sie nur prozentual (zu 60 % oder 100 % jedoch mit dem Abgeltungssteuersatz) steuerpflichtig, damit zusammenhängende Werbungskosten sind zu 60 % abzugsfähig oder im Fall der Abgeltungssteuer eben nicht berücksichtigungsfähig.

b) Der Sonderausweis nach § 28 Abs. 1 Satz 3 KStG

Da die Teile des Stammkapitals, die aus umgewandelten Gewinnrücklagen bestehen, steuerlich anders behandeln werden, muss verbindlich festgestellt werden, ob und welche Teile des Nennkapitals betroffen sind. Da dies sonst nicht ersichtlich wäre, muss jährlich im Zuge der Veranlagung der Sonderausweis nach § 28 Abs. 1 Satz 3 KStG festgestellt werden, erstmals sobald Rücklagen umgewandelt werden. *277*

c) Technik der Durchschleusung durch das steuerliche Einlagekonto

Solange das Vermögen aus dem Stammkapital in Höhe des Sonderausweises im Sinne des § 28 Abs. 1 Satz 3 KStG ausgekehrt wird, hat der Gesellschafter den Zufluss nach § 20 Abs. 1 Nr. 2 EStG zu versteuern. Sobald der Sonderausweis durch Auskehrungen verbraucht ist, wird das restliche Stammkapital angegriffen. In der Technik des Körperschaftsteuergesetzes wird in Höhe des verbrauchten Stammkapitals das steuerliche Einlagekonto des § 27 KStG erhöht und in gleicher Höhe wieder vermindert. Eine Steuerbescheinigung nach § 27 KStG wird nicht erstellt, da der Zufluss beim Anteilseigner kein Kapitalertrag ist, und allenfalls nach § 17 EStG oder § 16 EStG relevant sein könnte.[503] *278*

2.3.6. Verwendungsreihenfolge

Möchte die GmbH Liquidationsraten auszahlen, steht zwar fest, in welcher Höhe Kapital steuerunbelastet zurückzuerstatten ist, meistens aber noch nicht annähernd, in welcher Höhe der steuerpflichtige Liquidationserlös anfällt. Logisch und praktikabel wäre es deshalb, bei der Auszahlung von Liquidationsraten zu unterstellen, dass dadurch zunächst das Kapital zurückgezahlt wird und nach Glattstellung dieser bekannten Beträge die Ausschüttung der steuerpflichtigen Anteile des gesamten Liquidationserlöses beginnt. Da für diese Verwendungsreihenfolge bereits die Systematik des Gesetzes spricht, muss diese auch nicht ausdrücklich in das Gesetz aufgenommen werden. Allerdings nimmt die Finanzverwaltung diese angebliche Lücke im Gesetz zum Anlass, auf Biegen und Brechen fiskalisch bedingt die denkbar am wenigsten logische und praktikable Reihenfolge vorzuschreiben: nämlich die umgekehrte. *279*

Im Fall von Abschlagszahlungen muss nun vorläufig geschätzt werden, inwieweit die Auskehrung noch nicht auf die Kapitalrückzahlung entfällt, wenn wie meist zu relativ frühen Zeitpunkten die Höhe der Gesamtauskehrung noch nicht feststeht. Es bleibt bis zum Abschluss der Liquidation unsicher, ob und inwieweit die Abschlusszahlung die Höhe des zurück zu zahlenden (Rest)Kapitals bereits unterschreitet und alle auf Schätzungen basierenden Steuererklä- *280*

[503] BMF-Schreiben vom 26. 08. 2003, BStBl. I 2003, 434 Rz. 15.

rungen nochmals revidiert werden müssen. Der Finanzverwaltung ist dies jedoch wegen des minimalen Vorteils des Vorzieheffekts gleichgültig.

Die Verwendungsreihenfolge des BMF-Schreibens vom 26. 08. 2003 Rz. 12–14:

- die offenen Gewinnrücklagen
- aus Gewinnrücklagen umgewandeltes Nennkapital, für das nach § 28 Abs. 1 Satz 3 KStG ein Sonderausweis zu bilden war
- das steuerliche Einlagekonto im Sinne des § 27 KStG
- das Nennkapital

2.4. Die Versteuerung als Kapitalertrag

2.4.1. Rechtslage bis 2008

281 Die Kapitalerträge werden beim Anteilseigner zur Hälfte versteuert. Die mit den Erträgen zusammenhängenden Werbungskosten können zur Hälfte abgezogen werden, sofern es sich nicht um eine ertragslose Beteiligung handelt (s.u. C.II.3.3.3.). Bevor an den Anteilseigner ausgeschüttet wird, musste die GmbH die Kapitalertragsteuer in Höhe von 20 % der Bruttoausschüttung einbehalten und – seit 2007 gleichzeitig – mit der Zahlung beim Finanzamt anmelden und dorthin abführen. Die GmbH erteilt dem Anteileigner eine Steuerbescheinigung über die abgeführte Kapitalertragsteuer, die der Anteilseigner im Rahmen seiner Veranlagung einreicht. Die Kapitalertragsteuer wirkt dabei wie eine Steuervorauszahlung. Wegen der nur hälftigen Besteuerung der Kapitalerträge führt sie bis zu einem Grenzsteuersatz von 40 % zu einer Steuererstattung.

2.4.2. Rechtslage ab 2009

282 Für die GmbH ändert sich das Procedere nicht: Die Kapitalertragsteuer bleibt als Abzugssteuer an der Quelle erhalten: als Schuldner der Kapitalerträge muss die GmbH die Kapitalertragsteuer vor der Auszahlung einbehalten und ans Finanzamt abführen. Allerdings wurde der Satz auf 25 % erhöht und um eine komplizierte Berechnungsmethode zur Berücksichtigung der Kirchensteuerbelastung beim Anteilseigner bereichert.

Beim Anteilseigener muss anschließend unterschieden werden: Hält er die GmbH-Anteile im Betriebsvermögen und gehören daher die Kapitalerträge zur Einkunftsart, die hinsichtlich des Betriebsvermögens maßgeblich ist, werden dort 60 % der Bruttoausschüttung, also einschließlich Kapitalertragsteuer, als steuerpflichtig behandelt. Die mit den Erträgen zusammenhängenden Werbungskosten können ebenfalls nur zu 60 % berücksichtigt werden, es sei denn es handelt sich in Altfällen bis 2010 um eine ertraglose Beteiligung (s. u. C.II.3.3.3). Prekär ist dabei, wenn in der Liquidationsphase zunächst nur – teilweise anerkannte – Werbungskosten geltend gemacht werden, denen keine Einnahmen gegenüberstehen und sich erst ganz am Ende erweist, dass auch in der Liquidation keinerlei Endausschüttung erlangt wird. Aus Beratersicht sollten die Bescheide unbedingt offen gehalten werden, da die Annahme eines rückwirkenden Ereignisses nicht von Rechtsprechung untermauert ist. [504]

283 Andernfalls – also wenn die GmbH-Anteile im Privatvermögen gehalten werden – greifen die Regelungen zur Abgeltungssteuer. Dabei handelt sich steuersystematisch um einen speziellen

---

[504] *Jehke/Pitzal*, DStR 2010, 256; Korn, DStR 2009, 2512

Steuertarif für die laufenden Erträge und den Veräußerungsgewinn bei Kapitalanlagen im Privatvermögen. Da sich der einheitliche Steuersatz mit dem Satz der einzubehaltenden Kapitalertragsteuer deckt, gilt die Steuerschuld mit dem Abzug als abgegolten.

Nur im Fall der Veranlagungsoption wird die abgeltende Wirkung dieses Steuertarifs durch die Anrechnungswirkung der Kapitalertragsteuer ersetzt: Der von der GmbH abgeführte und in einer Steuerbescheinigung ausgewiesene Betrag wird auf die individuell festgesetzte Einkommensteuer angerechnet. Die Veranlagung kann nur beantragt werden, wenn der Durchschnittssteuersatz berechnet auf alle Einkünfte einschließlich der Kapitalerträge geringer ist als 25 % oder der Anteilseigner „unternehmerisch" beteiligt ist: er hält mindestens 1 % der Anteile und ist Geschäftsführer der GmbH oder ist zu mindestens 25 % unmittelbar oder mittelbar beteiligt (§ 32d Abs. 2 Nr. 3 EStG). Die Folge eines entsprechenden Antrags ist, dass die Kapitalerträge so behandelt werden, als würden die Anteile im Betriebsvermögen gehalten (obwohl sie weiter Privatvermögen bleiben): also Besteuerung und Werbungskosten-Abzug zu je 60 %.[505]

Weitere Konsequenzen für die Kapitaleinkünfte nach Ausübung der Option sind:

- Die volle Verlustverrechnung mit anderen Einkunftsarten ist möglich.
- Der Sparer-Pauschbetrag in Höhe von 801 Euro / 1.602 Euro kann nicht geltend gemacht werden.
- Der Antrag gilt für fünf aufeinander folgende Veranlagungszeiträume und kann dann neu gestellt werden, §§ 32d Abs. 2 Nr. 3 Satz 4 EStG.
- Bei einem Widerruf darf der Steuerpflichtige für sämtliche Anteile der GmbH die Option nicht mehr ausüben, §§ 32d Abs. 2 Nr. 3 Satz 5 und 6 EStG.

Abgesehen von der „unternehmerischen" Beteiligung ist in beiden Versteuerungsvarianten 284
der Kapitalerträge im Privatvermögen ab 2009 der Werbungskostenabzug über die Sparerpauschale hinaus ausgeschlossen. Dies ist gemessen am im Steuerrecht geltenden Nettoprinzip verfassungsrechtlich bedenklich. Fremdfinanzierte GmbH-Beteiligungen im Privatvermögen sollten daher unbedingt vermieden werden, wenn die oben beschriebene unternehmerische GmbH-Beteiligung nicht vorliegt.

Für die Frage, wie GmbH-Anteile in ein Betriebsvermögen aufgenommen werden können, gelten die allgemeinen Voraussetzungen für die Bildung von Betriebsvermögen, insbesondere kann in dieser Hinsicht auch gewillkürtes Betriebsvermögen gebildet werden.

2.5. Anrechnungsverfahren

Unter der Geltungsdauer des Anrechnungsverfahrens bezogen die Gesellschafter den Liqui- 285
dationsgewinn als Kapitalertrag zuzüglich der anrechenbaren Körperschaftssteuer. Da diese Fälle selbst auf Antrag zum 31. 12. 2000 abgeschlossen waren, wird an dieser Stelle auf die einschlägige Kommentarliteratur verwiesen.[506]

[505] Das Halbabzugsverbot des § 3c Abs. 2 EStG in der Fassung bis 2008 ist nicht verfassungswidrig, BFH, Urteile vom 19. 06. 2007, VIII R 69/05 und vom 16.10.2007, VIII R 51/06; Verfassungsbeschwerden anhängig unter 2 BvR 2221/07 und 2 BvR 2659/07.

[506] *Hottmann*, 1. Aufl. N Tz. 6.1.

3. Liquidationserlös als Veräußerungserlös

3.1. Abgrenzung zu den Kapitalerträgen

286 Abgegrenzt wird doppelt negativ und mit zweifacher Rückverweisung: Nach § 20 Abs. 3 EStG (Abs. 8 ab 2009) geht die Erfassung als Einkünfte aus Gewerbebetrieb, also auch § 17 EStG, vor. Dort wird dann der Versteuerung als Kapitalertrag Vorrang gem. § 17 Abs. 4 Satz 3 EStG eingeräumt. Für die Bestimmung des Kapitalertrages sind – wie eben unter Ziffer 2. ausgeführt – aus dem gesamten Liquidationserlös zunächst wiederum die Anteile herauszufiltern, in deren Höhe das bereinigte Stammkapital und das steuerliche Einlagekonto nach 27 KStG zurückgezahlt werden.

Der Rest ist als Kapitalertrag nach dem Halbeinkünfteverfahrens zu versteuern (§ 20 Abs. 1 Nr. 2 EStG) oder ab 2009 im Rahmen der Abgeltungssteuer bzw. des Teileinkünfteverfahrens. Als Kapitalerträge werden dabei nach § 20 Abs. 1 Nr. 2 EStG auch Auskehrungen aus dem Sonderausweis nach § 28 Abs. 1 Satz 3 KStG (in Nennkapital umgewandelte Rücklagen) erfasst. Nur was dann noch übrig bleibt, ist daraufhin zu untersuchen, ob und inwieweit eine Versteuerung als Veräußerungserlös in der Liquidation in Frage kommt.

3.2. Systematik und Zeitpunkt der Besteuerung

287 Bei natürlichen Personen muss für die Frage der richtigen Versteuerung des Liquidationserlöses außerhalb der Erfassung als Kapitalertrag zunächst unterschieden werden, ob sie die Anteile im Privat- oder Betriebsvermögen halten. Bei privat gehaltenen Beteiligungen müssen ferner eine weitere Verzweigung und zwei Ausnahmeregelungen beachtet werden:

- Ist eine wesentliche Beteiligung i.S.d. § 17 Abs. 1 EStG (mindestens 1 %) gegeben?
- Liegt eine Splitterbeteiligung vor, also eine Beteiligung, die nicht unter § 17 Abs. 1 EStG fällt (d.h. weniger als 1 %)?
- Sind die Anteile frühere einbringungsgeborene i.S.d. § 20 UmwStG a.F.?
- Handelt es sich um gründungsgeborene Anteile i.S.v. § 17 Abs. 2 Satz 6 EStG?

288 Maßgeblicher Versteuerungszeitpunkt ist, wenn nach den Grundsätzen ordentlicher Buchführung der Gewinn realisiert ist. Das ist dann der Fall, wenn der gesellschaftsrechtliche Anspruch auf Auszahlung des Abwicklungsguthabens entstanden ist, das wird in der Regel erst der Auskehrungszeitpunkt sein.[507]

Er kann aber nicht künstlich hinausgezögert werden: Wenn alle Schulden getilgt sind oder feststehen und auch die Höhe der nachträglichen Anschaffungskosten und Abwicklungskosten bekannt ist, dann gilt der Gewinn als realisiert. Abschlagsraten sind nicht beim Zufluss sondern erst zu dem eben beschriebenen Zeitpunkt zu erfassen.[508]

Bei einem Verlust nach § 17 EStG gilt nicht anderes. Stehen der Veräußerungserlös und auch die Anschaffungskosten schon vor der Schlussauskehrung fest, so ist der Verlust in diesem Veranlagungszeitraum anzusetzen.[509] Wird mangels Masse nicht liquidiert, kann bereits im

[507] BFH Urteil vom, VIII R 36/00, BStBl. II 2002, 731.

[508] *Schmidt*, § 17 Rz. 221 m.w.Nw.

[509] *Dötsch*, § 17 EStG n.F. Rz. 228; *Schmidt*, § 17 Rz. 221. Nach einem Urteil des FG Niedersachsen muss die GmbH jedoch zur Anerkennung des Liquidationsverlustes mit Gewinnerzielungsabsicht gegründet worden sein, nicht bloß für die Erbauseinandersetzung und Haftungsbeschränkung, Urteil 12. 11. 2006, 8 K 217/01.

Zeitpunkt der Auflösung der GmbH feststehen, dass mit einer Zuteilung von Mitteln nicht zu rechnen ist bzw. in welcher Höhe Anschaffungskosten auf die Beteiligung entstanden sind.[510] Da der steuerliche Verlustzeitpunkt die Gerichte besonders intensiv beschäftigt, ist dieser Fragenkreis in einem eigenen Abschnitt abgehandelt (s.u. Teil 2 C.IV.).

3.3. Anteile natürlicher Personen im Privatvermögen

3.3.1. Art und Rahmen der Gewinnermittlung

Für die zutreffende Gewinnermittlung ist zunächst § 17 EStG maßgeblich. Das bedeutet, dass zu unterscheiden ist, ob eine wesentliche Beteiligung im Sinne des § 17 Abs. 1 EStG (mindestens 1 %) gegeben ist oder nicht (Splitterbeteiligung also eine Beteiligung unter 1 %). *289*

§ 17 EStG ist jedoch nicht heranzuziehen, wenn die GmbH nach § 21 UmwStG als so genannter einbringungsgeborener Anteil durch einen Formwechsel aus einer Personengesellschaft entstanden ist. Dann ist § 16 EStG maßgeblich mit der Folge, dass bereits die drohende Inanspruchnahme aus einer Bürgschaft zu passivieren ist, wenn kein werthaltiger Rückgriffsanspruch festgestellt werden kann. Relevant wird dies, wenn ein Gesellschafter im Zuge der Auflösung einer GmbH eine persönliche Bürgschaft übernimmt.

Wurde eine GmbH in das Sonderbetriebsvermögen einer Personengesellschaft eingelegt, so ist auf der Ebene der Anteilseigner über Liquidationsgewinne oder -verluste im Rahmen der gesonderten Feststellung der Personengesellschaft zu entscheiden.

3.3.2. Wesentliche Beteiligung im Sinn von § 17 Abs. 1 EStG bei natürlichen Personen

Eine wesentliche Beteiligung liegt vor, wenn mindestens 1 % der Anteile innerhalb der letzten fünf Kalenderjahre gehalten wird (also auch nur im ersten der fünf Referenzjahre). Veräußerungen wesentlicher Beteiligung an Kapitalgesellschaften werden von § 17 Abs. 1 bis 3 EStG erfasst. Dies ist systemfremd, denn damit werden Erträge des Privatvermögens bei den gewerblichen Einkünften gem. § 15ff. EStG angesiedelt. *290*

§ 17 Abs. 4 EStG unterwirft die Besteuerung des Liquidationserlöses dem gleichen Regime, so dass der Auskehrungsbetrag, soweit er die Anschaffungskosten einschließlich der nachträglichen übersteigt, den steuerpflichtigen Gewinn bildet. Bei einem negativen Ergebnis wird ein Liquidationsverlust erzielt. In beiden Fällen kommen in Folge des Teileinkünfteverfahrens seit 2009 jeweils nur jeweils 60 % zum Ansatz (§ 3 Nr. 40 Satz 1c und 1e EStG und § 3c Abs. 2 Satz 1 2. Halbsatz EStG), es sei denn es handelt sich in Altfällen bis 2010 um eine ertraglose Beteiligung (s.u. Teil 2 C. II. 3.3.3).

Ein etwaiger Verlust nach § 17 Abs. 4 EStG ist unbeschränkt verrechnungsfähig mit anderen positiven Einkünften. Dies ist deshalb besonders wichtig, weil der eigentliche Liquidationserlös als Gewinnrücklage den Kapitalerträgen zugeschlagen wird. Da die Anschaffungskosten aber oftmals höher sind als Nennkapital und steuerliches Einlagekonto, bleibt nur die unbegrenzte Verlustverrechnung für das negative Ergebnis aus § 17 Abs. 4 EStG, um Härten zu vermeiden. Dies gilt auch ab 2009, weil im Bereich des § 17 EStG die spezifischen Beschränkungen der Verlustverrechnung im Rahmen der Abgeltungssteuerregelungen nicht anwendbar sind. *291*

[510] FG München, Urteil vom 22. 04. 1999, 8 K 859/96 E.

Ungelöst bleibt aber das Problem, wenn im Verlustentstehungsjahr nicht genügend andere positive Einkünfte zur Verfügung stehen aber auch, dass Kapitalerträge in Form von Liquidationsraten und der Liquidationsverlust steuerlich oft zu unterschiedlichen Zeitpunkten berücksichtigt werden. Es empfiehlt sich deshalb unter Umständen, auf die Auszahlung von Liquidationsraten, die als Kapitalertrag einzustufen sind, zu verzichten, damit die darauf entfallende Steuer mit dem Liquidationsverlust in einen Veranlagungszeitraum fällt und direkt verrechnet werden kann.

292 Die Koinzidenz ist aber wiederum gefährdet, wenn ein bilanziell zu erfassender Veräußerungsverlust im Hinblick auf § 17 Abs. 4 EStG bereits dann steuerlich geltend zu machen ist, wenn er feststeht. Dies wird zwar in der Regel der Veranlagungszeitraum der Schlussauskehrung sein, die zahlreichen Urteile zum Zeitpunkt der Verlustentstehung zeigen aber, wie strittig diese Frage ist (s.u. Teil 2 C.IV).

Auf den Liquidationsgewinn ist der Freibetrag nach § 17 Abs. 3 EStG anzuwenden. Dieser Freibetrag wird nur in Höhe des Prozentsatzes der Beteiligung gewährt.

Beispiel:

Stammkapital der GmbH: 200.000

B Gesellschaftsanteil B: 70.000 = 35 %

Anschaffungskosten des B: 80.000

Finanzierungskosten des B: 2.250

Einlagekonto B § 27 KStG: 30.000

Schlussrate: 266.000

Einkünfte aus Kapitalvermögen § 20 EStG	Ohne Option	Mit Option
Schlussrate 266.000 abzüglich Kapitalanteile (70.000 + 30.000)	166.000	166.000
davon 100 % bzw. 60 %	166.000	99.600
davon ab Werbungskosten (Finanzierungskosten) 60 %		– 1.350
davon Sparerpauschbetrag	– 801	0
Steuerpflichtige Einkünfte	165.199	98.250
25 % Abgeltungssteuer bzw. angenommene 40 % ESt	41.300	39.300
Einkünfte nach § 17 Abs. 4 EStG		
Stammkapital 70.000 + Einlagekonto 30.000	100.000	100.000
Ansatz 60 %	60.000	60.000
Anschaffungskosten GmbH-Anteil 80.000		
Ansatz 60 %	– 48.000	– 48.000
Veräußerungsgewinn	12.000	12.000
Veräußerungsfreibetrag gemäß § 17 Abs. 3 EStG 35 % von 9.060	– 3.171	– 3.171
Prüfung der Abschmelzgrenze 35 % von 36.100: 12.635	–	
Steuerpflichtige Einkünfte Angenommene 40 % ESt	8.829 3.531	8.829 3.531

Im Beispielsfall werden volle 35 % des Freibetrages gewährt, so dass lediglich 8.829 Euro steuerpflichtig sind. Die Gesamtsteuerbelastung beträgt ohne Option 44.831 Euro und mit Option 42.831 Euro.

3.3.3. Ertraglose Beteiligungen in Altfällen bis 2010

Der BFH hat sich in einem bemerkenswerten Urteil vom 25. 06. 2009 der Ansicht ange- 293
schlossen, dass das Teilabzugsverbot nach dem Gesetzeswortlaut nur für Anschaffungskosten gilt, die mit Betriebsvermögensmehrungen oder Einnahmen in wirtschaftlichem Zusammenhang stehen. Hat ein Anteileigner aber keine Einnahmen aus seiner Beteiligung erzielt, hat das Gericht den späteren Veräußerungs- bzw. Auflösungsverlust in voller Höhe anerkannt.[511] Das Gleiche gilt laut BFH, wenn der Gesellschafter lediglich Gewinnausschüttungen bezogen hat, für die noch das alte Anrechnungsverfahren gegolten hat,[512] oder wenn lediglich aus buchungstechnischen Gründen 1 Euro als Verkaufspreis festgelegt wird.[513] Anders hat der BFH entschieden, wenn die veräußerungsbedingten Einnahmen (10.225 Euro) wesentlich hinter den ursprünglichen Anschaffungskosten (78.479 Euro) zurückbleiben.[514]

Die Finanzverwaltung reagierte auf das Urteil des BFH mit dem Nichtanwendungserlass vom 15. 02. 2010. Postwendend hat daraufhin der BFH mit Beschluss vom 18. 03. 2010[515] eine Nichtzulassungsbeschwerde des Finanzamts in aller Deutlichkeit als unbegründet zurückgewiesen. Schließlich wurde mit Schreiben vom 28. 06. 2010 der Nichtanwendungserlass im BMF-Schreiben vom 15. 02. 2010 wieder aufgehoben. Bereits in diesem Schreiben wurde jedoch bereits angekündigt, dass im Jahressteuergesetz 2010 § 3c Abs. 2 EStG im Sinne der Finanzverwaltung geändert werden soll. Damit erkennt die Finanzverwaltung zwar einerseits bei ertraglosen Beteiligungen für Sachverhalte bis einschließlich 2010 die volle Abzugsfähigkeit der Veräußerungs- und Liquidationsverluste auf Anteilseignerebene an. Seit 2011 gilt jedoch andererseits die gesetzliche Regelung, dass es für die Teilverlustanerkennung nur auf die Absicht der Gewinnerzielung auf Seiten des Anteilseigners ankommt.

Noch nicht vom BFH entschieden sind in den Altfällen jedoch noch einige atypische Fallgestaltungen. Das Teilabzugsverbot könnte auch dann nicht auf einen Verlust aus einer GmbH-Liquidation bzw. -Veräußerung anzuwenden sein

– wenn der Gesellschafter lediglich Gewinnausschüttungen bezogen hat, für die nur die Abgeltungsbesteuerung angewandt wurde,[516]

---

[511] BFH, Urteil vom 25. 06. 2009, IX R 42/08, DStR 2009, 1843, DB 2009, 1965; desgleichen BFH Urteil vom 14. 07. 2009, IX R 8/09 zu § 17 Abs. 4 EStG.

[512] BFH, Urteil vom 06. 04. 2011, IX R 28/10; ebenso FG Köln, Urteil vom 24. 08. 2010, 8 K 4878/06, Revision beim BFH unter IV R 45/10; zustimmend *Schwedhelm/Olbing/Binnewies*, GmbHR 2010, 1245; a.A. FG Rheinland-Pfalz, Urteil vom 12. 11. 2009, 6 K 2084/07 rkr.

[513] BFH, Urteil vom 06. 04. 2011, IX R 61/10.

[514] BFH, Urteil vom 06. 04. 2011, IX R 40/10; s. a. FG Münster, Urteil vom 15. 02. 2010, 10 K 2061/05 E, Revision beim BFH unter IX R 4/11; a. A. *Hoffmann*, GmbHR 2010, 545; die h. M lehnt die so genannte Saldotheorie jedoch ab, s. *Bron/Seidel*, DStZ 2009, 863.

[515] BMF-Schreiben vom 15. 02. 2010, BStBl. I 2010, 181; BFH, Beschluss vom 18. 03. 2010, IX B 227/09, GmbHR 2010, 243.

[516] Zustimmend *Schwedhelm/Olbing/Binnewies*, GmbHR 2010, 1246; ablehnend *Förster*, GmbHR 2010, 1010.

- wenn an den Beteiligten im Rahmen einer Liquidation nur das Eigenkapital zurückgezahlt wird,[517]
- wenn an den Beteiligten im Rahmen einer Liquidation Einlagen zurückgezahlt werden,[518]
- bei geringfügigsten Einnahmen und weiteren damit zusammenhängenden Fragen,[519]
- wenn der Beteiligte nur einen Veräußerungserlös erzielt hat und keine laufenden Einnahmen.

Strittig ist ferner die Frage, ob eine Teilwertabschreibung auf ein eigenkapitalersetzendes Darlehens des Besitzunternehmens an eine Betriebs-GmbH unter den gleichen Voraussetzungen wie eine Teilwertabschreibung auf die Beteiligung zulässig ist und ob der die Teilwertabschreibung voll oder nur teilweise gemäß § 3c Abs. 2 EStG a.F. zu berücksichtigen ist, weil Einnahmen aus der Beteiligung lediglich zu Zeiten des Anrechnungsverfahrens erzielt worden sind. Die Entscheidungen sind auch nach der neuen Fassung des § 3c Abs. 2 EStG durch das JStG 2010 relevant, da nicht geklärt ist, ob das Teilabzugsverbot für Teilwertabschreibungen für Gesellschafterdarlehn überhaupt gilt.[520]

3.3.4. Splitteranteile natürlicher Personen im Privatvermögen

294 Die Rückzahlung des Stammkapitals wirkte sich bis 2008 ausnahmslos steuerlich nicht aus, wenn der Gesellschafter die Anteile im Privatvermögen gehalten hatte. Wenn also der Anteil unter Nennwert erworben wurde und in der Liquidation der Nennwert zurückgezahlt wird, so war dies nicht steuerrelevant. Dies gilt ab 2009 fort und auch für Splitteranteile, die nach dem 31. 12. 2008 erworben werden. Die Abgeltungssteuer kommt insofern nicht zum Zuge, da § 20 Abs. 2 Nr. 1 i.V.m. Abs. 1 Nr. 1 EStG nur Veräußerungen von GmbH-Anteilen erfasst nicht aber deren Untergehen bei der Löschung nach beendigter Liquidation. Damit ist aber auch ein Verlustabzug bei privat gehaltenen Splitteranteilen ausgeschlossen. Lediglich bei wesentlich beteiligten Anteilseignern im Rahmen des § 17 EStG muss der Abwicklungsgewinn besteuert oder kann ein Abwicklungsverlust geltend gemacht werden.

3.3.5. Einbringungsfälle und frühere einbringungsgeborene Anteile i.S.v. § 20 UmwStG a.F.

295 Das am 12. 12. 2006 in Kraft getretene SEStEG hat für die Zukunft das Entstehen neuer einbringungsgeborener Anteile an Kapitalgesellschaften ausgeschlossen und besteuert diese Tatbestände – als Einbringungsgewinn I bezeichnet – in § 22 UmwStG in einem besonderen Abschmelzverfahren (Siebtelregelung). Voraussetzung ist u.a., dass Anteile an einer GmbH durch Einbringung eines Betriebes, eines Teilbetriebes oder einer Mitunternehmerschaft entstanden sind. Das gleiche gilt bei einer mehrheitsvermittelnden Kapitalgesellschaftsbeteiligung. In diesem Fall erlaubt § 20 UmwStG auf Antrag unter gewissen Bedingungen, die nach

---

517 Ablehnend *Jehke/Pitzal,* DStR 2010, 258.

518 Zustimmend *Schwedhelm/Olbing/Binnewies,* GmbHR 2010, 1246; ablehnend *Förster,* GmbHR 2010, 1010.

519 FG Düsseldorf, Urteil vom 14. 04. 2010, 2 K 2190/07, Revision beim BFH unter IX R 31/10 und FG Düsseldorf, Urteil vom 09. 07. 2010, 1 K 337/07 E, Revision beim BFH unter IX R 49/10; FG Düsseldorf, Urteil vom 20. 01. 2010 2 K 4581/07 F Revision beim BFH unter IV R 14/10; auch hinsichtlich der Bildung von Rückstellungen für die drohende Inanspruchnahme aus von gesellschaftererklärten Bürgschaften: FG Berlin-Brandenburg, Urteil vom 20. 01. 2010, 2 K 142 4/06, Revision beim BFH unter X R 5/10 und niedersächsisches FG Urteil vom 02. 03. 2010 ,8 K 254/07, Revision beim BFH unter X R 7/10.

520 FG Köln, Urteil vom 24. 08. 2010, 8 K 4878/06, Revision beim BFH unter IV R 45/10.

altem und neuem Recht unterschiedlich sind, die Anteile zum Buchwert, zum Teilwert oder einem Zwischenwert, der unter dem Teilwert liegt, einzubringen. Allerdings wurden mit dem SEStEG die Missbrauchsregelungen, die früher im § 21 UmwStG geregelt waren, im § 22 UmwStG völlig neu konzipiert. Sie sollen verhindern, dass sich, wenn die in diesen Anteilen liegenden stillen Reserven versilbert werden, GmbH und Anteilseigner – vereinfacht gesagt und den Stundungseffekt vernachlässigt – die Besteuerung teilen, unabhängig davon, ob der Anteilseigner eine wesentliche Beteiligung oder eine Splitterbeteiligung innehat.

Eine derart einfache Lösung will dem Gesetzgeber nicht einleuchten. Wegen der zeitlich gestreckten zweiten Hälfte der Besteuerung, die in Liquidationsfällen mit meist absehbarer Abschlussbesteuerung sowieso keine nennenswerte fiskalische Rolle spielt, wurde früher in § 21 UmwStG und nunmehr in § 22 UmwStG eine äußerst komplizierte Regelung mit Tatbestand Ausnahme und Unterausnahme installiert. Sie ist auch in Liquidationsfällen anzuwenden, da die Liquidation in § 17 EStG der Veräußerung gleichgestellt ist und die Vorschriften des UmwStG als speziellere Regelung vorgehen.[521]

Der Veräußerungsgewinn nach § 21 UmwStG a.F. wurde früher dadurch ermittelt, dass der gemeine Wert der Liquidationsraten und der Schlussauskehrung gegen die Anschaffungskosten angesetzt wird, auch hier nur insoweit, als der gesamte Liquidationserlös nicht als Kapitalertrag im Sinne von § 20 Abs. 1 Nr. 1 und 2 EStG zu sehen war. Damit bleiben für § 21 UmwStG nur die Rückzahlungen aus dem steuerlichen Einlagekonto im Sinn des § 27 KStG und die Stammkapitalrückzahlung übrig. Für vor dem In-Kraft-Treten des SEStEG am 12. 12. 2006 entstandene einbringungsgeborene Anteile gilt das alte Umwandlungssteuerrecht fort, insbesondere ist die siebenjährige Behaltensfrist weiter maßgeblich. Das gleiche gilt für so genannte einbringungsverbundene Anteile, die in § 17 Abs. 6 ESt durch das SEStEG neu geregelt wurden.[522]

Auch die neuen Sicherungsklauseln in § 22 UmwStG sollen verhindern, dass stille Reserven durch Einbringungen nicht mehr voll sondern nur noch nach dem Teileinkünfteverfahren oder nach § 8b KStG überhaupt nicht mehr besteuert werden. Wenn die Anteile veräußert werden, und das wird in der Liquidation ebenfalls angenommen, wird rückwirkend gem. § 16 EStG besteuert: Der Unterschiedsbetrag zwischen Buchwert und gemeinen Wert der eingebrachten Anteile (Einbringungsgewinn I) wird voll im Jahr der Einbringung versteuert, wobei sich dieser Unterschiedsbetrag mit jedem vollen abgelaufenen Jahr seit der Einbringung um ein Siebtel vermindert. Der Einbringungsgewinn I stellt gleichzeitig für den einbringenden Anteilseigener Anschaffungskosten dar.[523]

---

521 A.A. *Hottmann*, N Rz. 100. Er sieht mit der Vorschrift verhindert, dass ein Gewinn bei im Privatvermögen gehaltenen Anteilen realisiert wird, wenn Sachen unter den Teilwert eingelegt werden, der ansonsten nur unter den einschränkenden Voraussetzungen der § 17 und 23 EStG erfasst werden könnte. Dies ist jedoch nicht richtig, da auch bei Splitterbeteiligungen die gewöhnlichen Liquidationserlöse als Kapitalerträge zur Hälfte besteuert werden. Die andere Hälfte der Besteuerung ergibt sich zwanglos aus der Besteuerung der Vermögensauskehrung.

522 *Dötsch/Jost/Pung/Witt*, § 21 UmwStG n.F. Rz. 203, *Haritz*, GmbHR 2007, 169ff.

523 Dazu im Einzelnen *Felchner/Wendland*, StuSt 2007, 164ff.

3.3.6. Gründungsgeborene Anteile, Hinein- und Herauswachsen aus der Quote

296 Nach § 17 Abs. 2 Satz 6 EStG ist auch im Falle der Liquidation einer GmbH (§ 17 Abs. 4 EStG) ein Veräußerungsverlust nur zu berücksichtigen, wenn die wesentliche Beteiligung im Rahmen der Gründung einer Kapitalgesellschaft oder aber von einer anderen Person vor mehr als fünf Jahren vor der Veräußerung erworben wurde.

Die durch eine Kapitalerhöhung erworbenen Anteile können nicht als gründungsgeborene Anteile i.S.d. § 17 Abs. 2 Satz 6 Buchst. a) EStG aufgefasst werden. Denn eine Kapitalerhöhung ist keine Gründung, so dass die durch Kapitalerhöhung gewonnenen Anteile hinsichtlich der Verlustabzugsfähigkeit nach § 17 Abs. 2 Satz 6 Buchst. b) EStG zu beurteilen sind. Demnach sind sowohl die durch Kapitalerhöhung gewonnenen Anteile als auch später hinzu erworbene Anteile unter dem Gesichtspunkt der Verlustabzugsbeschränkung gleich zu beurteilen.

Die Verlustabzugsbeschränkung bei später durch Kapitalerhöhung oder durch Kauf erworbenen Anteilen beurteilt die h.M. differenziert: War der veräußernde Gesellschafter bereits Gründer der GmbH, so sollen durch die Gründungsanteile die später hinzugewonnenen Anteile infiziert werden mit der Folge, dass auch der Verlust aus diesen Anteilen abzugsfähig ist.

297 Anders dagegen, wenn der veräußernde Gesellschafter vorher durch derivativen Erwerb eine wesentliche Beteiligung erworben und später sodann durch Kapitalerhöhung oder durch einen weiteren Zukauf zusätzliche Anteile erworben hat. Dabei beruft sich die h.M auf den unterschiedlichen Wortlaut des § 17 Abs. 2 Satz 6 Buchst. a) und b) EStG. Während nämlich Buchst. a) den Verlustabzug zulässt, wenn eine „wesentliche Beteiligung" im Rahmen der Gründung erworben wurde, stellt Buchst. b) auf „die Anteile" ab und bringt somit zum Ausdruck, dass der einzelne Anteil der steuerlichen Beurteilung zu unterziehen ist.

Die Finanzverwaltung unterscheidet nicht und verlangt auch bei Gründungsanteilen, dass später hinzu erworbene Anteile die Voraussetzung des Buchst. b) erfüllten, somit also die Gründungsanteile die später hinzu erworbenen Anteile nicht infizieren.[524]

Sicherlich wird man der h.M. beipflichten müssen, wonach der Gesetzgeber hinsichtlich der Verlustabzugsbeschränkung zwischen gründungsgeborenen und derivativen Anteilen unterscheidet. Stellt man aber auf den eigentlichen Sinn und Zweck der Verlustabzugsbeschränkung ab, so will eine solche Unterscheidung hinsichtlich der später erworbenen Anteile bezüglich der Infektion durch die Altanteile nicht einleuchten. Denn durch das JStG 1996 wurde die vorerwähnte Verlustabzugsbeschränkung in das Gesetz aufgenommen, um insbesondere Gestaltungen zu erschweren, die es bisher einem nicht wesentlich beteiligten Anteilseigner ermöglichten, durch kurzfristigen Zukauf weniger Anteile eine im Privatvermögen entstandene Wertminderung in den steuerlichen Verlustausgleich einzubeziehen.[525] Seit der Absenkung der Wesentlichkeitsgrenze hat sich die Bedeutung der Vorschrift stark gemindert: Es sind nur noch Zukäufe von Splitterbeteiligten in Frage, die die Verluste aus der privaten Vermögenssphäre herüber retten wollen.

---

[524] OFD Berlin, Verfügung vom 21. 11. 1997, NWB Fach 3 §§ 15 bis 17 EStG Nr. 10/98. Zur Problematik eingehend, Ewald, DB 2007, 1159ff.

[525] So BR-Drucks. 171/95, 133.

Ein Auflösungsverlust nach § 17 EStG kann auch geltend gemacht werden, wenn in den letzten 5 Jahren die Beteiligung an der Kapitalgesellschaft unter 1% gerutscht ist. Der BFH begründet sein Urteil mit dem eindeutigen Wortlaut der Ausnahmevorschrift des § 17 Abs. 2 Buchst. b Satz 2 EStG, der nur den Hinzuerwerb von Anteilen umfasst, um eine wesentliche Beteiligung zu erhalten und insofern in den Genuss der Verlustverrechnung zu kommen, nicht aber wenn eine ursprüngliche 1 %-Beteiligung – mit oder ohne eigenes Zutun – später diese Marke unterschreitet. Nur so ist auch der Gleichklang mit der umgekehrten Fallgestaltung gewahrt: Denn auch ein Gewinn aus einer unter 1 % abgerutschten Beteiligung muss versteuert werden.[526]

Demgegenüber hat der BFH wenig konsequent entschieden, dass für einen Veräußerungsverlust die gesetzliche Grenze der wesentlichen Beteiligung den gesamten 5-Jahreszeitraum vorliegen muss.[527] Der betreffende Gesellschafter war mit seinem 25 %-Anteil nur in den letzten beiden Jahren innerhalb der gesetzlichen Wesentlichkeitsgrenze von 10 %, davor galt die Grenze von mehr als 25 % (bis einschließlich 1998). Der Gesetzgeber wollte lediglich vermeiden, dass durch Zukäufe die Wesentlichkeitsgrenze erreicht werden kann, Verluste geltend zu machen. Dieser Zweck erfasst aber gerade nicht die Fälle, in denen ein Gesellschafter inaktiv seine Beteiligung in gleicher Höhe beibehalten hat und so auch keinerlei Missbrauchstatbestände geschaffen hat. Die immer wieder zu beobachtende Asymmetrie in der BFH-Rechtsprechung, Gewinne nicht genauso zu behandeln wie steuerlich geltend zu machende Verluste, ist ein fortwährendes Ärgernis.

3.3.7. Liquidationsgewinne und -verluste im Übergangszeitraum 2001

Die Finanzverwaltung folgt der Auffassung des BFH, dass ein 2001 realisierter Auflösungsverlust im Sinne des § 17 EStG nicht dem Halbeinkünfteverfahren unterliegt.[528] Dies gilt auch für den Auflösungsverlust des Gesellschafters, wenn die GmbH ohne Liquidation wegen Vermögenslosigkeit im Jahr 2001 gelöscht wurde. *298*

3.4. Anteile natürlicher Personen im Betriebsvermögen

3.4.1. Anteile an einer GmbH mit mehreren Gesellschaftern[529]

Die Rückzahlung des Stammkapitals bleibt grundsätzlich ohne steuerliche Konsequenz, es sei denn, der Rückzahlungsbetrag und der Buchwert der Beteiligung weichen voneinander ab. In diesem Fall ergibt sich für das Jahr der Auszahlung entweder eine Erhöhung oder eine Verminderung des Gewinns. Ausschüttungen aus dem verwendbaren Eigenkapital gehören hier – einschließlich früherer Anrechnungsguthaben – zu den Betriebseinnahmen und erhöhen somit den Gewinn. *299*

Erträge von Kapital, das im Betriebsvermögen gehalten wird, gehören nicht zu den Kapitalerträgen im Sinne von § 20 EStG sondern zu den gewerblichen Einkünften. Daher könnte ei-

[526] BFH, Urteil vom 01. 04. 2009, IX R 31/01.

[527] BFH, Urteil vom 29. 05. 2008, IX R 62/05.

[528] BFH, Urteil vom 17. 03. 2007, VIII R 25/05, GmbHR 2007, 833; BMF-Schreiben vom 04. 04. 2008, IV B 7-S 2760/0 GmbHR 2008, 503; OFD Münster, Kurzinfo vom 07.04.2008 ESt. Nr. 13/2008, GmbHR 2008, 504; s.a.o. Rz. 250.

[529] BFH, Urteil vom 27. 03. 2007, VIII R 60/05 GmbHR, 2007 838.

gentlich eine Unterscheidung die beim Privatvermögen nach Kapitalerträgen einerseits und Liquidationserlös andererseits unterbleiben. Leider ist es wiederum nicht so einfach, weil mit § 16 Abs. 1 Nr. Satz 2 EStG eine Spezialvorschrift existiert, wenn ein Alleineigentümer einer Kapitalgesellschaft alle Anteile verkauft. In diesem Fall wird eine Teilbetriebsaufgabe fingiert mit der Folge, dass Freibetrag und spezieller Steuersatz (einmal im Leben) auf Antrag gewährt werden können. Es darf sich jedoch nicht um einbringungsgeborene Anteile handeln, die nach § 22 UmwStG behandelt werden, auch wenn sie sich im Betriebsvermögen befinden.

300 Auf der ertragssteuerlichen Schiene ergibt sich zunächst keine Besonderheit, da der Liquidationserlös als außerordentlicher Ertrag nach § 3 Nr. 40 Satz 1a EStG zu 40 % steuerfrei ist. Allerdings erfordern die gewerbesteuerlichen Spezialvorschriften in § 8 Nr. 5 GewStG und § 9 Nr. 2a GewStG, die gesamte Vermögensverteilung wiederum in Kapitalerträge nach § 20 Abs. 1 Nr. 2 EStG und in die sonstigen Rückzahlungen aufzuteilen.

§ 8 Nr. 5 GewStG ordnet an, dass die nach § 3 Nr. 40 EStG steuerbefreiten Einnahmen dem Gewerbeertrag hinzuzurechnen sind, soweit sie sich für § 7 GewStG steuermindernd ausgewirkt haben. Außerdem muss § 9 Nr. 2a GewStG erfüllt sein. Nicht hinzuzurechnen sind daher die Rückzahlungen aus dem steuerlichen Einlagenkonto einschließlich des Stammkapitals.

3.4.2. Anteile des Alleingesellschafters an einer GmbH

301 § 16 Abs. 1 Nr. 1 Satz 2 EStG fingiert eine Teilbetriebsaufgabe, wenn eine 100-prozentige GmbH-Beteiligung liquidiert wird. Unter Geltung des Halbeinkünfteverfahrens hat diese Vorschrift aber für die Alleinbesitzer einer Kapitalgesellschaft nur noch wenig Wert. Einerseits fallen auch bei dieser Gewinnermittlung die den eigentlichen Liquidationserlös bildenden Gewinnrücklagen aus dem Anwendungsbereich: Über § 16 Abs. 1 Nr. 1 EStG wird § 17 Abs. 4 Satz 3 EStG zur Gewinnermittlung herangezogen. Das bedeutet, dass die Beträge außen vor bleiben, die unter § 20 Abs. 1 Nr. 2 EStG fallen würden, würde es sich nicht um einen Gewerbebetrieb handeln. Allerdings fallen beide Äste unter die Teileinkünftebesteuerung nach § 3 Nr. 40 Satz 1e bzw. b EStG. (Gewinnrücklagen bzw. restliche Liquidationsauskehrung). Da wie gezeigt das Schwergewicht des Liquidationserlöses fast ausnahmslos bereits vor der Einstellung in die Berechnung nach § 17 Abs. 4 EStG ausgeschieden wird, ist die Option des § 34 EStG an Stelle der 60-%igen Einkunftsbesteuerung nur noch Theorie.

III. Körperschaften als Anteilseigner

1. Weit gehende Steuerbefreiung des Liquidationserlöses

302 Besitzen Kapitalgesellschaften Anteile an zu liquidierenden GmbHs sind einige Besonderheiten zu beachten. § 8b Abs. 2 KStG ordnet die Steuerfreiheit der Vermögensauskehrung an und erstreckt sie in § 8b Abs. 6 KStG auf Fälle, in denen die Muttergesellschaft mitunternehmerisch an der aufgelösten Tochtergesellschaft beteiligt ist. Im Übrigen sind alle weiteren Absätze des § 8b KStG auch im Fall einer Liquidation anwendbar. Auch für steuerwirksame Teilwertabschreibungen nach § 8b Abs. 2 Satz 4 KStG gibt es nach Abs. 3 Satz 3 ein Abzugsverbot für Verluste.

303 Nach § 8b Abs. 1 KStG i.V.m. § 20 Abs. 1 Nr. 2 EStG sind die ausgekehrten Gewinnrücklagen von der Besteuerung befreit. Andererseits erstreckt § 8b Abs. 2 bzw. Abs. 3 KStG die Steuerbefreiung auch auf den restlichen Liquidationserlös, so dass man annehmen könnte,

dass wenigstens bei kapitaleignenden Kapitalgesellschaften die obige Unterscheidung überflüssig ist. Ursprünglich hat diese Annahme auch zugetroffen. Seit der Gesetzgeber jedoch ab dem Veranlagungszeitraum 2004 den Veräußerungserlös im Ergebnis nur noch zu 95 % freistellt, ist dies nicht mehr möglich.

Nach § 8b Abs. 3 Satz 1 KStG sind 5 % des nach Abs. 2 der Vorschrift steuerfreien Gewinns nicht abziehbare Betriebsausgaben. Umgekehrt wirken sich Verluste und sonstige Gewinnminderungen bei der Liquidation bei der eignenden Kapitalgesellschaft nach § 8b Abs. 3 Satz 3 KStG ebenfalls nicht aus. Rechtsberatungskosten, um eine Liquidation abzuwenden, sind als Betriebsausgaben abzugsfähig nicht aber Beratungskosten und andere Aufwendungen, die im Zusammenhang mit einer unter § 8b KStG fallenden steuerfreien Beteiligungsveräußerung oder auch Beteiligungsliquidation entstehen.[530]

Die Auskehrung der sonstigen Gewinnrücklagen und aus dem Sonderausweis werden nach § 8b Abs. 1 KStG steuerbefreit – wobei § 8b Abs. 5 KStG wiederum 5 % dieser Einnahmen als nicht abziehbare Ausgaben deklariert.

2. Ausnahmen

Die Unterscheidung ist auch deshalb notwendig, weil der Gesetzgeber sich wiederum veranlasst sah, verschiedene Missbrauchstatbestände einzuflechten. Da im Pool der Kapitalgesellschaften – abgesehen von der 5 %-Besteuerung – die Vermögenszuflüsse steuerfrei ausgestaltet werden sollten, musste der Gesetzgeber Vorsorge dafür tragen, dass diese grundsätzliche Neutralität nicht durch anerkannte Bilanzinstrumente untergraben wird. Eine Beteiligung, die dauerhaft im Wert gesunken ist, muss nach den Grundsätzen ordnungsgemäßer Buchführung auf den Teilwert abgeschrieben werden. In diesen Fällen würde sich ansonsten ein im System nicht anerkannter Verlust ergeben, da der Buchwert den Liquidationserlös bei weitem überschreiten würde. Andererseits hebelt die korrekt vorgenommene Teilwertabschreibung das System des einkommensneutralen Vermögenstransfers im Pool der Körperschaften aus. *304*

Deswegen schiebt dem § 8b Abs. 2 Satz 4 KStG einen Riegel vor, und setzt die Steuerbefreiung außer Kraft, soweit in früheren Jahren steuerwirksam auf den niedrigeren Teilwert der Beteiligung abgeschrieben wurde. Weitere Vorraussetzung ist konsequenterweise, dass dieser niedrigere Teilwert nicht durch spätere Zuschreibungen ganz oder teilweise wieder ausgeglichen wurde. Da dieser Missbrauchstatbestand nichts mit der Auskehrung des Liquidationserlöses zu tun hat, soweit er die Gewinnrücklagen betrifft, bleibt die Unterscheidung leider weiterhin erforderlich.

Durch das SEStEG vom 07. 12. 2006 wurde das Umwandlungssteuergesetz grundlegend geändert. Im Hinblick auf einbringungsgeborene Anteile werden nunmehr nachträglich die zugrunde liegenden Einbringungsvorgänge besteuert. Die Regelung des § 8b Abs. 4 KStG a.F. ist durch das SEStEG außer Kraft gesetzt worden. Die Vorschrift gilt aber weiterhin für Anteile, die vor dem Inkrafttreten des SEStEG am 13. 12. 2006 eingebracht wurden. In diesen Fällen gilt die Steuerbefreiung gemäß § 8b Abs. 2 KStG nicht. *305*

[530] FG München, Urteil vom 28. 09. 2009, 7 K 558/08. Dies gilt selbstverständlich nur für die Kosten, die der anteilseignenden Körperschaft in Rechnung gestellt werden, nicht sofern sie zulässiger Weise an die zu veräußernde oder zu liquidierende GmbH gestellt werden.

Das Gleiche gilt, soweit die Anteile durch eine Körperschaft unmittelbar oder mittelbar über eine Mitunternehmerschaft von einem Einbringenden, bei dem ein Veräußerungsgewinn nicht nach § 8b Abs. 2 KStG steuerfrei gewesen wäre, zu einem Wert unter dem Teilwert erworben wurden § 8b Abs. 4 Satz 1 Nr. 2 KStG a.F. Im Satz 2 der Vorschrift gibt es wiederum Unterausnahmen für den Fall eines 7-jährigen Zeitraumes zwischen Einbringung und Veräußerung.

Unter der Geltungsdauer des Anrechnungsverfahrens bezogen die Gesellschafter den Liquidationsgewinn als Kapitalertrag zuzüglich der anrechenbaren Körperschaftssteuer. Da diese Fälle selbst auf Antrag zum 31. 12. 2000 abgeschlossen waren, wird an dieser Stelle auf die einschlägige Kommentarliteratur verwiesen.[531]

IV. Der maßgebliche Gewinn- und Verlustzeitpunkt

1. Die Bedeutung des Zeitpunkts der Verlustrealisierung

306 Grundsätzlich ist der Zeitpunkt des Liquidationsgewinnes oder -verlustes nach identischen Kriterien zu beurteilen. Der Liquidationsgewinn i.S.v. § 17 Abs. 4 Satz 2 EStG ist vom Gesellschafter zu versteuern, wenn sein Anteil aus der Schlussrechnung, soweit er auf den Erlös i.S.v. § 17 EStG entfällt, im Zeitpunkt ihrer Aufstellung dessen Anschaffungskosten übersteigt. Anschaffungskosten des Gesellschafters ist dabei alles, was er gesellschaftsrechtlich veranlasst aufgewandt hat, um die Beteiligung zu erwerben, zu behalten und nicht sofort abziehbare Werbungskosten oder Veräußerungskosten darstellt (s. dazu ausführlich V.). Wie gezeigt, ist eine Gewinnerzielung im Rahmen von § 17 Abs. 4 EStG nur noch im Fall von Unterwertankäufen von Gesellschaftsanteilen möglich. Von praktischer Bedeutung ist daher ausschließlich der nach § 17 EStG steuerlich geltend zu machende Verlust aus Beteiligungen.

Kritisch ist dabei vor allem die richtige Wahl des Veranlagungszeitraums, weil die Rechtsprechung den maßgeblichen Verlustzeitpunkt schon viel früher verortet als zum Zeitpunkt des Abschlusses der Liquidation oder der Erteilung der Schlussrechnung, sofern es überhaupt etwas zu verteilen gibt. Weil es keine klaren Kriterien gibt, setzten sich zahlreiche Gerichtsurteile der letzten Jahre mit dem relevanten Verlustzeitpunkt auseinander. Im Regelfall ist dies im Interesse des Anteilseigners, weil dann die Steuerentlastung auf anderweitige Einkünfte eher wirkt. Im sehr früh angesetzten Zeitpunkt der Verlustgeltendmachung lauert aber auch eine Falle: Das zeigen die vielen entschiedenen Fälle, in denen das richtige Veranlagungsjahr versäumt wurde und die Einkommensteuerbescheide bereits bestandskräftig wurden.

Aus Beratersicht sind daher vorsorglich die Bescheide der Jahre, für die der Verlust frühestens berücksichtigt werden kann, offen zu halten – auch gegen den Widerstand des Finanzamtes und gfs. mit Rechtmitteln. Deshalb muss der Berater darauf achten, ob sich im Zuge der Auflösung einer GmbH verlustträchtige Sachverhalte auswirken könnten. Dabei kommen in Frage (i.E. nachfolgend unter Ziffer 2.):

- Betriebsvermögen wird mit Verlust verkauft.
- Für ein Gesellschafterdarlehen wird ein Rangrücktritt erklärt.
- Eine Darlehens- und Bürgschaftsverpflichtung wird für die GmbH eingegangen.

[531] *Hottmann*, 1. Aufl. N Tz. 6.1

- Der Rückgriffsanspruch bzw. der Darlehensanspruch gegenüber der GmbH werden wertlos.
- Der bürgende Gesellschafter wird aus der Bürgschaft in Anspruch genommen.

Im Jahr der Erklärung des Aufgabeverlustes sollte zusätzlich erklärt werden, dass in den Folgejahren noch weitere Verlustpositionen erwartet werden, die betragsmäßig noch nicht genau zu erfassen sind. Für den gleich gelagerten Fall einer verlustträchtigen Veräußerung ist dann auch ein bestandskräftiger Bescheid, der das Veräußerungsjahr betrifft, zu ändern, weil insoweit ein rückwirkendes Ereignis angenommen wird.[532]

2. Zeitpunkt nach den Grundsätzen ordnungsgemäßer Buchführung

2.1. Unterschiedliche Beurteilung bei Aktiv- und Passivpositionen

Der Verlust entsteht in dem Zeitpunkt, in dem mit der Auskehrung von Gesellschaftsvermö- *307*
gen an den Gesellschafter nicht mehr zu rechnen ist spätestens aber, wenn das Vermögen der GmbH ausgekehrt wird und höhere Anschaffungskosten zu verzeichnen sind.[533] Maßgeblich ist also eine bilanzielle Sichtweise, so dass hinreichend bestimmte künftige Inanspruchnahmen bereits zum Feststellungszeitpunkt erfasst werden. Ferner darf sich auch bei den durch die Beteiligung veranlassten Aufwendungen des Gesellschafters nichts Wesentliches mehr ändern.

Wenn es jedoch umgekehrt Anhaltspunkte für auf die Abwicklung der Gesellschaft bezogene mögliche Zuflüsse gibt, steht der Auflösungsverlust erst zum Zeitpunkt des endgültigen Ausfalls der Forderung der GmbH fest. Erst dann tritt die tatsächliche Vermögenslosigkeit ein. Diese bilanzielle Sichtwiese hat der BFH in einem Fall bestätigt, in dem 9 Jahre nach Eröffnung des Insolvenzverfahrens ein Aktivprozess der GmbH in Liquidation rechtskräftig abgewiesen wurde.[534] Denn erst zu diesem späten Zeitpunkt stand fest, dass die GmbH tatsächlich vermögenslos ist. Vorher kann nicht mit Sicherheit ermittelt werden, ob der mögliche Prozesserfolg nicht nur die Schulden der Gesellschaft deckt, sondern auch einen Liquidationserlös für die Gesellschafter ermöglicht.

Allgemeine Bemühungen, den Gesellschaftsanteil zu verkaufen, verschieben den Zeitpunkt der Verlustentstehung angeblich nicht. Auch in diesem Fall stehe fest, dass die GmbH keine Restvermögen an die Gesellschafter ausschütten könne.[535] Dies erscheint inkonsequent, weil die Ebene des Anteilseigners nicht einbezogen wird: Solange nicht definitiv auszuschließen ist, dass der Anteilseigner durch einen erfolgreichen GmbH-Verkauf mehr als die Anschaffungskosten erlösen kann, könnte sich bei ihm ein steuerpflichtiger Veräußerungsgewinn ergeben.

Selbst wenn ein GmbH-Anteil veräußert wird, jedoch die aufschiebende Bedingung der vollständigen Bezahlung des Kaufpreises nicht eintritt, ist unter keinem denkbaren Gesichtspunkt ein Veräußerungs- oder vorgezogener Liquidationsverlust denkbar.[536] Frühester Zeitpunkt für den Liquidationsverlust ist stets der Zeitpunkt der Auflösung bzw. die Ablehnung des Insolvenzverfahrens mangels Masse.

---

532 FG München, Urteil vom 12. 10. 2005, 9 K 4503/03, GmbHR 2010, 894.

533 Ständige Rechtsprechung, etwa BGH, Urteil vom 27. 11. 2001, VIII R 36/00, DB 2002, 767.

534 BFH, Urteil vom 19. 04. 2005, VIII R 45/04.

535 BFH-Urteil vom 28. 10. 2008, IX R 100/07, GmbHR 2009, 385.

536 FG München, Urteil vom 22. 12. 2009, 13 K 3582/06 rkr., GmbHR 2010, 488.

308 Damit spiegelt sich für den Anteilseigner im Liquidationsverfahren das handelsrechtliche Vorsichtsprinzip wider, dass auf der Passivseite zwar Rückstellungen für voraussichtliche Verbindlichkeiten zu bilden sind, sobald sie dem Grunde und der Höhe nach hinreichend feststehen, auf der Aktivseite jedoch eine Forderung aus einem schwebenden Prozess des Anteilseigners, die nicht auf Leistungsbeziehungen beruht, erst ab dem endgültigen Klagezuspruch zu erfassen ist.

Umgekehrt muss bereits der frühere Zeitpunkt im Liquidationsverfahren berücksichtigt werden, sobald definitiv nicht mehr mit Zuteilungen und Rückzahlungen zu rechnen ist und nicht erst der Zeitpunkt, in dem die Löschung der GmbH im Handelsregister eingetragen wird.[537]

309 Der Liquidationsverlust wird auch erst nach Abschluss des Klageverfahrens zugestanden, wenn der Insolvenzverwalter gegen den Gesellschafter-Geschäftsführer zivilrechtliche Ansprüche geltend gemacht hat, die im Erfolgsfall bei diesem zu nachträglichen Anschaffungskosten führen.[538] Dieses Ergebnis lässt sich auch damit zu begründen, dass bei einem Prozess gegen einen Anteilseigner zwei Ebenen berührt sind, die nicht zu unterschiedlichen Zeitpunkten steuerlich relevant werden dürfen: Bei der GmbH die Gesellschaftsebene, nach der ein Prozesserfolg erst bei der Realisierung zu berücksichtigen ist und damit wider Erwarten ein Liquidationsüberschuss. Dagegen fallen beim Gesellschafter die nachträglichen Anschaffungskosten, die einen Verlust begründen könnten, ebenfalls erst nach Prozessausgang sicher an, so dass insofern von der bilanziellen Sichtweise abgerückt wird.

Hat sich der Gesellschafter gegenüber der Gesellschaft zu Nachschüssen verpflichtet, um im Fall nachträglicher Forderungen gegen die Gesellschaft eine insolvenzfreie Abwicklung zu ermöglichen, ändert dies am kaufmännischen Vorsichtsprinzip nichts: Der zu aktivierenden Forderung der Gesellschaft gegen den Gesellschafter stehen zunächst die zu bildenden Rückstellungen und bei Konkretisierung die Verbindlichkeiten aus den unerwarteten Nachforderungen Dritter in gleicher Höhe als Passivposten entgegen (s. u. 2.3.).

2.2. Zeitpunkt der Erforderlichkeit einer Rückstellungsbildung

310 Für die Bestimmung des Zeitpunkts, in dem die Anschaffungskosten feststehen, ist nicht auf den Abfluss der betreffenden Aufwendungen – auch bei Nachforderungen Dritter[539] – abzustellen, sondern auf den Zeitpunkt, in dem nach den Grundsätzen ordnungsgemäßer Buchführung eine Rückstellung zu bilden gewesen wäre.[540] Dies gilt jedenfalls, soweit es nicht die Eigenart der Gewinnermittlung nach § 17 EStG gebietet, hiervon abzuweichen.[541] Nach dem hierbei zu beachtenden Realisationsprinzip müssen wie zu einem Bilanzstichtag alle vorhersehbaren Risiken und Verluste berücksichtigt werden, die ab diesem Zeitpunkt bis zum Abschluss der Liquidation noch entstehen werden. Müssen Rückstellungen gebildet werden, so sind in dieser Höhe Zuteilungen aus dem Gesellschaftsvermögen an die Gesellschafter nicht mehr zu erwarten.[542] Es sind deshalb alle Sachverhalte zu berücksichtigen, die die Kapitalgesellschaft zur Bildung einer Rückstellung verpflichten würden.[543]

537 FG Münster, Urteil vom 24. 02. 2001, 15 K 6099/99 E, EFG 2001, 1370.
538 BFH, Urteil vom 01. 03. 2005, VIII R 26/03.
539 Etwa des Finanzamtes bei nach Auflösung der GmbH angeordneten Betriebsprüfungen.
540 BFH, Urteil vom 27. 11. 2001, VIII R 36/00, DB 2002, 767.
541 BFH, Urteil vom 08. 04. 1998, VIII R 21/94, BStBl. II 1998, 660.
542 BFH, Urteil vom 27. 11. 2001, VIII R 36/00, DB 2002, 768.
543 BFH, Urteil vom 27. 11. 2001, VIII R 36/00, DB 2002, 767.

Wird eine Rückstellung für Mehrsteuern aufgrund einer Betriebsprüfung erforderlich, so kann dadurch eine Überschuldung feststehen und damit bereits der Veräußerungsverlust für den Anteilseigner. Weitere Voraussetzung ist lediglich, dass sich auch bei dessen Anschaffungskosten erwartungsgemäß nichts oder nichts Wesentliches mehr ändert.[544]

Zum genauen Zeitpunkt der Rückstellungsbildung kommt es bei einer Betriebsprüfung nicht auf den Beginn und auch nicht auf das Ende der Tätigkeit des Prüfers an, sondern darauf, wann der Prüfer eine bestimmte Sachbehandlung der Gesellschaft beanstandet und daraus die Mehrsteuern der Gesellschaft berechenbar werden.[545]

Schon im Zeitpunkt der Liquidationseröffnungsbilanz kann die Vermögenslosigkeit der Gesellschaft feststehen, wenn die von der werbenden GmbH übernommenen Rückstellungen nicht ausgebucht werden können und damit schon feststeht, dass die Aktiva nicht mehr für eine Verteilung unter den Gesellschaftern im Rahmen der Schlussverteilung ausreichen.[546] Bei einer insolvenzfreien Liquidation einer Kapitalgesellschaft entsteht damit der nach § 17 Abs. 4 EStG zu berücksichtigende Auflösungsverlust in dem Zeitpunkt, in dem mit einer Auskehrung von Gesellschaftsvermögen an den Gesellschafter und mit einer wesentlichen Änderung[547] der durch die Beteiligung veranlassten Aufwendungen nicht mehr zu rechnen ist. Dazu hat die Rechtsprechung in typischen Sachverhaltskonstellationen entschieden, die im Folgenden ausführlich dargestellt werden. *311*

Nur in zwei Ausnahmefällen ist der Verlust stets auf einen bestimmten Zeitpunkt festzustellen: der Zeitpunkt des Beschlusses, das Insolvenzverfahren mangels Masse abzulehnen[548] und des Beschlusses, die Gesellschaft aufzulösen, wenn sie bereits zu diesem Zeitpunkt vermögenslos war.

2.3. Der Zeitpunkt bei Gesellschafterbürgschaften

Geht ein Gesellschafter-Geschäftsführer Bürgschaften zugunsten der GmbH ein, setzt die Anerkennung von Anschaffungskosten zunächst die Krisenbestimmtheit der Bürgschaft voraus. Wird der Gesellschafter dann später aus einer Bürgschaft in Anspruch genommen, so kommt es auf den Zeitpunkt an, in dem der Bürge zur Zahlung aufgefordert wird. In diesem Veranlagungsjahr sind sämtliche im Zusammenhang mit der Inanspruchnahme aus der Bürgschaft zu tätigenden Aufwendungen geltend zu machen. In bilanzieller Sichtweise steht mit Aufforderung des Bürgschaftsgläubigers der durch die Erhöhung der nachträglichen Anschaffungskosten entstandene Verlust fest.[549] *312*

[544] FG München, Urteil vom 23. 02. 2010, 13 K 4373/077 rkr.

[545] So genannte aufdeckungsorientierte Maßnahme, BFH, Urteil vom 16. 02. 1996, I R 73/95, BStBl. II 1996, 592.

[546] FG München, Urteil vom 23. 02. 2010, 13 K 4373/077 rkr., GmbHR 2010, 894. Im Fall konnte eine Pensionszusage mit einem so genannten unschädlichen Vorbehalt der wirtschaftlichen Notlage, die eigentlich gegeben war, wegen einer Gesetzesänderung seit 01.01.1999 nicht mehr widerrufen werden. Somit musste die Rückstellung in der Bilanz der aufgelösten GmbH verbleiben muss und wegen nicht ausreichender Aktiva stand die Vermögenslosigkeit der Gesellschaft bereits fest.

[547] FG Berlin-Brandenburg, Urteil vom 08. 07. 2009, 7 K 3183/05 B. Wenn die Möglichkeit besteht, dass sich die ermittelten Anschaffungskosten noch um mehr als 10 % ändern könnten, wäre der Verlustzeitpunkt erst in einem späteren Veranlagungszeitraum anzusetzen.

[548] BFH, Beschluss vom 27. 11. 1995, VIII B 16/95, BFH/NV 1996, 406.

[549] FG Baden-Württemberg, Urteil vom 26. 05. 2008, 8 K 232/04: In späteren Jahren gezahlte Raten können dann in den einzelnen Veranlagungszeiträumen nicht mehr geltend gemacht werden.

Verpflichtet sich ein Gesellschafter zu Nachschüssen, für den Fall, dass im weiteren Verlauf der Abwicklung unerwartete Forderungen gegen die GmbH erhoben werden, so kommt es nach der maßgeblichen bilanziellen Sichtweise nicht auf die tatsächliche Inanspruchnahme des Gesellschafters an, sondern auf den Zeitpunkt des Verpflichtungsgrundes.

Allerdings muss noch die weitere Voraussetzung hinzutreten, dass nach den Grundsätzen ordnungsgemäßer Bilanzierung der Aufwand des Gesellschafters bereits realisiert ist: Bei einer zum Zeitpunkt des Verpflichtungsgrundes nach Grund und Höhe ungewissen Verbindlichkeit kommt es dabei darauf an, ob ein Kaufmann zur Bildung einer Rückstellung verpflichtet wäre.[550] Dies bedeutet, dass nachträgliche Anschaffungskosten erst dann anzuerkennen sind, wenn ein Gesellschafter ernsthaft damit rechnen muss, aus der Verpflichtung in Anspruch genommen zu werden. Das ist beispielsweise nicht der Fall, wenn im Zeitpunkt der Veranlagung feststeht, dass der Gesellschafter seine Verpflichtungen aus der Bürgschaft wegen Zahlungsunfähigkeit nicht erfüllen kann.[551]

2.4. Rückwirkendes Ereignis bei unvorhersehbaren Belastungen

313 Wie das eben genannte Beispiel zeigt, können sich Härten ergeben, wenn sich nach der Schlussbilanz noch weitere gesellschaftsbezogene Belastungen bei den Gesellschaftern ergeben, die trotz größter Sorgfalt bei der Aufstellung der Bilanz nicht erkannt werden konnten und insofern keine Rückstellung gebildet wurde, die auf der Ebene des Anteilseigners als nachträgliche Anschaffungskosten anerkannt werden. Unter gewissen Voraussetzungen behandelt deshalb die Rechtsprechung auch nachträgliche Aufwendungen von Gesellschaftern als rückwirkendes Ereignis im Sinn von § 175 Abs. 1 Satz 1 Nr. 2 AO.[552] Voraussetzung ist, dass Aufwendungen bei der Ermittlung eines Auflösungsverlustes noch nicht berücksichtigt werden konnten, da sie schlechthin nicht bekannt waren oder eine Rückstellung trotz ausreichender Sorgfalt zu niedrig angesetzt wurde.

Stellt sich zum Beispiel erst nach Bestandskraft des Einkommensteuerbescheides heraus, dass der Rückgriffsanspruch des bürgenden Gesellschafters gegen die GmbH nicht mehr werthaltig ist und war dies nicht vorhersehbar, so kann der Auflösungsverlust ausnahmsweise noch geltend gemacht werden – allerdings nur nachträglich für das Auflösungsjahr.[553]

Davon abgesehen müssen aber aus dem Erkenntnishorizont des Zeitpunktes der Verlustfeststellung alle für die Verlusthöhe maßgeblichen Umstände bekannt sein. Dann steht der Stichtag, nach dem nach den Grundsätzen ordnungsgemäßer Bilanzierung der Verlust festzustellen ist, bereits fest. Nur wenn sich unvorhersehbar nachher der tatsächlich eingetretene Verlust noch ändert, ist nach der Rechtsprechung von einem rückwirkenden Ereignis im Sinne von § 175 Abs. 1 Satz 1 Nr. 2 AO auszugehen.[554] Ein rückwirkendes Ereignis setzt sich auch nicht

[550] Bejahend hat sich der BFH im Hinblick auf eine Bürgschaftsverpflichtung ausgesprochen im Urteil vom 26. 01. 1999, VIII R 32/96, BFH/NV 1999, 922.

[551] BFH, Urteil vom 08. 04. 1998, VIII R 21/94.

[552] BFH, Urteil vom 27. 11. 2001, VIII R 36/00, DB 2002, 767.

[553] FG Bremen, Urteil vom 10. 12. 2003 – II K 147/03 (1) für den vergleichbaren Fall der GmbH-Insolvenz. Voraussetzung ist, dass am nachträglichen Bekanntwerden des Ausfallgrundes weder den Steuerpflichtigen noch seinen Berater eine Schuld trifft.

[554] So auch BFH, Urteil vom 12. 10. 1999, VIII R 46/98, BFH/NV 2000, 561.

gegen die Bestandskraft eines Bescheides durch, wenn bei dessen Eintritt der betreffende Steuerbescheid noch hätte geändert werden können, dies aber versäumt wurde.[555]

2.5. Der Zeitpunkt bei Rangrücktrittserklärungen

Der Zeitpunkt zur Verlustgeltendmachung kann bereits im Jahr der Abgabe einer Rangrücktrittserklärung liegen, wenn das Darlehen beim späteren Ausscheiden aus der GmbH stehen gelassen wurde und schließlich uneinbringlich wurde.[556] Zusätzlich muss aber die tatsächliche Vermögenslosigkeit der GmbH zum Zeitpunkt der Erklärung feststehen. Käme es nur auf die Rangrücktrittserklärung an, würde der Verlustzeitpunkt m.E. zu weit vorverlegt. Nicht in jedem Fall einer Rangrücktrittserklärung kann nicht mehr ernstlich mit der Begleichung der restlichen Darlehensforderung gerechnet werden. Dies ist nur der Fall, wenn es ausgeschlossen scheint, dass sich die GmbH wirtschaftlich wieder erholt *314*

Der vom BFH entschiedene Fall zeigt anschaulich, wie schwierig es sein kann, den richtigen Veranlagungszeitraum für die Verlustgeltendmachung bei einer sich über mehrere Jahre hinweg ziehenden Liquidation zu bestimmen. Für das Jahr 1996 befand das Finanzamt die Geltendmachung eines Auflösungsverlustes als verfrüht, was schließlich auch vom Finanzgericht bestätigt wurde. Für das Jahr 2002 wiederum befand das Finanzamt im Einklang mit dem BFH den richtigen Verlustzeitpunkt als verpasst, richtig wäre das Jahr 1999 gewesen. So lassen sich Gewinne fiskalisieren und Verluste privatisieren! Daher kann nur eindringlich geraten werden, jedes einzelne als Verlustjahr in Frage kommende Veranlagungsjahr offen zu halten, um den Finanzamt kein Schlupfloch zu bieten.

2.6. Der Zeitpunkt im Insolvenzverfahren

Da sich Liquidationen auch an mangels Masse abgelehnte Insolvenzverfahren anschließen, ist ein Seitenblick auf den maßgeblichen Zeitpunkt im Insolvenzverfahren nötig. Nur wenn eindeutig schon bei Antragstellung im Insolvenzverfahren feststeht, dass die GmbH über keinerlei Aktiva verfügt und es zu keiner Auskehrung von Gesellschaftsvermögen an die Gesellschafter kommen wird, ist der Veräußerungsverlust dem Jahr der Antragstellung zugeordnet[557], insbesondere wenn das Insolvenzverfahren mangels Masse nicht eröffnet wird. Es kommt es nicht auf den Zeitpunkt an, in dem der Geschäftsführer nicht mehr über das Vermögen der GmbH verfügen darf.[558] *315*

Die Mehrzahl der Insolvenzverfahren über das Vermögen einer GmbH ziehen sich über Jahre hinweg, insbesondere, wenn auf der Aktivseite noch gerichtlich beizutreibende strittige Forderungen zu verbuchen sind.[559] Maßgeblicher Zeitpunkt, den Auflösungsverlust bei Anteilen an einer insolventen GmbH geltend zu machen, ist in diesen Fällen im Grundsatz erst der Ab-

---

555 BFH-Urteil vom 25. 02. 2009, IX R 95/07. Im Streitfall wäre der Antrag in dem Jahr zu stellen gewesen, in dem der ausgeschiedene Gesellschafter aus der Bürgschaft in Anspruch genommen wurde und nicht erst im nächsten Jahr, in dem er wegen der Masselosigkeit der GmbH mit seiner Rückgriffsforderung endgültig ausfiel.

556 BFH, Urteil vom 22. 07. 2008, IX R 79/06, GmbHR 2008, 1172.

557 BFH, Urteil vom 19. 04. 2005, VIII R 45/04.

558 BFH, Beschluss vom 10. 02. 2009, IX B 196/08.

559 Seine ständige Rechtsprechung hat der BFH in einem Fall bestätigt, in dem 9 Jahre nach Eröffnung des Insolvenzverfahrens ein Aktivprozess der GmbH in Liquidation rkr. abgewiesen wurde; BFH, Urteil vom 19. 04. 2005, VIII R 45/04.

schluss des Insolvenzverfahrens.[560] Anders nur wenn bereits aufgrund des Inventars und der Eröffnungsbilanz des Insolvenzverwalters oder einer Zwischenrechnungslegung im Insolvenzverfahren ohne weitere Ermittlungen mit einer an Sicherheit grenzenden Wahrscheinlichkeit damit zu rechnen ist, dass das Vermögen zu Liquidationswerten die Schulden nicht mehr decken wird.

3. Der Abzug von Werbungskosten

316 Als Werbungskosten kommen in erster Linie Schuldzinsen in Frage, die im Zusammenhang mit Finanzierungsdarlehen zum Erwerb einer GmbH-Beteiligung oder mit einer späteren Darlehensaufnahme zur Ablösung einer Gesellschafter-Bürgschaft stehen. Für die Anerkennung von Werbungskosten muss seit 2009 der GmbH-Anteil allerdings zusätzlich im Betriebsvermögen gehalten werden oder von einem „unternehmerisch" beteiligten Gesellschafter.

Diese Schuldzinsen waren unter Geltung der alten Wesentlichkeitsgrenze von 25 Prozent (bis Veranlagungszeitraum 1998) nur bis zum Beendigungszeitpunkt der GmbH – auch während eines laufenden Insolvenzverfahrens – im Rahmen der Kapitaleinkünfte abzugsfähig.[561] Nach Löschung der GmbH wurde ein Steuerabzug von der früheren Rechtsprechung ausgeschlossen.[562]

317 In zwei Urteilen deutete der VIII. Senat des BFH aber bereits an, dass er für die Zeit nach Absenkung der Wesentlichkeitsgrenze auf zunächst 10 % oder später auf 1 % anders entscheiden würde[563]. Tatsächlich stellt der BFH im Urteil vom 16. 03. 2010 nunmehr fest, dass „Schuldzinsen, die für die Anschaffung einer im Privatvermögen gehaltenen Beteiligung im Sinn von § 17 EStG anfallen, unter den gleichen Voraussetzungen wie nachträgliche Betriebsausgaben als Werbungskosten bei den Einkünften aus Kapitalvermögen abgezogen werden können, wenn sie auf Zeiträume nach Veräußerung der Beteiligung oder Auflösung der Gesellschaft entfallen."[564] Der BFH begrenzt also den Schuldzinsenabzug nicht mehr auf den Zeitpunkt, in dem die Einkunftsquelle wegfällt. Weitere Voraussetzung für den Abzug ist darüber hinaus, dass der Anteilseigner unternehmerisch im Sinne von § 32d Abs. 2 Nr. 3 EStG beteiligt war und auch optiert.

Das gleiche gilt für Schuldzinsen, die infolge einer Inanspruchnahme aus einer Bürgschaft zugunsten der insolventen GmbH zu zahlen sind. Soweit die Schuldzinsen nach Beendigung der Liquidation und Löschung der GmbH anfallen und die Zahlung auf die Bürgschaftsschuld nicht durch die Verwertung des GmbH-Vermögens bestritten werden kann, sind sie als nachträgliche Werbungskosten aus Kapitalvermögen zugelassen, bis das Darlehen vollständig getilgt ist.[565] Falls es sich – in Altfällen vor 2010 – nicht um eine ertraglose Beteiligung (s.o.

---

[560] Ständige Rechtsprechung u.a. BFH, Urteil vom 25. 01. 2000, XIII R 63/98, DB 2000, 1260.

[561] BFH, Urteil vom 19. 04. 2005, VIII R 45/04.

[562] BFH, Urteil vom 19. 04. 2005, VIII R 45/04, DStRE 2005, 1121; Urteil vom 05. 10. 2004, VIII R 64/02 GmbH-StPr 2005, 90.

[563] BFH, Urteile vom 27. 03. 2007, VIII R 64/05, BFH/NV 2007, 1568 und vom 12. 09. 2007, VII I R 38/04.

[564] BFH Urteil vom 16. 03. 2010 VIII R 20/08, DB 2010, 1562, DStR 2010, 1472.

[565] BFH, Urteil vom 08. 09. 2010, VIII R 1/10. Zusätzliche Voraussetzung ist nach einem Urteil des FG Baden-Württemberg vom 24. 01. 2011, 10 K 3934/10, dass die Gesellschaft nach dem 31. 12. 1998 aufgelöst wurde; weiteres beim BFH anhängiges Revisionsverfahren zu diesem Fragenkomplex unter X R 5/11.

Teil 2 C.II.3.3.3.) handelt, kommen jedoch nur 60% zum Ansatz. Den sofortigen Ansatz der prognostizierten Zinsen im Rahmen des § 17 EStG lehnt der BFH zu Recht ab.

V. Reguläre und nachträgliche Anschaffungskosten

1. Der gesellschaftsbezogene Ansatz der Rechtsprechung

Der BFH sieht den Begriff der Anschaffungskosten in § 17 Abs. 2 EStG weit, weil dies das 318
Nettoprinzip der Einkommensbesteuerung gebietet.[566] Alle zum Erwerb und dem Halten der Beteiligung aufgewendeten Kosten gehören hierzu, und damit auch die nachträglichen Aufwendungen, sofern sie durch das Gesellschaftsverhältnis veranlasst sind, keine Werbungskosten im Sinne der §§ 19, 20 EStG und keine Veräußerungskosten sind.

Zu den Anschaffungskosten gehören damit nicht nur die ursprünglichen Aufwendungen für den Erwerb des Geschäftsanteils, also das anteilige Stammkapital und gfs. ein angemessenes oder überhöhtes Aufgeld, sondern alle auf der Ebene der Kapitalgesellschaft als solche zu wertende Nachschüsse (§ 26ff. GmbHG) und verdeckte Einlagen. Desgleichen, wenn ein Gesellschafter Verbindlichkeiten der GmbH übernimmt, um die Gesellschaft insolvenzfrei abwickeln zu können.[567] Anerkannt wurde dies für Verbindlichkeiten des Gesellschafters, der Steuerschulden und Kosten des Jahresabschlusses der GmbH übernommen hatte. Nachträgliche Anschaffungskosten einer Beteiligung können auch vom beherrschenden Gesellschafter-Geschäftsführer gezahlte Lohnsteuerrückstände der GmbH sein. Allerdings hat der BFH[568] darauf hingewiesen, dass diese Zahlungen auch als Werbungskosten in Bezug auf die Einkünfte des Geschäftsführers betrachtet werden können und diese Frage noch nicht abschließend geklärt ist.

Auch der Ausfall eines Gesellschafterdarlehens führt zu nachträglichen Anschaffungskosten, wenn das Darlehen eigenkapitalersetzenden Charakter hat.[569] Das Gleiche gilt für einen Verzicht auf die Rückzahlung.[570] Obwohl mit Geltung des MoMiG seit 01. 11. 2008 das Eigenkapitalersatzrecht abgeschafft wurde, sollen die dabei entwickelten Grundsätze im Zusammenhang mit dem Begriff der nachträglichen Anschaffungskosten weiter anwendbar sein und damit auch die Urteile zur früheren Rechtslage, jedenfalls wenn man der Finanzverwaltung (s.u. 3.) und Teilen der Rechtsprechung folgt.[571]

[566] BFH, Urteil vom 12. 10. 1999, VIII R 46/98, BFH/NV 2000, 561. Ein wesentlich beteiligter Gesellschafter kann sogar den Ausfall des Rückgriffs aus einer Bürgschaft, die er einem Dritten für ein für die GmbH günstiges Geschäft einräumt, als nachträgliche Anschaffungskosten geltend machen, BFH, Urteil vom 04. 03. 2008, IX R 80/06.

[567] BFH, Urteil vom 12. 12. 2000, VIII R 652/93, BB 2001, 570.

[568] BFH, Urteil vom 01. 03. 2005, VIII R 26/03.

[569] BFH-Urteil vom 09. 10. 2008, IX R 60/05. Dabei kommt es bei Treuhandverhältnissen auf die tatsächliche Krisensituation bei der GmbH an und nicht auf das Wissen des getäuschten Treugeber-Gesellschafters, der das Darlehen gewährt hat.

[570] FG Düsseldorf, Urteil vom 23. 07. 2009, 16 K 3510/08 E.

[571] Die frühere zivilrechtliche Rechtsprechung zu kapitalersetzenden Darlehen findet nach Inkrafttreten des MoMiG zum 01.11.2008 auch für Altfälle keine Anwendung mehr. Sie sind durch die neu eingefügte Nichtanwendungsvorschrift des § 30 Abs. 1 Satz 3 GmbHG außer Kraft gesetzt wurden. OLG München, Urteil vom 06. 05. 2010, 23 U 1564/10 rkr.

Auch ausgefallene Darlehen von Sanierungsgesellschaftern werden ebenso behandelt, obwohl sie nach § 32a Abs. 3 Satz 3 GmbHG a.F. nicht nachrangig zu bedienen waren. Der Zweck dieser Privilegierung war gerade, Anreize dafür zu schaffen, sanierungsbedürftigen GmbHs liquide Mittel zuzuführen. Würden nachträgliche Anschaffungskosten bei Ausfall dieses Darlehens nicht anerkannt, würde der Sanierungsgesellschafter steuerlich benachteiligt werden, was wiederum den Zweck der Privilegierung unterlaufen würde.[572] Dabei ist unerheblich, dass der Rückzahlungsanspruch aus dem Darlehen im Zeitpunkt des Verzichts nicht mehr werthaltig war. Die Höhe der Anschaffungskosten bestimmt sich allein nach dem Zeitpunkt der Hingabe Darlehens in der Krise der GmbH und damit mit dem Nennbetrag.

Der Nachweis, dass die originären oder nachträglichen Anschaffungskosten aufgebracht worden sind, obliegt dabei dem Anteilseigner. Er muss die Darlehensgewährung, die rechtliche Ausgestaltung und auch fehlende Rückzahlungen des Darlehens nachweisen[573] genauso wie die Tatsache, dass er die Bürgschaft erst in der Krise der GmbH übernommen hatte.[574] Insgesamt dürfen die Anforderungen an den Nachweis dabei nicht überspannt werden.[575]

Wenn der Insolvenzverwalter gegen den Gesellschafter-Geschäftsführer zivilrechtliche Ansprüche geltend macht, führt ein Erfolg der Klage bei diesem zu nachträglichen Anschaffungskosten.[576] Der Liquidationsverlust steht in diesem Fall im Übrigen erst fest, wenn das Klageverfahren abgeschlossen ist (s.o. Teil 2 IV.2.3.).

Es ist jedoch nicht erforderlich, dass im Zeitpunkt der Aufwendungen noch Aussicht auf einen Liquidationserlös im Sinne vom § 72 GmbHG besteht. Allein der Umfang der durch das Gesellschaftsverhältnis veranlassten Aufwendungen ist maßgeblich, auch wenn einem Gesellschafter bereits klar sein muss, dass kein Totalgewinn zu erzielen ist. Selbst wenn ein am Erwerb eines Gesellschaftsanteils Interessierter der GmbH im Vorgriff auf die Beteiligung ein Darlehen gewährt, mit dem er später ausfällt, erkennt das FG Münster vorweggenommene Anschaffungskosten an[577].

Als Zwischenergebnis ist also festzuhalten, dass nach der Rechtsprechung zumindest alle Aufwendungen von Gesellschaftern, um eine Liquidation zu Ende führen zu können, im Rahmen von § 17 EStG als nachträgliche Anschaffungskosten anzuerkennen sind. Hingegen sind Zinsen zum Bestreiten eines Darlehens, das relevante Bürgschaftsaufwendungen finanziert hat, zwar nicht nach § 17 EStG abzugsfähig, aber nach der neueren BFH-Rechtsprechung als nachträgliche Werbungskosten aus der Kapitalbeteiligung.[578] Falls es sich – in Altfällen vor 2010 – nicht um eine ertraglose Beteiligung (s.o. Teil 2 C.II.3.3.3.) handelt, kommen wg. § 3c EStG von den Anschaffungskosten jedoch nur 60% zum Ansatz.

---

572 BFH Urteil vom 19. 08. 2008, IX R 63/05.

573 FG München, Urteil vom 05. 11. 2007, 1 K 5361/04: Untauglich ist als Nachweis, wenn das Darlehen lediglich über das Gesellschafterverrechnungskonto gebucht wurde.

574 BFH, Urteil vom 22. 04. 2008 IX R 75/06; FG Köln, Urteil vom 25. 06. 2009, 10 K 456/06.

575 BFH, Urteil vom 08. 02. 2011, IX R 44/10. Die Einzahlung einer Stammeinlage im Hinblick auf Anschaffungskosten i.S. von § 17 Abs. 2 EStG muss nach 20 Jahren seit Eintragung der GmbH nicht zwingend allein durch den entsprechenden Zahlungsbeleg geführt werden. Vielmehr sind alle Indizien – etwa Vorlage entsprechender Bilanzen, die seinerzeitige Versicherung des Geschäftsführers und die Tatsache der GmbH-Eintragung – für eine Einzahlung im Rahmen einer Gesamtwürdigung zu prüfen.

576 BFH, Urteil vom 01. 03. 2005, VIII R 26/03.

577 FG Münster, Urteil vom 20. 01. 2010, 7 K 5023/07 E – nicht rkr., Revision beim BFH unter IX R 10/10.

578 BFH Urteil vom 16. 03. 2010 VIII R 20/08, DB 2010, 1562, DStR 2010, 1472.

2. Keine gesellschaftsrechtliche Veranlassung nach der Rechtsprechung

Voraussetzung für die gesellschaftsrechtliche Veranlassung ist, dass das Darlehen oder die sonstigen Aufwendungen eigenkapitalersetzenden Charakter haben, auch unter der Geltung des MoMiG seit 01. 11. 2008. In folgenden Fallgruppen wurde dies von der Rechtsprechung verneint: 319

- Ein Darlehen oder eine Bürgschaft wird während einer lediglich organisatorischen Krise der GmbH eingeräumt bzw. fortgewährt wird.[579]
- Ein Aktionär ist nicht unternehmerisch, das heißt zu weniger als 25 %, an einer AG beteiligt und gewährt ihr ein Darlehen.[580]
- Ein partiarisches Darlehen kann im Fall drohender Zahlungsunfähigkeit, drohender Überschuldung oder wesentlicher Verschlechterung der Vermögensverhältnisse[581] bzw. ein reguläres Darlehen bei bloßer Verschlechterung der wirtschaftlichen Situation der GmbH oder dem Ausbleiben von Zinsen[582] fristlos gekündigt werden.
- Das Gesellschafterdarlehen wurde lediglich über das Gesellschafterverrechnungskonto gebucht. [583]
- Der Gesellschafter-Geschäftsführer zahlt nach Ablehnung eines Insolvenzverfahrens mangels Masse freiwillig (weil er sich für die Verbindlichkeiten der GmbH nicht verbürgt hat), um seine Reputation nicht zu verlieren.[584]

Keine nachträglichen Anschaffungskosten im Rahmen des § 17 EStG sollen auch vorliegen, wenn erst nach Löschung der GmbH ein Darlehen aufgenommen, um eine Bürgschaft für die GmbH auslösen zu können,.[585] Diese Auffassung ist dann nicht nachvollziehbar, wenn ohne die Bürgschaft die GmbH keine Darlehen mehr erhalten hätte. Der Kreis der Anschaffungskosten sollte alle Aufwendungen umfassen, die gesellschaftsrechtlich veranlasst sind, gerade auch im Rahmen der Auflösung und Löschung einer GmbH.

Trägt ein Gesellschafter Verbindlichkeiten seiner insolventen GmbH, um seine persönliche Reputation zu retten, so sollte er auch unbedingt der GmbH die Mittel per Gesellschafterdarlehen zur Verfügung stellen und zwar so rechtzeitig, dass sie krisenbestimmt oder im Rahmen eines Sanierungsdarlehens hingegeben werden können. In manchen Fällen könnte die Insolvenz dadurch vermieden werden, wenn auch die Gläubiger auf einen Teil ihrer Forderungen verzichten. Bei der anschließenden insolvenzfreien Liquidation kann dann der Gesellschafter den Ausfall seiner Darlehen als Anschaffungskosten geltend machen. Schließlich ist es unbedingt zu vermeiden, dass die Verbindlichkeiten einer bereits gelöschten GmbH getilgt werden, da der BFH dann die gesellschaftsrechtliche Veranlassung ablehnt.

---

579 FG München, Urteil vom 27. 06. 2007, 9 K 961/04; im entschiedenen Sachverhalt hatte sich der Mitgeschäftsführer kurz vor den Gesellschafterleistungen ins Privatleben zurückgezogen und die ihm gehörenden Geschäftsräume der GmbH gekündigt.

580 BFH, Urteil vom 25. 06. 2009, IX R 42/08, DStR 2009, 1843, DB 2009, 1965, im Anschluss an BFH, Urteil vom 02. 04. 2008, IX R 76/06, BStBl. 2008, 706, DStR 2008, 1424.

581 FG Düsseldorf, Urteil vom 23. 07. 2009, 16 K 3510/08 E.

582 FG Nürnberg, Urteil vom 30. 06. 2010, 3 K 1417/98 rkr., GmbHR 2011, 99.

583 FG München, Urteil vom 05. 11. 2007, 1 K 5361/04.

584 FG Niedersachsen, Urteil vom 14. 05. 2009, 11 K 431/06.

585 BFH, Urteil vom 09.06.2010, IX R 52/09.

Schädlich sind stets Fallgestaltungen mit Drittaufwandskomponente.

- Ein Gesellschafter, der nur an der Muttergesellschaft beteiligt ist, fällt mit seinem Darlehen an die Tochtergesellschaft aus.[586]
- Die Forderung eines nahen Angehörigen an die GmbH fällt aus.[587]
- Der Bürge stellt seine Sicherheit eigenkapitalersetzend für eine Gesellschaft, an der er nur mittelbar beteiligt ist.[588]
- Ein Gesellschafter gewährt einem anderen Gesellschafter ein Darlehen zum Weiterreichen an die Gesellschaft.[589]
- Ein Gesellschafter verpfändet Wertpapiere zur Sicherung vom Mitgesellschafterdarlehen.[590]

Bei Familiendarlehen an eine GmbH sollte der Angehörige das Darlehen zunächst an den Anteilseigner zu fremdüblichen Bedingungen vergeben. Dieser kann das Darlehen dann weiter an die Gesellschaft ausreichen. Der Darlehensverlust wirkt sich nur dann im Rahmen der Ermittlung des Auflösungsgewinnes Steuer mindernd aus. Die Verlustabzugsmöglichkeit auf Verwandte zu verlagern, die den Steuervorteil besser ausnutzen könnten, ist jedoch in keinem Fall darstellbar.

3. Die Auffassung der Finanzverwaltung

320 Die Finanzverwaltung will die Rechtslage vor Einführung des MoMiG beibehalten, BMF, Schreiben vom 21.10.2010, IV C 6 – S 2244/08/1001 (im Anhang abgedruckt). Es erkennt nachträgliche Anschaffungskosten in folgenden Fällen des Darlehensausfalls an:

- Das Darlehen eines Gesellschafters ist so in die Finanzplanung der Gesellschaft einbezogen, dass die Eigenkapitalausstattung in der Gesellschaft erst einschließlich des Darlehens eine sinnvolle Geschäftsaufnahme ermöglicht (Finanzplandarlehen).
- Bei der Hingabe des Darlehens in der Krise entsprechen die nachträglichen Anschaffungskosten dem Nennwert des Darlehens.
- Ebenso, wenn ein Gesellschafter das Darlehen vor der Krise gewährt dabei verbindlich erklärt, dieses Darlehen auch in der Krise der Gesellschaft nicht abzuziehen (krisenbestimmte Darlehen).
- Bei in der Krise stehen gelassenen Darlehen bemessen sich die nachträglichen Anschaffungskosten dem gemeinen Wert in dem Zeitpunkt, in dem der Gesellschafter das Darlehen trotz Eintritts der Krise gesellschaftsrechtlich veranlasst nicht abzieht.
- Bei Sanierungsdarlehen[591] ist der gemeine Wert des Darlehens im Zeitpunkt des Beginns des Anfechtungszeitraums maßgeblich.

---

586 BFH, Urteil vom 25. 02. 2009, IX R 28/08. Verluste an Tochtergesellschaften können auf der privaten Ebene des Gesellschafters nur dann geltend gemacht werden, wenn auch die Muttergesellschaft liquidiert wird und über diesen Umweg auch das an diese ausgereichte Darlehens ausfällt, das diese an die Tochtergesellschaft weitergereicht hat.

587 BFH, Urteil vom 12. 12. 2000, VIII R 52/93.

588 BFH, Urteil vom 12. 12. 2000, VIII R 52/93 und Urteil vom 04. 03. 2008, IX R 78/06.

589 FG Münster, Urteil vom 20. 01. 2010, 7 K 5023/07 E, Revision beim BFH unter IX R 10/10.

590 BFH Urteil vom 17. 12. 2010, IX R 16/10, GmbHR 2011, 557.

591 BFH Urteil vom 19. 08. 2008, BStBl. II 2009, 5. Die gesetzlichen Neuregelungen in §§ 39, 135 InsO sowie § 6 AnfG sollen den Gesellschafter von Beginn des Anfechtungszeitraums an wirtschaftlich so stellen, als habe er eine Krisenbindung vereinbart.

Nur bei Kleingesellschaftern bis zu 10 % Beteiligungsquote erkennt die Finanzverwaltung den Verlust bei Ausfall ihrer Gesellschafterdarlehen nicht an. Vom Sanierungsgesellschafter abgesehen seien die anderen Fälle des § 32a GmbHG von der Entscheidung des BFH nicht betroffen, sodass bei bloßen Kleingesellschaftern ein Ansatz der nachträglichen Anschaffungskosten im Rahmen des § 17 EStG entfalle. Im Übrigen gilt das BMF-Schreiben vom 08. 06. 1999, BStBl II 1999, 545 fort.

4. Kritik an der BFH-Rechtsprechung

Die Auffassung des BFH, der stets eine gesellschaftsrechtliche Veranlassung genügen lässt 321
aber eben auch fordert, stößt auf Widerspruch in Literatur[592] und in Instanzrechtsprechung. Insbesondere das Finanzgericht Düsseldorf nimmt eine Vorreiterrolle ein und sieht das Veranlassungskriterium als zu eng an. Es erkennt darin einen Verstoß gegen das Nettoprinzip.[593] Wenn die GmbH am Markt überhaupt kein Darlehen oder kein Darlehen zu entsprechenden Konditionen erhalten kann, sind Aufwendungen für eine daraufhin eingegangene Bürgschaft des Gesellschafter-Geschäftsführers als nachträgliche Anschaffungskosten zu werten, wenn der Bürge anlässlich der Gesellschaftsbeendigung in Anspruch genommen wird. Nur so ist nach Auffassung des Gerichts das Netto-Prinzip gewahrt.

In einem weiteren Streitfall spielt es für das Finanzgericht Düsseldorf auch keine Rolle, ob die Krise schon eingetreten war, als das Darlehen hingegeben oder die Sicherheit eingeräumt wurde. Es reicht für die Annahme, dass die Bürgschaftsübernahmen gesellschaftsrechtlich veranlasst waren, aus, dass die GmbH andernfalls keine Darlehen erhalten hätte.[594]

Diese weite Auffassung hat sich beim BFH jedoch nicht durchgesetzt. Der BFH verlangt einerseits, dass der Befreiungsanspruch des Bürgen nach § 775 BGB ausgeschlossen sein und die Bürgschaft zu einem Zeitpunkt übernommen werden muss, in dem sich die Gesellschaft bereits in der Krise befand oder aber vorher, dann muss die Bürgschaft für den Fall der Krise bestimmt sein. Ein bloßer Drittvergleich, also wenn andere Gläubiger unter den gegebenen Umständen keine Bürgschaft übernommen hätten, reicht nach Meinung des BFH nicht aus, um die gesellschaftsrechtliche Veranlassung zu begründen.[595]

Diese Argumentation überzeugt m. E. nicht. Zunächst sind in der Aufbauphase sind Gesellschafterbürgschaften stets aus dem Gesellschaftsverhältnis veranlasst, wenn sie der GmbH unentgeltlich und ungesichert eingeräumt werden. Es spielt dabei keine Rolle, ob es sich um eine Finanzplanbürgschaft handelt oder Krisenbestimmungen bzw. Verzichtserklärungen vorliegen.

---

592 Zum Meinungsbild in der Literatur: *Bayer*, DStR 2009, 2399.

593 FG Düsseldorf, Urteil vom 17. 10. 2005, 11 K 255 8/04, aufgehoben vom BFH, Urteil vom 22. 04. 2008, IX R 75/06.

594 FG Düsseldorf, Urteil vom 30. 06. 2010, 15 K 1566/09, Revision beim BFH unter IX R 34/10. Das Gericht hat das jeweilige Finanzierungsvolumen und die Sicherheiten aneinander projektbezogen gegenüber gestellt und die Unterdeckungen mit den übernommenen Bürgschaften verglichen. Allerdings ist auch immer die Krisenbestimmtheit der Bürgschaftsübernahmen erforderlich.

595 BFH, Urteil vom 22. 04. 2008 IX R 75/06.

Auch privilegiert der BFH Sanierungsgesellschafter nach § 32a Abs. 3 Satz 3 GmbH G a.F. im Rahmen des § 17 EStG und folgt damit ausnahmsweise dem FG Düsseldorf.[596] Nur dann schade es nicht, dass es sich um einen Kleingesellschafter mit Beteiligung von maximal 10 % handelt. Der BFH begründete diese Einordnung zutreffend damit, dass Sanierungsgesellschaftern, jetzt geregelt in § 109 InsO, Anreize geboten werden sollen, in sanierungsbedürftige Gesellschaften einzusteigen und diese Zwecke dadurch gefährdet wären, wenn sie gegenüber Großgesellschaftern steuerlich benachteiligt würden. Diese Argumente gelten nahtlos auch für Gesellschafter-Darlehen, die durch Rangrücktritt zurückgestuft werden.[597]

322 Deshalb sind die Einschränkungen des BFH nicht systematisch und nicht nachvollziehbar. Für die Anwendung des § 17 EStG ist allein der Schwellwert von 1 % maßgeblich – und konsequent auch für die Frage der Anschaffungskosten im Rahmen des § 17 Abs. 2 EStG[598] –, nicht die an einer völlig anderen systematischen Zusammenhang geregelte Grenze von 10 %, nämlich im Zusammenhang von eigenkapitalersetzenden Darlehen (jetzt genauer „in der Insolvenz nicht nachrangige Darlehen") von Kleingesellschaftern. Es ist inkonsequent, einerseits die Veräußerungsgewinne zu versteuern andererseits nachträgliche Anschaffungskosten danach zu differenzieren ob der Gesellschafter mehr oder zu weniger als 10 % an der GmbH beteiligt ist.[599]

Der Gesetzgeber hat seit der Einführung des Halbeinkünfteverfahrens die Liquidationsgewinne außerhalb des Körperschaftenkreislaufes vollständig erfasst (je zur Hälfte bei der Körperschaft und beim Anteilseigner bzw. zu 15 % ab 2008 bei der Körperschaft und ab 2009 zu 60 % beim Anteilseigner, falls im Betriebsvermögen oder bei „unternehmerischen" Gesellschaftern) und die Verluste und Werbungskosten, soweit sie nur beim Anteilseigner anfallen können, systemwidrig nur zur Hälfte (bzw. zu 60 % ab 2009 in den oben genannten Fällen) zugelassen.[600]

Dann ist es nur recht und billig, alle Aufwendungen, sofern sie nur im Zusammenhang mit der Beteiligung stehen und nicht anderen Einkünften zuzuordnen sind, im Rahmen der Verlustermittlung zuzulassen. Wenn es sich nicht um eine Splitterbeteiligung unter einem Prozent handelt, wird der Anteil an der Kapitalgesellschaft damit bis 2008 steuerlich wie Betriebsvermögen behandelt, auch wenn er im Privatvermögen gehalten wird. Dann ist es allerdings nicht gerechtfertigt, den Kreis der Anschaffungskosten auf die gesellschaftsrechtliche Veranlassung zu beschränken. Für die Anteile im Betriebsvermögen und von „unternehmerischen" Gesellschaftern ab 2009 trifft diese Argumentation erst recht zu.

323 Ob die Finanzierung der GmbH durch Gesellschafterdarlehen der privaten Vermögensebene zuzuordnen ist, weil sie ausschließlich der Erzielung von Kapitalerträgen dient, kann auch nicht danach beurteilt werden, ob ein marktüblicher Zins vereinbart wurde. Das wird oft nur

---

596 BFH, Urteil vom 19. 08. 2008, IX R 63/05, Vorinstanz FG Düsseldorf, Urteil vom 17. 10. 2005, 11 K 255 8/04, so auch BMF-Schreiben vom 19.8.200, 8 BStBl II 2009, 5.

597 So auch *Bode*, DStR 2009, 1785.

598 So auch *Grögler/Urban*, SteuerConsultant 2009, 32. Weil Darlehen von Gesellschaftern stets mit der Beteiligung im wirtschaftlichen Zusammenhang stehen, befürworten sie, dass sämtliche Darlehen im Verlustfalle als nachträglich Anschaffungskosten mit ihrem Nennwert zu berücksichtigen sind.

599 So auch FG Köln, Urteil vom 25. 06. 2009, 10 K 266/06 rkr. Die zugelassene Revision wurde nicht eingelegt.

600 So auch FG Düsseldorf, Urteil vom 10. 05. 2007, aufgehoben vom BFH mit Urteil vom 20.01.2009 , IX R 98/07 vormals VIII R 23/07.

vereinbart, weil sonst eine verdeckte Einlage angenommen wird, was in der Regel neue Streitpunkte erzeugt und daher vermieden wird. Auch die GmbH-Reform spricht insoweit für die weite Sicht der Anschaffungskosten, weil sie mit der verfehlten Konzeption des Eigenkapitalersatzes aufräumt: Gesellschafterdarlehen sollen in der Insolvenz stets im Rang nach allen anderen Forderungen bedient werden. Damit werden sie konsequent als durch das Gesellschaftsverhältnis veranlasst gesehen mit der Folge, dass alle damit in Zusammenhang stehenden Aufwendungen Anschaffungskosten auf die Beteiligung darstellen.

VI. Besonderheiten bei der Gewerbesteuer

Der Liquidationsgewinn, der an die Anteilseigner ausgekehrt wird, unterliegt der Gewerbe- *324*
steuer, soweit er nicht aus dem Stammkapital oder aus dem steuerlichen Einlagekonto gemäß § 29 KStG[601] stammt. Um zu verhindern, dass dieser Gewinn beim Anteilseigner nochmals der Gewerbesteuer unterliegt, bestimmt § 9 Nr. 2a Satz 1 GewStG, dass der Gewerbegewinn um Gewinnausschüttungen gemindert wird, die von Gesellschaften stammen, an dem der gewerbesteuerpflichtige Betrieb zumindest mit einem Zehntel beteiligt ist. Zu Beginn eines Erhebungszeitraumes muss also mindestens ein Zehntel des Stammkapitals der Obergesellschaft gehören, die sich auf das so genannte gewerbesteuerliche Schachtelprivileg berufen möchte. Der Gewinn aus Anteilen im Sinne des § 9 Nr. 2a GewStG umfasst auch die Ausschüttung zum Abfluss der Liquidation, soweit nicht das Stammkapital oder das steuerliche Einlagenkonto betroffen ist.[602]

Dies jedenfalls dann, wenn die Obergesellschaft keine Kapitalgesellschaft ist, bei der die Gewinnausschüttungen und auch die Liquidationsraten nach § 8b KStG steuerfrei zu vereinnahmen sind. Bei anderen Anteilseignern gehören diese Einkünfte zu § 20 Abs. 1 Nr. 2 EStG, wobei die Hälfte nach § 3 Nr. 40 EStG steuerfrei bleibt (ab 2009 zu 60 %, falls im Betriebsvermögen gehalten oder bei „unternehmerischen“ Gesellschaftern).

Da nach der Liquidation der Untergesellschaft der Buchwert und die sonstigen Anschaffungs- *325*
kosten in der Gesellschaftsbilanz und in den Ergänzungsbilanzen Gewinn mindernd auszubuchen sind, ist dieser Betrag nach § 8 Nr. 10 Buchst. b GewStG wieder hinzuzurechnen. Als Saldo von Hinzurechnungen und Kürzungen verbleibt der um auszubuchende Beträge geminderte Nettozufluss. Nur in dieser Höhe wird auch nicht doppelt von der Gewerbesteuer entlastet, da die Ausbuchung der Stammeinlage und der nachträglichen Anschaffungskosten bei der Obergesellschaft den gewerbesteuerpflichtigen Gewinn bereits gemindert hat.

601 früher EK 04 im Sinne des § 30 Abs. 2 Nr. 4 KStG 1977.

602 BFH Urteil vom 08. 05. 2003, IV R 35/01, DB 2003, 1881.

D. Die Ablösung von Pensionszusagen

I. Umkehrung der Steuervorteile bei vorzeitigem Ende von Pensionszusagen

326 Die Verpflichtung aus einer Pensionszusage einer GmbH an ihren Gesellschafter-Geschäftsführer oder an andere Mitarbeiter muss im Laufe des Liquidationsverfahrens aufgelöst oder übertragen werden: Es müssen ausnahmslos alle Verbindlichkeiten der GmbH zurückgeführt werden, folglich sind davon auch die Pensionszusagen der GmbH betroffen.

Diese Rückführung stellt insbesondere für Einmann-GmbHs mitunter das größte Problem bei der Bedienung der Verpflichtungen einer GmbH dar. Die Hauptursache für die Problematik ist die in vielen Fällen sofortige Steuerpflicht des gesamten kapitalisierten Pensionsanspruches (das heißt in Höhe des Teilwerts) beim Berechtigten, und zwar unabhängig davon, ob auf die Zusage mit oder ohne Abfindung verzichtet oder die Verpflichtung daraus auf eine nicht steuerfrei übertragbare Art auf einen Dritten übergeleitet wird. Dies ist mit gesundem Menschenverstand dann nicht nachvollziehbar, wenn dem Begünstigten im Besteuerungsjahr gar nichts zufließt: entweder weil er ganz oder teilweise verzichtet oder weil er bei einer Übertragung nur den Anspruch behält (Scheinbezugsbesteuerung).

Es stellt sich dann bei vielen Gesellschafter-Geschäftsführern die späte Erkenntnis ein, dass sich die viel gepriesenen steuerlichen Vorteile einer Pensionszusage am Ende einer GmbH in deren Gegenteil verkehren können, vor allem wenn keine Rückdeckungsversicherung abgeschlossen wurde.

327 Aber auch wenn eine solche Versicherung existiert, stellt eine Unterdeckung ein verbreitetes Problem dar. Bei einer Unterdeckung wurde die Rückdeckungsversicherung nicht in ausreichender Höhe abgeschlossen oder nicht nachgebessert. Letzteres ist der Fall, wenn bei einer Erhöhung der Zusage die Rückdeckungsversicherung nicht entsprechend aufgestockt wurde. Das fällt deswegen oft gar nicht auf, weil die Pensionszusage verdeckt erhöht wurde: Die Geschäftsführergehälter werden angehoben und damit auch die Pensionszusage, die sich auf einen bestimmten Prozentsatz des zuletzt bezogenen Aktivgehalts bezieht.

Häufige Ursache für eine Unterdeckung ist auch, dass die Rückdeckungsversicherungen weniger Überschüsse ausweisen als ursprünglich prognostiziert. Ferner bedienen sie sich anderer – vorsichtigerer – Rechnungsgrundlagen als für die Bildung der Rückstellung nach § 6a EStG maßgeblich sind.

Die Pensionszusage kann die GmbH im Fall der Liquidation durch Verzicht des Berechtigten mit oder ohne Abfindung loswerden. Die Gegenleistung für den Begünstigten kann wiederum in Geld- oder Sachwerten bestehen oder in der Übertragung der Versorgungsverpflichtung auf einen Dritten. In allen Varianten kann sich ein Missverhältnis von Leistung und Gegenleistung einstellen, wobei in Höhe der überschießenden Beträge einerseits ein Teilverzicht und andererseits insoweit eine verdeckte Gewinnausschüttung angenommen wird. Die steuerlichen Folgen für den Berechtigten und die GmbH sollten in allen Varianten vor der Entscheidung in die Abwägung mit einbezogen werden. Steuerlich am günstigsten, aber meist kostspieligsten, ist dabei die Übertragung im Rahmen der Steuerfreiheit des § 3 Nr. 65 Satz 2 EStG und des § 3 Nr. 66 i.V.m. § 4e Abs. 3 EStG.

II. Die Behandlung verfallbarer Pensionsansprüche

Ein Sonderfall ist vorab auszuscheiden: Wenn Pensionsanwartschaften aus der Zusage noch verfallbar sind, so hat der Liquidator die Kündigung zu erklären. Andernfalls würde eine verdeckte Gewinnausschüttung angenommen werden, da ein gewissenhafter Geschäftsleiter einem Dritten keine Abfindung zahlen würde, wenn die GmbH sich ohne Kosten aus einer Verpflichtung lösen kann. 328

Fraglich ist, welche Folgen der Verzicht auf einen noch verfallbaren Pensionsanspruch nach sich zieht. Da ein ordentlicher und gewissenhafter Geschäftsleiter einem Berechtigten keine Abfindung zugestehen würde, wenn der Anspruch noch verfallbar ist, wird in diesem Fall für den Verzicht kein Zufluss angenommen. Wenn bei der Abfindung trotz Verfallbarkeit eine verdeckte Gewinnausschüttung angenommen wird, so kann ein Verzicht auf eine verdeckte Gewinnausschüttung keinen fiktiven Zufluss auslösen. 329

Das FG Düsseldorf hat deshalb zwar folgerichtig eine verdeckte Einlage angenommen, angesichts der Verfallbarkeit deren Wert allerdings mit 0 € angesetzt. Ein fremder Dritter würde für diese Anwartschaften nichts bezahlen.[603] Bei der GmbH dürfen die Rückstellungen dann nicht gewinnneutral auf Rücklagen umgebucht werden, sondern sind erfolgswirksam auszubuchen. Ein Anhaltspunkt für diese Sichtweise ergibt sich auch indirekt aus dem Urteil des BFH[604], in dem der Verfallbarkeit Bedeutung für die Teilwertbemessung des Pensionsanspruches zugesprochen wird. Wird eine verfallbare Pensionszusage gegen Abtretung des Anspruchs aus der Rückdekkungsversicherung abgelöst, so entsteht in Höhe der Differenz zwischen der abgetretenen Rückdeckungsversicherung und der Pensionszusage eine verdeckte Gewinnausschüttung. Dies gilt auch, wenn der Gesellschafter zwar Geschäftsführer, aber nicht beherrschender ist.[605] Aus Beratersicht ist bei verfallbaren Pensionszusagen auf die mögliche Kündigung zu drängen.

III. Die steuerbefreite Übertragung von unverfallbaren Pensionszusagen

Bei unverfallbaren Zusagen kann die Verpflichtung mit Zustimmung der betroffenen Arbeitnehmer gegen Einmalzahlung auf eine Pensionskasse, eine Lebensversicherung oder einen öffentlichen Versorgungsträger übertragen werden (§ 4 Abs. 1 und 2 BetrAVG).[606] Dies gilt auch für die Übertragung auf einen Pensionsfonds (§ 3 Nr. 66 i.V.m. § 4e Abs. 3 EStG).[607] 330

Beide Lösungen sind auch für Fälle der Betriebseinstellung und Liquidationen anwendbar und sowohl für laufende Pensionen also auch für Anwartschaften.[608]. Ohne Zustimmung des Arbeitsnehmers eröffnet § 4 Abs. 3 und 4 BetrAVG die Möglichkeit, unverfallbare Pensionszusagen und bereits laufende Verpflichtungen an besondere Versorgungsträger oder Unterstützungskassen abzutreten, wobei dafür geleistete Zahlungen gem. § 3 Nr. 65 Satz 2 EStG steuerfrei sind. In den Genuss der Steuerfreiheit kommen gem. R 27 Abs. 1 Satz 3 LStR auch

603 FG Düsseldorf, Urteil vom 15. 06. 2010, 6 K 2357/08 K, F, Revision beim BFH unter I R 62/10.

604 BFH, Urteil vom 05. 10. 1997, I R 58/93, unentschieden *Förster*, DStR 2006, 2151.

605 FG Berlin-Brandenburg, Urteil vom 16. 06. 2009, 6 K 9136/07, rkr. EFG 2009, 1677, DStRE 2010, 394.

606 Näheres *Kemper*, DB 1995, 373ff.

607 Eingehend zur Übertragung auf einen Pensionsfonds bzw. Unterstützungskasse: *Jeske*, Auslagerung von Pensionszusagen, NWB 2009, 3206.

608 Eingehend *Prost*, Auslagerungsmöglichkeiten von Pensionszusagen, DB 2009, 2006.

beherrschende Gesellschafter-Geschäftsführer. Allerdings dürfte die Ausfinanzierung in vielen Fällen schwierig sein insbesondere auch bei Gesellschafter-Geschäftsführern im fortgeschrittenen Alter, so dass sich einerseits ein teilweiser Verzicht anbietet, um dessen negativen Auswirkungen zu begrenzen.

Andererseits kann die Verpflichtung aus der Pensionszusage auf eine Pensionsgesellschaft (oder Rentner-GmbH) übertragen werden, wobei der Pensionsberechtigte zustimmt. Der BFH diesem Modell zwar den steuerlichen Segen verwehrt[609], die Finanzverwaltung ist aber ausnahmsweise großzügig, und verzichtet auf die sofortige Besteuerung.[610] Pflüger empfiehlt diese Gestaltung vor allem bei älteren Gesellschafter-Geschäftsführern.[611]

IV. Der Verzicht auf unverfallbare Pensionszusagen ohne Gegenleistung

1. Volle Werthaltigkeit der Pensionszusage

1.1. Folgen beim Berechtigten

1.1.1. Besteuerung des fiktiven Zuflusses

331 Ist die Anwartschaft aus der Pensionszusage unverfallbar, kann sie nicht mehr einseitig vom Liquidator gekündigt werden. Es kommt dann als eine erste Möglichkeit, die Pensionsverpflichtung der GmbH aus der Welt zu schaffen, in Betracht, dass der Gesellschafter-Geschäftsführer auf seinen Anspruch gegen die GmbH ersatzlos verzichtet (bzw. durch einen Erlassvertrag gemäß § 397 BGB).

Diese Alternative ist in der Regel gesellschaftsrechtlich – und nicht betrieblich[612] – veranlasst und damit die denkbar ungünstigste: Durch den Verzicht des Gesellschafters erhält er einerseits keine Rentenzahlungen – wie ursprünglich versprochen. Andererseits muss er den fiktiven Zufluss in Höhe des Teilwerts des Pensionsanspruches gemäß § 19 EStG in voller Höhe sofort versteuern. Wenn fiktive Zuflüsse zu versteuern sind, verlieren auch vernunftbegabte Mitbürger regelmäßig den Glauben an die Gerechtigkeit unseres Steuersystems. Davon unbeeindruckt jonglieren Gesetzgeber und Rechtsprechung stur mit bilanziellen Mechaniken, die letztendlich nicht schlüssig sind.

332 Gleichzeitig mit dem fiktiven Zufluss beim Gesellschafter wird in gleicher Höhe eine fiktive Einlage in die GmbH angenommen, was zunächst einmal einen gewissen Ausgleich darstellt. Diese Einlage stellt nämlich Anschaffungskosten dar, die der Gesellschafter-Geschäftsführer im Rahmen des Auflösungsverlustes abziehen kann – allerdings wegen § 3c Abs. 2 EStG nur zur Hälfte (bzw. ab 2009 zu 60 %). Den Rest versteuert der Gesetzgeber als fiktiven Gewinn ohne sachlichen Grund.

---

609 BFH, Urteil vom 12. 04. 2007, VI R 6/02; anders *Geilert/Retzlaff/Schnathmeier*, jedenfalls für Gesellschafter-Geschäftsführer in Altfällen mit Wahlrecht, gestützt auf einen nicht veröffentlichten Gerichtsentscheid des FG Hamburg, DStR 2010, 87.

610 BMF-Schreiben vom 20. 01. 2009, BStBl. I 2009, 273, Rz. 222 ff.

611 *Pflüger*, GStB, 2010, 83, mit einem Modellfall, wie eine Pensionszusage auf eine Pensionärs-GmbH übertragen werden kann.

612 Beispiele für eine betriebliche Veranlassung mit Gegenüberstellung der steuerlichen Folgen; *Alt/Stadelbauer*, DStR 2009, 2552.

Bei der Gesellschaft bedeutet der Pensionsverzicht die Gewinn erhöhende Auflösung der Pensionsrückstellung. Dies ist gerechtfertigt, da sie zunächst Steuer mindernd über die Jahre hinweg aufgebaut wurde und wenn sich im nach hinein als leere Hülle erweist, müssen die daraus gezogenen Steuervorteile rückgängig gemacht werden.

1.1.2. Steuerbegünstigung

Wenn man jedoch eine Besteuerung des fiktiven Zuflusses annimmt, so kommt dem Begünstigten zumindest die Fünftelregelung des § 34 Abs. 1 EStG zugute. Es handelt sich nämlich um eine Vergütung für eine mehrjährige Tätigkeit im Sinne von § 34 Abs. 2 Nr. 4 EStG. Härten, die aus dem zusammengeballten Zufluss in einem Jahr zu verzeichnen sind, werden so abgemildert. Es muss insofern das Gleiche gelten wie bei der Abfindung von Pensionsansprüchen.[613] Handelt es sich bei dem Arbeitnehmer jedoch um einen Gesellschafter, so müssen die Gründe für die Liquidation einem Fremdvergleich standhalten. Dies bedeutet, dass aufgrund der wirtschaftlichen Situation ein Zwang zur Liquidation bestand.[614] 333

1.1.3. Lohnsteuerabzug

Lohnsteuer ist meines Erachtens von der GmbH bei einem Verzicht des Begünstigten nicht einzubehalten. Der Abzug zur Lohnsteuer setzt voraus, dass eine Zahlung vorliegt (§ 38 Abs. 1 Satz 1 EStG). Eine Zahlung liegt bei einem fiktiven Zufluss jedoch unter keinen denkbaren Gesichtspunkt vor. Die Annahme, das Lohnsteuer auf einen fiktiven Zufluss einzubehalten ist, würde den Liquidator in eine schwierige Situation bringen: für Lohnsteuerausfälle haftet der Liquidator wie ein Geschäftsführer stets in voller Höhe und nicht nur anteilig wie bei den anderen Steuern. Allerdings stünde der Gesellschaft eine haftungsbefreiende Anzeige nach § 38 Abs. 4 Satz 2 EStG zu Gebote, da der Begünstigte keinen Barlohn erhält. Rechtsprechung zu dieser Frage gibt es noch nicht, andere Autoren weisen zumindest auf die Gefahr der Lohnsteuerpflichtigkeit hin.[615] 334

1.2. Folgen bei der GmbH

Bei der GmbH wird durch die Auflösung der Pensionsrückstellung bilanziell das Vermögen vermehrt, außerbilanziell wird jedoch eine Einlage bei der Gewinnermittlung der Gesellschaft abgezogen.[616] Dies jedenfalls dann, wenn die Vermögensmehrung durch das Gesellschaftsverhältnis veranlasst ist (§ 8 Abs. 1 KStG i.V.m. § 4 Abs. 1 Satz 1 EStG). Ein gesellschaftsrechtlich veranlasster Verzicht wird im Rahmen der Liquidation stets in Frage kommen. 335

613 *Beck*, DStR 2002, 477; *Fuhrmann/Demuth*, KÖSDI 2006; Zur Tarifermäßigung bei der Abfindung von Pensionsansprüchen: BFH, Urteil vom 23. 07. 1974, VI R 116/72, BStBl. II 1974, 680; *Schmidt*, EStG, § 34 Rz. 45.

614 BFH, Urteil vom 04. 09. 2002, XI R 53/01, StuB 2003, 36, Urteil vom 12. 04. 2007, VI R 6/02; in diesem Urteil wird im Übrigen auch der steuerneutralen Auslagerung von Pensionszusagen auf eine so genannte Rentner-GmbH eine Absage erteilt; dagegen BMF-Schreiben vom 20. 01. 2009, BStBl. 2009, 273, Rz. 222.

615 *Förster*, DStR 2006, 2150; *Gebhardt*, DB 1998, 1837.

616 Zur Darstellung der Abfindung in der Handels- und Steuerbilanz, *Perwein*, GmbHR 2010, 523.

1.3. Verzicht auf den „future service" und Unwirksamkeit der Pensionszusage

Zu den bekannten Instrumenten zur Beseitigung von Pensionszusagen sind in letzter Zeit zwei weitere Varianten vorgeschlagen worden: Der Verzicht auf den „future service" aus einer Pensionszusage und der Widerruf der Pensionszusage, sofern er möglich erscheint.

Der Verzicht auf den „future service" führt laut überwiegender Meinung der Finanzverwaltung[617] nicht zu einem Lohnzufluss beim Gesellschafter-Geschäftsführer. Selbst wenn man davon ausgeht, dass der Verzicht auf Anwartschaften, die erst erdient werden müssen, durch das Gesellschafterverhältnis veranlasst sei, wäre die noch nicht erdiente Anwartschaft mit dem Teilwert Null anzusetzen desgleichen ein anzunehmender Lohnzufluss beim Geschäftsführer und die korrespondierende verdeckte Einlage.[618]

In geeigneten Fällen kann auch die Unwirksamkeit einer Pensionszusage geltend gemacht werden: Dann stellt sich die Rückstellung für die Pensionszusage als eine Rückstellung für eine Ausschüttung dar, so dass die GmbH zwar nachversteuern muss. Vorteilhaft ist allerdings, dass der Verzicht auf die Ausschüttung beim Gesellschafter keinen fiktiven Zufluss auslöst. Dabei bietet das Urteil des BFH vom 28. 04. 2010 (I R 78/08) neue Möglichkeiten, die Unwirksamkeit einer Pensionszusage über deren gesamte Dauer rückwirkend geltend zu machen.[619]

Abweichend von der Verwaltungsauffassung beurteilt der BFH eine Pensionszusage, die zu früh erteilt wurde, als unwirksam, weil sie gegen das Gebot verstößt, eine gewisse Probezeit nach Anstellung eines Geschäftsführers einzuhalten. Sie kann auch nicht in die Wirksamkeit hineinwachsen. Allerdings hat sich die Finanzverwaltung diesem Urteil noch nicht angeschlossen. Sie hat bisher angenommen, dass die Pensionszusage ab dem Zeitpunkt einer angemessenen Probezeit als wirksam erteilt anzusehen ist, wobei die Jahre, in denen die Zuführung zur Pensionsrückstellung unzulässig gewesen wären, meistens bereits festsetzungsverjährt waren. Strittig ist auch die erforderliche Dauer der Probezeit: Während die Finanzverwaltung mindestens zwei bis drei Jahre fordert und zugleich die GmbH bereits seit fünf Jahren bestehen muss, ist die Rechtsprechung teilweise großzügiger. Auch deswegen empfiehlt sich für diesen Weg eine verbindliche Zusage des Finanzamts.

2. Wertlose Pensionszusage

336 Ist die GmbH nicht in der Lage die Pensionszusage zu erfüllen, muss der Liquidator Insolvenz anmelden. Dieser Schritt kann nur vermieden werden, wenn der Berechtigte auf die Pensionszusage verzichtet. In diesen Fall muss er nichts versteuern, da ihm auch nichts Geldwertes zugeflossen ist. Bei der Kapitalgesellschaft wird jedoch durch den Verzicht der Gewinn erhöht, wobei in diesen Fall kein Ausgleich durch eine Einlage mit gleicher Höhe angenommen wird.

In Liquidationsfällen wird die Finanzverwaltung jedoch regelmäßig eine verdeckte Gewinnausschüttung annehmen. Der Verzicht des berechtigten Gesellschafter-Geschäftsführers um

617 Verfügungen der OFD Hannover vom 11. 08. 2009, der OFD Karlsruhe vom 07. 09. 2010 und der OFD Frankfurt vom 10. 09. 2010, V, A.A. Erlass des Finanzministerium NRW vom 17. 12. 2009-S 2 743-10-V B 4, s.a. *Janssen*, NWB 2010, 4027.

618 Ausführlich zum Verzicht von Gesellschafter-Geschäftsführern auf den „future service" Keil/Prost, DB 2010, 868 und *Linden*, DStR 2010, 582.

619 BFH, Urteil des vom 28. 04. 2010, I R 78/08; eingehend *Janssen*, NWB 2011, 562.

eine Insolvenz zu vermeiden, wird regelmäßig durch das Gesellschaftsverhältnis veranlasst sein. Dann aber ist es die Gewinn erhöhende Auflösung der Pensionsrückstellung außerbilanziell in voller Höhe wiederum zu kürzen, weil die früheren Zuführungen zur Pensionsrückstellung als vGA sich außerhalb der Bilanz Gewinn erhöhend ausgewirkt hätten.[620]

3. Teilwerthaltigkeit der Pensionszusage

In vielen Fällen ist der Anspruch des Begünstigten nur noch teilweise werthaltig, weil es an einer ausreichenden Rückdeckungsversicherung oder sonstigen ausreichenden Aktiva fehlt. Beträgt die Werthaltigkeitsquote 70 %, so ist ein Verzicht in Höhe von 30 % voll auf den nicht mehr werthaltigen Teil des Pensionsanspruches anzurechnen (Differenzbetrachtung). Die Gegenauffassung einer quotalen Betrachtung wird soweit ersichtlich nicht ernsthaft vertreten. Damit tritt in Höhe des Verzichtes auf den nicht werthaltigen Pensionszusagenanteil kein Zufluss beim Begünstigten und es ist keine verdeckte Einlage verzeichnen.[621] *337*

V. Der Verzicht auf unverfallbare Pensionszusagen gegen Abfindung

Kann eine GmbH aus ihren Aktivvermögen oder aus einer abgeschlossenen Rückdekkungsversicherung den Pensionsanspruch bedienen, muss ein Weg gefunden werden, die Verpflichtung aus den Passiva der Gesellschaft zu verbannen. *338*

1. Die Abfindung entspricht dem Teilwert der Pensionszusage

1.1. Bestimmung des Teilwertes

Der maßgebliche Teilwert zur Bewertung der Einlage des Gesellschafters ist im Zweifel nach dem Wiederbeschaffungskosten zu orientieren.[622] Man wird sich also fragen müssen, gegen welche Einmalprämie die Zusage gleich hoher Versorgungsleistungen von Dritten (Versicherungsunternehmen, Pensionsfonds etc.) gewähren würde. Die Prämie variiert je nachdem, ob der Pensionsanspruch bereits ganz oder teilweise unverfallbar ist oder ob der Berechtigte bis zur Pensionsgrenze weiter arbeiten muss. *339*

Diese Marktprämie darf auch nur bei voller Bonität der GmbH angesetzt werden. Bei niedriger Bonität der Gesellschaft ist der Teilwert entsprechend zu reduzieren.[623] Für den Fall, dass der Pensionsanspruch gegen die zu liquidierende GmbH noch voll werthaltig ist, da sie über erhebliches Aktivvermögen verfügt, wird der Teilwert der Pensionsrückstellung den Bilanzwert der Pensionsrückstellung gemäß § 6a EStG erheblich unterschreiten. Während die Altersvorsorgeunternehmen den Kapitalbedarf mit einem Zinsfuß von 2,25 % bis 4 % kalkulieren und eine vorsichtige Sterbewahrscheinlichkeit zu Grunde legen, operiert § 6a EStG bekanntlich mit 6 % per annum.

620 BMF-Schreiben vom 28. 05. 2002, IV A 2 – S 2742 – 32/02 BStBl. I 2003, 603 Rz. 22 bis 24 Beispiel 5; *Frotscher*, FR 2002, 864; *Neu/Watermeyer*, DStR 2002, 2105.

621 *Pradl*, GStB 2010, 345, weist darauf hin, dass die Finanzverwaltung dieser Argumentation in verbindlichen Auskünften gefolgt ist.

622 BFH, Urteil vom 15. 10. 1997, I R 58/93, BStBl. II 1998, 305, DStR 1998, 236.

623 *Förster*, DStR 2006, 2151 m.w.Nw.

1.2. Folgen beim Berechtigten

340 Eine erste Möglichkeit besteht darin, den Begünstigten aus Barmitteln abzufinden. Maßstab für die Beurteilung der Abfindung als vGA ist, ob einem Gesellschafter ein Vermögensvorteil gewährt wird, der bei Beachtung der Sorgfalt eines ordentlichen und gewissenhaften Geschäftsleiters einem nicht der Gesellschaft angehörigen Berechtigten nicht zugewandt worden wäre. Dies wird bei der Abfindung für verfallbare Pensionszusagen angenommen, da ein gewissenhafter Geschäftsleiter den Verfalltatbestand eintreten lassen würde und der Gesellschaft aus diesem Grunde eine Zahlung in erheblicher Höhe erspart.[624]

Für ratierlich sofort unverfallbare Pensionsanwartschaften gelten bei beherrschenden Gesellschafter-Geschäftsführern nach der Finanzverwaltung Sonderregeln. Danach ist nur der Bruchteil ab Erteilung der Zusage unverfallbar, der sich aus der Dauer der Pensionszusage im Vergleich zur Zeitdauer bis zum Renteneintritt ergibt. Nach dem § 2 Abs. 1 BetrAVG ist jedoch der Anwartschaftsbruchteil aus dem Quotienten zwischen der gesamten Dienstdauer und der Anwartschaftszeit zu berechnen.

341 Dies ergibt sich für Gesellschafter-Geschäftsführer aufgrund des Nachzahlungsverbotes, weil es insofern an einer klaren, im Voraus getroffenen zivilrechtlichen wirksamen und tatsächlich durchgeführten Vereinbarung fehlt.[625] Stets gesellschaftlich veranlasst sind Auszahlungen ohne betriebliche Notwendigkeit auf Wunsch des Gesellschafters bei der Liquidation der Gesellschaft.[626] Dies ist nicht unumstritten: Nach anderer Ansicht kann als betrieblicher Grund für eine Abfindung angenommen werden, wenn erhebliche gesellschaftsrechtlichen Veränderungen anstehen, wobei die Liquidation als finale Änderung die denkbar am tiefsten greifende Veränderung einer Gesellschaft ist.[627]

Der Verzicht auf den Pensionsanspruch ist damit zu versteuern und zwar im Rahmen des § 19 EStG voll mit dem Teilwert (entspricht dem Rentenbarwert). Auf der anderen Seite handelt es sich bei dem fiktiv zugeflossenen Betrag um eine fiktive Einlage, die zu nachträglichen Anschaffungskosten auf die Gesellschaftsanteile führt, die allerdings nur zu 60 % zu berücksichtigen ist.

342 Diese künstliche Trennung wirkt sich in Liquidationsfällen aber auch davon abgesehen geradezu fatal aus: Während der fiktive Zufluss im Jahr des Verzichts angenommen wird, sind die nachträglichen Anschaffungskosten steuermindernd erst in einem späteren Jahr und unter möglicherweise ganz anderen steuerlichen Voraussetzungen abzugsfähig. Durch die Beschränkung des Verlustrücktrages auf ein Jahr kann sich so ein Verlust steuerlich unter Umständen überhaupt nicht mehr auswirken, wenn der Gesellschafter wesentlich geringere Einkünfte verzeichnet. Es empfiehlt sich also unbedingt, den Verzicht erst kurz vor dem Abschluss der Liquidation auszusprechen.

In Liquidationsfällen wird der Verzicht auf die Ansprüche aus der Pensionszusage keine vGA darstellen. Die getrennte Sichtweise von Verzicht auf die Pensionszusage und Abfindungsauszahlung wird auch dann durchgehalten, wenn der Berechtigte statt einer Barabfindung die An-

624 BFH, Urteil vom 14. 03. 2006, I R 38/05, DStR 2006, 1172.

625 BFH, Urteil vom 28. 01. 2007, I R 50/03, BStBl. II 2005, 542; Rz 36 KStR 2004.

626 *Förster*, DStR 2006, 2151 m.w.Nw.

627 DStR 2002, 474; FG Köln, Urteil vom 17. 03. 2005, 30 K 1531/03 DStRE 2005, 708 dagegen BFH, Urteil vom 14. 03. 2006, I R 38/05, DStR 2006, 1172.

sprüche aus der Rückdeckungsversicherung übertragen erhält. Die GmbH hat den aktivierten Anspruch gegen den Rückdeckungsversicherung als Aufwand zu behandeln, während die Rückstellung für die Pensionszusage erfolgswirksam ausgebucht wird. Zwei Fälle sind dabei zu unterscheiden: Einmal kann der Aktivanspruch höher sein als die gebildete Rückstellung, sodass sich für die Gesellschaft insgesamt ein Aufwandsüberhang ergibt. Kontrovers wird dabei diskutiert, ob eine vGA vorliegt.[628]

Immer wenn es an einer Zwangslage fehlt, kommt auf Seiten des Gesellschafters auch die Fünftel-Regelung nach § 34 Abs. 1 EStG nicht in Frage. Dies wurde für den Fall entschieden, in dem ein Gesellschafter-Geschäftsführer eine Abfindung dafür erhalten hat, damit er auf seine Pensionszusage angesichts einer drohenden Insolvenz verzichtet.[629]

2. Die Abfindung ist niedriger als der Teilwert der Pensionszusage

Umgekehrt – und dieser Fall wird öfters vorliegen – kann der Aktivanspruch hinter der Höhe der Pensionszusage zurückbleiben: Das ist der Fall der so genannten Unterdekkung. Auf der Ebene des Gesellschafters wird wegen der – künstlichen – Trennung von Verzicht und Gegenleistung in Form der Übertragung von Ansprüchen zunächst als Sachbezug der Zeitwert aus der Pensionszusage als Einkünfte aus nichtselbstständiger Arbeit versteuert. *343*

Ferner wird beim Gesellschafter eine verdeckte Einlage angenommen, die der Differenz zwischen dem Aktivwert der Rückdeckungsversicherung und dem (höheren) Teilwert der Pensionsansprüche entspricht. Eine vGA kommt beim Gesellschafter deswegen nicht in Betracht, auch nicht wenn die – nicht ausreichende, weil unter dem Teilwert der Pensionsrückstellung liegende – Abfindung aus der Auflösung der Rückdeckungsversicherung ausgezahlt wird.[630]

Für die Gesellschaft ergibt sich bei der Unterdeckung zunächst ein Erlösüberhang, allerdings wird eine verdeckte Einlage außerbilanziell wieder abgezogen, die dem der Differenz zwischen dem Aktivwert der Rückdeckungsversicherung und dem Teilwert der Pensionsansprüche entspricht.

3. Die Abfindung ist höher als der Teilwert der Pensionszusage

Was der Begünstigte zivilrechtlich verlangen kann, wird dabei als Obergrenze angesehen.[631] *344*
Eine verdeckte Gewinnausschüttung wird deshalb in der Regel angenommen, wenn die Abfindung über den Barwert der Versorgungsleistungen bzw. der Versorgungsanwartschaft hinausgeht.

---

628 So *Lederle*, GmbHR 2004, 274 zu den Unterschieden bei der Bewertung von Pensionsrückstellungen und dem Aktivanspruch aus der Rückdeckungsversicherung BFH, Urteil vom 25. 02. 2004, I R 54/02 BStBl. II 2004, 654, DStR 2004, 1118.

629 FG München, Urteil vom 21. 08. 2008, 15 K 2291/05. Im Fall beruhte der Verzicht nach Auffassung des Gerichts nicht auf einer Zwangslage, sondern auf betriebswirtschaftlichen Überlegungen, um den Einstieg eines Investors zu ermöglichen, der aber letztendlich scheiterte.

630 FG Münster, Urteil vom 23. 03. 2009, 9 K 93/02 K, G, F, rkr. Die gilt auch für zwei zu je 50% beteiligte Gesellschafter und auch wenn in den Pensionszusagen keine Regelung zur Abfindung von Pensionsansprüchen enthalten waren.

631 FG Düsseldorf, Urteil vom 30. 01. 1998, 6 V 5644/97 A (E) GmbHR 1998, 795; *Förster*, DStR, 2006, 2151, *Beck*, DStR 2002, 474, diese Vorgehensweise ist im Übrigen strikt von den oben unter Ziffer III. beschriebenen Übertragungen zu unterscheiden.

Die Rechtsfolgen einer Abfindung, die als vGA zu qualifizieren ist, sind im BFH Urteil vom 14. 05. 2006 eingehend behandelt worden. Dabei werden die Abfindung einerseits und der Verzicht auf die Pensionsansprüche andererseits getrennt gesehen. Die Abfindungszahlung wird dem Jahresergebnis hinzugerechnet (§ 8 Abs. 3 Satz 2 KStG). Es ist allerdings auch zu prüfen, ob die Auszahlung der Abfindung nicht aus dem steuerlichen Einlagekonto (§§ 27, 38 KStG) oder aus früherem EK 02 bestritten wurde. Andernfalls bezieht der Gesellschafter Einkünfte aus Kapitalvermögen (§ 20 Abs. 1 Nr. 1 EStG), die gemäß § 3 Nr. 40 EStG zu 50 % (60 % ab 2009) steuerpflichtig sind. Auf diesen Zufluss ist Kapitalertragssteuer gemäß § 43 EStG abzuziehen.

VI. Der Verzicht auf unverfallbare Pensionszusagen gegen Übertragung der Ansprüche gegen die Rückdeckungsversicherung

345 Wird in der Liquidationsphase diePensionsverpflichtung der GmbH dergestalt aufgelöst, dass der Begünstigte auf seinen Anspruch verzichtet und im Gegenzug von der GmbH den Anspruch gegen die Rückdeckungsversicherung übertragen erhält, so müssen beide Vorgänge getrennt bilanziell erfasst werden.[632] Man könnte durchaus auch den Standpunkt vertreten, dass sich an der Vermögenslage der GmbH nichts ändert, soweit sich Aktivanspruch gegen den Versicherer und Pensionszurückstellung decken. Dann wäre insoweit nichts zu buchen und nur der Unterschiedsbetrag erfolgswirksam zu behandeln.

Dieser Ansicht hat der BFH eine Absage erteilt. Er hebt darauf ab, dass der Verzicht des Gesellschafter-Geschäftsführers auf seine Ansprüche aus der Pensionszusage eine verdeckte Einlage darstelle. Dem gegenüber werden durch Übertragung der Ansprüche gegen den Rückdeckungsversicherer auf dem Begünstigten verdeckte Gewinne ausgeschüttet. Eine Saldierung kommt daher nicht in Betrag. In der Liquidationsphase schadet diese Sichtweise des BFH allerdings dann nicht so stark, wenn im gleichen Veranlagungszeitraum das Liquidationsergebnis realisiert wird. Dann kompensiert die verdeckte Einlage als nachträglicher Anschaffungskosten die verdeckte Gewinnausschüttung zumindest zu 60 %. In die Gesamtbetrachtung ist einzubeziehen, dass der Verzicht gegebenenfalls ermäßigt besteuert wird.

346 Der BFH nimmt immer dann eine verdeckte Gewinnausschüttung an, wenn der Gesellschafter-Geschäftsführer einen nach dem BetrAVG unverfallbaren Anspruch erdient hat. Dann greift das Abfindungsverbot des § 3 Abs. 1 BetrAVG (a.F.). Ein fremder Geschäftsführer würde angeblich auf einen angetragenen Verzicht nicht eingehen. Das überzeugt nicht, da der Fremdgeschäftsführer einen gleichwertigen Anspruch gegen den Versicherer erwirbt. Dass der BFH die beiden sich wirtschaftlich bedingenden Vorgänge trennt, ist daher lebensfern. Daher ist richtigerweise der Verzicht im Falle einer Vollkompensation nicht als aus dem Gesellschaftsverhältnis veranlasst anzusehen.

Dies gilt auch dann, wenn der Gesellschafter-Geschäftsführer zum Zeitpunkt der Pensionszusage noch Mehrheitsgesellschafter war und deswegen nicht dem Schutz des BetrAVG unterfiel. Verliert er später diese Stellung, so wächst er in den Schutz des BetrAVG hinein mit der Folge, dass das Abfindungsverbot greift.

[632] BFH, Urteil vom 14. 03. 2006, I R 38/05 gegen Vorinstanz FG Köln, Urteil vom 17. 03. 2005, 13 K 1531/03.

Anhang

A. Checkliste Regelablauf der Liquidation

Soweit nicht anders angegeben, ist der Liquidator zuständig

[ ] Beschluss der Auflösung und des Auflösungszeitpunktes durch die Gesellschafterversammlung mit der satzungsmäßigen Mehrheit; ansonsten 75 %

[ ] Bestellung des Liquidators oder der Liquidatoren durch die Gesellschafterversammlung

[ ] Regelung des Auftrags- bzw. Anstellungsverhältnisses, der (Einzel)Vertretung und der Befreiung von den Beschränkungen des § 181 BGB, falls die Satzung nicht eindeutige Aussagen dazu trifft

[ ] Anmeldung der Auflösung zur Eintragung ins Handelsregister

[ ] Aufstellung der Liquidationseröffnungsbilanz innerhalb von 3 Monaten; gfs. Prüfung ob Insolvenzreife

[ ] Bekanntmachung der Auflösung und des Gläubigeraufrufs im elektronischen Bundesanzeiger und gfs. zusätzlich in den satzungsbestimmten Veröffentlichungsorganen

[ ] Der Firma der GmbH wird stets der Zusatz i.L. angehängt

[ ] Anpassung der Angaben auf den Geschäftspapieren und im Impressum des Internetauftritts (§ 5 TMG)

[ ] Vertretung der Gesellschaft in laufenden oder noch anzustrengenden Aktivprozessen gerichtlich und außergerichtlich, bei Passivprozessen entsprechend

[ ] Beendigung der laufenden Geschäfte (d.h. die Geschäftstätigkeit insgesamt)

[ ] Erfüllung der Verpflichtungen der aufgelösten Gesellschaft, Kündigung der Dauerschuldverträge, Befriedigung der Gläubigerforderungen

[ ] Verwertung des Vermögens der GmbH durch Verkäufe

[ ] Einzug der Forderungen der Gesellschaft, gfs. auch gegenüber Gesellschaftern

[ ] Entscheidung der Gesellschafterversammlung, ob steuerlich bis zum Auflösungszeitpunkt ein Rumpfwirtschaftsjahr zu bilden ist

[ ] Aufstellung der steuerrechtlichen Liquidationsbilanzen

– gfs. Liquidationszwischenbilanzen zur Steueroptimierung bei den Anteilseignern; spätestens jedoch nach 3 Jahren und anschließend kalenderjährlich

[ ] Jährliche Aufstellung und Veröffentlichung der Handelsbilanzen

[ ] Abgabe der Steuererklärungen

– Umsatzsteuer: laufend kalenderjährlich

– Gewerbesteuer: nachträglich kalenderjährlich gequotelt

– Körperschaftsteuer: spätestens nach 3 Jahren und anschließend kalenderjährlich

[ ] Entscheidung der Gesellschafterversammlung, ob Gewinne früherer Wirtschaftsjahre und gfs. für das Rumpfwirtschaftsjahr ausgeschüttet werden

[ ] Gfs. Auszahlung von Liquidationsraten unter Beachtung des Sperrjahres

[ ] Bei ratierlich bis 2017 auszuzahlenden Körperschaftsteuerguthaben: Abtretung der Forderung gegen den Fiskus gem. § 46 AO an einen dazu bereiten Dritten

[ ] Vertragsabschluss über die Verwahrung der Bücher der Gesellschaft mit Vorauszahlung für die gesamte Aufbewahrungsdauer und der (restlichen) Liquidatorenvergütung

[ ] Erstellung der Liquidationsabschlussbilanz über das verbleibende Gesellschaftsvermögen nach Ablauf des Sperrjahrs und Befriedigung aller Gläubiger

[ ] Einreichung der Steuererklärungen, Bescheidprüfung, gfs. Rechtsmittelverfahren durchführen

[ ] Ausgleich von ev. Steuerverbindlichkeiten, Empfang von Steuererstattungsansprüchen

[ ] Erstellung der Liquidationsschlussrechnung über das an die Anteilseigner zu verteilende Gesellschaftsvermögen

[ ] Verteilung dieses Vermögens gem. Schlussrechnung an die Anteilseigner

[ ] Anmeldung des Erlöschens der GmbH zur Eintragung in das Handelsregister

B. Muster eines Verschmelzungsvertrages

Vor dem unterzeichnenden Notar _______ mit Amtssitz in _______ erschienen:

1. Frau Mustermann, handelnd nicht im eigenen Namen, sondern als alleinvertretungsberechtigte Geschäftsführerin der Mustermann GmbH i.L. mit dem Sitz in _______ eingetragen im Handelsregister des Amtsgerichts _______ unter HRB _______. Die Geschäftsführerin ist von den Beschränkungen des § 181 BGB befreit.

2. Frau Mustermann _______

Die Erschienene bat um Beurkundung des folgenden Verschmelzungsvertrages zwischen der

Mustermann GmbH i.L.

– nachfolgend GmbH genannt –

und

Frau Mustermann

– nachfolgend „Frau M." genannt –

Präambel

Mit diesem Vertrag wird die GmbH auf Frau M. verschmolzen. Alleinige Gesellschafterin der GmbH, deren Stammkapital in Höhe von 25.000 Euro nach Angabe voll eingezahlt ist, ist Frau M. mit einem Geschäftsanteil von 25.000 Euro.

§ 1 Vermögensübertragung/Bilanzstichtag

(1) Die GmbH mit Sitz in ... überträgt ihr Vermögen als Ganzes mit allen Rechten und Pflichten unter Ausschluss der Abwicklung gemäß §§ 120ff. UmwG ihrer Alleingesellschafterin Frau M. im Wege der Verschmelzung durch Aufnahme.

(2) Der Verschmelzung wird die mit dem uneingeschränkten Bestätigungsvermerk des Wirtschaftsprüfers ... versehene Bilanz zum 31.12.01 als Schlussbilanz zugrunde gelegt.

§ 2 Verschmelzungsstichtag

Die Übernahme des Vermögens der GmbH erfolgt im Innenverhältnis mit Wirkung zum Ablauf des 31.12.01. Vom 01.01.02 an bis zum Zeitpunkt des Erlöschens der GmbH gem. § 20 Abs. 1 Nr. 2 UmwG gelten alle Handlungen und Geschäfte der GmbH als für Rechnung von Frau M. vorgenommen.

§ 3 Keine besonderen Rechte und Vorteile

(1) Besondere Rechte gem. § 5 Abs. 1 Nr. 7 UmwG werden nicht gewährt.

(2) Keinem Mitglied der Vertretungsorgane und der Aufsichtsorgane der an der Verschmelzung beteiligten Parteien, keinem geschäftsführenden Gesellschafter, keinem Abschlussprüfer oder Verschmelzungsprüfer werden besondere Vorteile gewährt (§ 5 Abs. 1 Nr. 8 UmwG).

§ 4 Folgen der Verschmelzung für Arbeitnehmer und ihre Vertretungen

(1) Für die Arbeitnehmer der GmbH gilt, dass Frau M. sämtliche Arbeitnehmer übernimmt. Alle Arbeitnehmer werden zu den bei der GmbH geltenden Konditionen weiterbeschäftigt.

(2) Die Alleingesellschafterin betreibt bisher kein Unternehmen und beschäftigt keine Arbeitnehmer.

(3) Bei beiden Rechtsträgern bestehen auch keine besonderen Betriebsvereinbarungen. Durch die Verschmelzung ergeben sich keine tarifvertraglichen Änderungen.

(4) Bei der GmbH besteht kein Betriebsrat.

§ 5 Weitere Regelungen im Zusammenhang mit der Verschmelzung

Das durch die Verschmelzung durch Aufnahme entstehende Einzelunternehmen hat seinen Sitz in ... . . Die Firma des Einzelunternehmens lautet „Mustermann Dienstleistungen“.

§ 6 Auswirkungen der Verschmelzung auf Grundbuchverhältnisse

(1) Die GmbH verfügt über folgenden Grundbesitz: AG ... ., Grundbuch von... ... .,

(2) Der Notar wies darauf hin, dass mit Wirkung der Verschmelzung das Vermögen der GmbH einschließlich der Verbindlichkeiten auf das Einzelunternehmen übergeht und die GmbH erlischt. Dies hat zur Folge, dass die Grundbücher unrichtig werden, in denen die GmbH als Eigentümerin von Grundstücken/Gebäuden bzw. als Inhaber beschränkter dinglicher Rechte an Grundstücken/Gebäuden eingetragen ist.

(3) Soweit die GmbH im Grundbuch als Inhaberin solcher beschränkter dinglicher Rechte ausgewiesen ist, die im Wege der Vermögensübertragung gem. § 5 Nr. 2 UmwG nicht mit übertragen werden können, erlöschen diese mit Wirksamkeit der Verschmelzung.

(4) Der Notar wies weiter darauf hin, dass der Nachweis der Unrichtigkeit gegenüber dem Grundbuchamt durch Vorlage eines beglaubigten, die Eintragung der Verschmelzung enthaltenen Handelsregisterauszuges erbracht werden kann. Schließlich wies der Notar noch darauf hin, dass dem Grundbuchamt die steuerliche Unbedenklichkeitsbescheinigung des Finanzamtes vorzulegen ist.

(5) Die Berichtigung des Grundbuchamtes nach Wirksamkeit der Verschmelzung wird hiermit beantragt. Der Notar wird beauftragt und bevollmächtigt, die Berichtigung im Grundbuch zu veranlassen.

§ 7 Kosten

Die durch diesen Vertrag und seinen Vollzug entstehenden Kosten trägt das aufnehmende Einzelunternehmen. Falls die Verschmelzung nicht wirksam werden sollte, haben die beteiligten Vertragsparteien die Notarkosten je zur Hälfte zu tragen.

§ 8 Sonstiges

(1) Der Notar hat die Beteiligten über den weiteren Verfahrensablauf bis zum Wirksamwerden der Verschmelzung, auf den Wirksamkeitszeitpunkt sowie die Rechtsfolgen der Verschmelzung hingewiesen.

(2) Gläubigern beider Rechtsträger ist auf Anmeldung und Glaubhaftmachung ihrer Forderung hin nach Maßgabe des § 22 UmwG Sicherheit zu leisten.

(3) Der Notar hat die Beteiligten auf den weiteren Verfahrensablauf bis zum Wirksamwerden der Verschmelzung, auf den Wirksamkeitszeitpunkt sowie die Rechtsfolgen der Verschmelzung hingewiesen.

§ 9 Abschriften

...

C. BMF-Schreiben vom 21. 10. 2010

Auswirkung des Gesetzes zur Modernisierung des GmbH-Rechts und zur Bekämpfung von Missbräuchen (MoMiG) auf nachträgliche Anschaffungskosten gemäß § 17 Absatz 2 EStG

BMF-Schreiben vom 21.10.2010 – IV C 6 - S 2244/08/10001 –2010/0810418

Der Bundesfinanzhof (BFH) hat unter Geltung des GmbH-Rechts vor Inkrafttreten des Gesetzes zur Modernisierung des GmbH-Rechts und zur Bekämpfung von Missbräuchen (MoMiG) am 1. November 2008 (BGBl. I S. 2026) in mehreren Urteilen zur Höhe der nachträglichen Anschaffungskosten gemäß § 17 Absatz 2 EStG in den Fällen des Darlehensverlustes eines i.S. des § 17 EStG beteiligten Gesellschafters Stellung genommen (BFH-Urteile vom 24. April 1997, BStBl 1999 II S. 339 und BStBl 1999 II S. 342, vom 4. November 1997, BStBl 1999 II S. 344, sowie vom 10. November 1998, BStBl 1999 II S. 348). Nach den in diesen Urteilen zum Ausdruck kommenden Rechtsgrundsätzen gehören zu den Anschaffungs- kosten einer Beteiligung i.S. des § 17 EStG auch nachträgliche Aufwendungen auf die Beteiligung, wenn sie durch das Gesellschaftsverhältnis veranlasst und weder Werbungskosten bei den Einkünften aus Kapitalvermögen noch Veräußerungskosten sind. Danach zählt zu diesen Aufwendungen auch die Wertminderung des Rückzahlungsanspruchs aus einem der Gesellschaft gewährten Darlehen. Nach Auffassung des BFH muss der Begriff der nachträglichen Anschaffungskosten in § 17 EStG weit ausgelegt werden, damit das die Einkommensbesteue- rung beherrschende Nettoprinzip im Anwendungsbereich dieser Norm ausreichend wirksam werden kann. Dem durch die Beteiligung veranlassten Ertrag ist der durch sie veranlasste Aufwand gegenüberzustellen. Als nachträgliche Anschaffungskosten i.S. des § 17 Absatz 2 EStG kommen deshalb nicht nur Aufwendungen in Betracht, die auf der Ebene der Gesellschaft als Nachschüsse oder verdeckte Einlagen zu werten sind, sondern auch sonstige, durch das Gesellschaftsverhältnis veranlasste Aufwendungen des Gesellschafters, sofern diese nicht Werbungskosten bei den Einkünften aus Kapitalvermögen oder Veräußerungskosten i.S. von § 17 Absatz 2 EStG sind. Die Finanzverwaltung hatte die Anwendung der durch die genannten BFH-Urteile geschaffenen Rechtsgrundsätze seinerzeit in dem BMF-Schreiben vom 8. Juni 1999 (BStBl I S. 545) zusammengefasst.

Zu der Frage, welche Folgen sich für die Anwendung des § 17 EStG aufgrund des ab dem 1. November 2008 geltenden MoMiG (a.a.O.) ergeben, nehme ich im Einvernehmen mit den obersten Finanzbehörden der Länder wie folgt Stellung:

1. Rechtslage auf Grund des MoMiG

Das bisherige Recht bestand zum einen aus dem Bereich der gesetzlichen Regelungen in §§ 32a, 32b GmbHG (sog. Novellenregeln), und zum anderen aus einer aus der BGH-Rechtsprechung entwickelten analogen Anwendung der §§ 30, 31 GmbHG (sog. Rechtsprechungsregeln). Durch das MoMiG wurde das Eigenkapitalersatzrecht grundlegend dereguliert. Die Bestimmungen über kapitalersetzende Darlehen (§§ 32a, 32b GmbHG) wurden im Rahmen des MoMiG aus dem GmbHG entfernt und im Insolvenzrecht sowie im Anfechtungsgesetz (AnfG) neu geordnet. Damit hat der Gesetzgeber auch den zu §§ 30, 31 GmbHG entwickelten Rechtsprechungsregeln die gesetzliche Grundlage entzogen. Kern der Neuregelungen in den §§ 39 Absatz 1 Nummer 5, §§ 44a, 135, 143 Absatz 3 der Insolvenzordnung (InsO) ist eine gesetzliche Nachrangigkeit aller Rückzahlungsansprüche aus Gesellschafterdarlehen in der Insolvenz, unabhängig davon, ob sie in der Krise gewährt wurden oder nicht („insolvenzrechtliches Institut der Nachrangigkeit“). Ist das Darlehen im Jahr vor Stellung des Insolvenzantrags getilgt worden oder wurde es zehn Jahre vor dem Eröffnungsantrag besichert, so ist gemäß § 135 Absatz 1 Nummer 2 InsO zusätzlich die Insolvenzanfechtung eröffnet, d.h. es besteht die Anfechtbarkeit der im letzten Jahr vor dem Insolvenzantrag von der Gesellschaft zurückgezahlten Gesellschafterleistungen, und zwar unabhängig von einer tatbestandlichen Anknüpfung an einen eigenkapitalersetzenden Charakter der Leistung. Wurde das Darlehen im Jahr vor Erlangung eines vollstreckbaren Schuldtitels zurückgezahlt oder wurde es zehn Jahre vor diesem Zeitpunkt besichert, so ist – außerhalb des Insolvenzverfahrens – zusätzlich die Anfechtungsmöglichkeit nach § 6 AnfG eröffnet. Das frühere Sanierungsprivileg und das frühere Kleinanlegerprivileg werden sinngemäß in § 39 Absatz 1 Nummer 5, Absatz 4 und 5 InsO beibehalten, so dass die vorgenannten Einschränkungen hier nicht gelten.

2. Nachrangigkeit der Gesellschafterdarlehen

Während die Rechtsprechung bisher von einer Anbindung an das Eigenkapitalersatzrecht ausging (BFH-Urteil vom 13. Juli 1999, BStBl II S. 724), ist nach Abschaffung der Eigenkapitalersatzregeln in §§ 32a, 32b GmbHG die Darlehensgewährung durch den Gesellschafter selbst die alleinige Voraussetzung für die insolvenzrechtliche Bindung des Darlehens. Mit Ausnahme der durch das Sanierungsprivileg und das Kleinanlegerprivileg begünstigten Gesellschafterdarlehen treten alle Gesellschafterdarlehen in der Insolvenz unabhängig von ihrer vertraglichen Ausgestaltung und unabhängig vom Zeitpunkt der Hingabe gemäß § 39 Absatz 1 Nummer 5 InsO an die letzte Stelle aller Gläubiger.

Für die Frage nachträglicher Anschaffungskosten im Rahmen des § 17 Absatz 2 EStG ist auf die gesellschaftsrechtliche Veranlassung abzustellen. Unbeschadet der Aufgabe des Eigenkapitalersatzrechts durch das MoMiG orientiert sich deshalb die Auslegung einer gesellschaftsrechtlichen Veranlassung nach wie vor an der bereits von dem BMF-Schreiben vom 8. Juni 1999 (BStBl I S. 545) herangezogenen Figur des ordentlichen und gewissenhaften Geschäftsführers, so dass bei gesellschaftsrechtlicher Veranlassung auch zukünftig nachträgliche Anschaffungskosten bei uneinbringlichen Rückzahlungsansprüchen des Gesellschafters anzunehmen sind.

3. Steuerliche Folgerungen für den Anschaffungskostenbegriff i.S. des § 17 EStG

Ein Darlehen ist nach Auffassung des BFH u.a. dann durch das Gesellschaftsverhältnis veranlasst, wenn im Zeitpunkt seiner Gewährung oder Weitergewährung die Rückzahlung des Darlehens angesichts der finanziellen Situation der Gesellschaft in dem Maße gefährdet ist, dass ein ordentlicher Kaufmann das Risiko einer Kreditgewährung zu denselben Bedingungen wie der Gesellschafter nicht mehr eingegangen wäre (sog. Krise). Der Begriff der Krise und die steuerliche Anknüpfung an die Krise werden auch im zeitlichen Geltungsbereich des MoMiG beibehalten. Außerdem ist auch nach der Abschaffung des Eigenkapitalersatzrechts im Rahmen des MoMiG eine gesellschaftsrechtliche Veranlassung der Darlehensgewährung danach zu beurteilen, ob die Gesellschaft unter den bestehenden Verhältnissen von einem Dritten noch einen Kredit zu marktüblichen Bedingungen erhalten hätte. Die bisherige Recht- sprechung des BFH zu nachträglichen Anschaffungskosten im Rahmen des § 17 Absatz 2 EStG kann daher grundsätzlich weiterhin angewendet werden.

Was im Fall der Hingabe des Darlehens in der Krise der Gesellschaft gilt, gilt nach Auffassung des BFH grundsätzlich auch bei einem der Gesellschaft vor der Krise gewährten Darlehen, wenn der Gesellschafter das Darlehen stehen lässt, obwohl er es hätte abziehen können und es angesichts der veränderten finanziellen Situation der Gesellschaft absehbar war, dass die Rückzahlung gefährdet sein wird (sog. stehen gelassenes Darlehen).

Im Einzelnen unterscheidet der BFH für die Frage des Umfangs nachträglicher Anschaffungs- kosten vier Fallgruppen:

a) Hingabe des Darlehens in der Krise

Im Falle der Hingabe des Darlehens in der Krise ist nach Auffassung des BFH für die Höhe der Anschaffungskosten dessen Nennwert maßgeblich.

b) Stehen gelassene Darlehen

Im Falle eines „stehen gelassenen" Darlehens ist grundsätzlich der gemeine Wert in dem Zeitpunkt maßgeblich, in dem es der Gesellschafter mit Rücksicht auf das Gesellschaftsverhältnis nicht abzieht; dies kann ein Wert erheblich unter dem Nennwert des Darlehens, im Einzelfall sogar ein Wert von 0 Euro sein. Nach der neuen, durch das MoMiG geschaffenen Rechtslage kann allerdings ein „stehen gelassenes" Darlehen begrifflich nur noch dann vorliegen, wenn die Krise zeitlich vor dem Beginn des Anfechtungszeitraums nach § 6 AnfG entstanden ist.

Ist die Krise erst nach dem Beginn des Anfechtungszeitraums entstanden, ist die Fallgruppe der „krisenbestimmten" Darlehen anzuwenden (vgl. hierzu unten unter d).

c) Finanzplandarlehen

Schon unter der Geltung des früheren GmbH-Rechts waren von den eigenkapitalersetzenden Darlehen die sog. Finanzplandarlehen abzugrenzen. Dies sind solche Darlehen, die von vornherein in die Finanzplanung der Gesellschaft in der Weise einbezogen werden, dass die zur Aufnahme der Geschäfte erforderliche Kapitalausstattung der Gesellschaft krisenunabhängig durch eine Kombination von Eigen- und Fremdfinanzierung erreicht werden soll. Solche von den Gesellschaftern gewährten „finanzplanmäßigen" Kredite zur Finanzierung des Unternehmenszwecks sind nach Gesellschaftsrecht den Einlagen gleichgestellt. Die Bindungen für sog. Finanzplandarlehen ergaben sich schon vor dem Inkrafttreten des MoMiG nicht aus dem Eigenkapitalersatzrecht, sondern aus den vertraglich herbeigeführten Vereinbarungen und Bindungen der Gesellschafter. Auch der Bundesgerichtshof (BGH) hat zwischen Eigenkapitalersatzrecht und Finanzplandarlehen differenziert. Die Abschaffung des Eigenkapitalersatzrechts hat also keine Auswirkungen auf die bisherige Behandlung der Finanzplandarlehen.

Liegt ein in diesem Sinne krisenunabhängiges Finanzplandarlehen vor, ist es nach Auffassung des BFH nicht nur von vornherein – also mit seiner Hingabe – gesellschaftsrechtlich als Haftkapital gebunden; es ist auch für die steuerrechtliche Beurteilung davon auszugehen, dass es mit Rücksicht auf das Gesellschaftsverhältnis gewährt wurde. Dementsprechend erhöhen sich im Falle seines Verlustes die Anschaffungskosten der Beteiligung nicht nur in Höhe seines Wertes im Zeitpunkt der Krise, sondern in Höhe seines Wertes im Zeitpunkt der Gründung der Gesellschaft, also seines Nennwertes.

d) Krisenbestimmte Darlehen

Was für Finanzplandarlehen gilt, muss – jedenfalls im Grundsatz – auch für krisenbestimmte Darlehen gelten. Dies sind Darlehen, bei denen der Gesellschafter schon vor dem Eintritt der Krise mit bindender Wirkung gegenüber der Gesellschaft oder den Gesellschaftsgläubigern erklärt, dass er das Darlehen auch im Falle einer Krise stehen lassen werde. Für die Frage der Höhe der nachträglichen Anschaffungskosten ist allerdings bei krisenbestimmten Darlehen weiter zu differenzieren. Es ist hier zu prüfen, ob die Krisenbindung des Darlehens – wie häufig – auf vertraglichen Vereinbarungen oder aber auf den gesetzlichen Neuregelungen der InsO und des AnfG aufgrund des MoMiG beruht:

aa) Krisenbestimmte Darlehen aufgrund vertraglicher Vereinbarungen

Hat der Gesellschafter schon zu einem früheren Zeitpunkt mit bindender Wirkung gegenüber der Gesellschaft oder den Gesellschaftsgläubigern erklärt, dass er das Darlehen auch in der Krise der Gesellschaft stehen lassen wird, führt der Ausfall eines solchen krisenbestimmten Darlehens zu nachträglichen Anschaffungskosten auf die Beteiligung in Höhe des Nennwerts des Darlehens. Denn zu einer solchen Erklärung wäre ein Darlehensgeber, der nicht auch Gesellschafter ist, mit Rücksicht auf das ihm bei Gefährdung des Rückzahlungsanspruchs regelmäßig zustehende außerordentliche Kündigungsrecht im Allgemeinen nicht bereit.

Der Ansatz in Höhe des Nennwerts des Darlehens beruht nach Auffassung des BFH auf der Erwägung, dass bei den krisenbestimmten Darlehen die Bindung bereits mit dem Verzicht auf eine ordentliche und außerordentliche Kündigung im Zeitpunkt der Krise eintritt und deshalb der Verlust des Darlehens auf diesem Verzicht und nicht nur auf den später eintretenden gesetzlichen Rechtsfolgen der Krise beruht, womit sich diese Fallgruppe wesentlich von derjenigen der „stehen gelassenen" Darlehen unterscheidet.

bb) Krisenbestimmte Darlehen aufgrund der gesetzlichen Neuregelungen in §§ 39, 135 InsO sowie § 6 AnfG

Beruht die Krisenbindung des Darlehens auf den gesetzlichen Neuregelungen der InsO und des AnfG aufgrund des MoMiG, so ist davon auszugehen, dass bereits die gesetzlichen Neuregelungen in der InsO und im AnfG mit Beginn des Anfechtungszeitraums den darlehensgebenden Gesellschafter wirtschaftlich regelmäßig so stellen, als habe er eine Krisenbindung vereinbart.

Die nachträglichen Anschaffungskosten bemessen sich für den Fall, dass die gesellschaftsrechtliche Veranlassung auf die insolvenzrechtliche Nachrangigkeit zurückgeht, nach dem gemeinen Wert im Zeitpunkt des Beginns des Anfechtungszeitraums.

4. Sanierungsprivileg

Nach § 39 Absatz 1 Nummer 5, Absatz 4 InsO unterliegen zwar Darlehen (Darlehensforderungen), die zum Zwecke der Sanierung des Unternehmens hingegeben werden, nicht dem oben beschriebenen Nachranggebot. Gleichwohl ist es nach der Rechtsprechung des BFH (BFH-Urteil vom 19. August 2008, BStBl II 2009 S. 5) zum bisherigen Sanierungsprivileg (§ 32a Absatz 3 Satz 3 GmbHG a. F), – welche sinngemäß auch auf die neue Rechtslage nach dem MoMiG übertragen werden kann – der Sinn und Zweck des Sanierungsprivilegs als Sonderregelung, Anreize dafür zu bieten, einer GmbH Risikokapital zur Verfügung zu stellen und sich an Sanierungen zu beteiligen. Dieser Zweck würde nach Ansicht des BFH unterlaufen, wenn der das Sanierungskapital gebende Gesellschafter gegenüber anderen Gesellschaftern steuerrechtlich benachteiligt würde. Daher führen spätere Darlehensverluste auch hier sowohl nach der alten als auch nach der neuen Rechtslage zu nachträglichen Anschaffungskosten.

5. Kleinanlegerprivileg

Sinn und Zweck des Kleinanlegerprivilegs gemäß § 39 Absatz 1 Nummer 5, Absatz 5 InsO (bisher Zwerganteilsprivileg nach § 32a Absatz 3 Satz 2 GmbHG a.F.) ist – anders als beim unter 4. beschriebenen Sanierungsprivileg – nicht die Schaffung eines Anreizes zur Gewährung von Risikokapital, sondern allein die gesetzliche Klarstellung, dass nicht geschäftsführende GmbH-Gesellschafter mit einer nur geringen Beteiligung am Stammkapital nicht unternehmerisch beteiligt sind und deshalb nicht in der Finanzierungsverantwortung für die Gesell- schaft stehen (BR-Drucks. 967/96 S. 22 f.; BT-Drucks. 13/7141 S. 11 f.). Der damalige Gesetzgeber hat damit die BGH-Rechtsprechung zu den eigenkapitalersetzenden Gesellschafterdarlehen bei Aktiengesellschaften auch im Bereich der Gesellschaften mit beschränkter Haftung für anwendbar gehalten. Diese Grundentscheidung hat der Gesetzgeber auch im Rahmen der durch das MoMiG vollzogenen gesetzlichen Neuregelung beibehalten. Allerdings wurde die Schwelle für die Finanzierungsfolgenverantwortung des Gesellschafters nunmehr rechts- formneutral auf eine 10-Prozent-Beteiligung festgesetzt (BT-Drucks. 16/6140 S. 57).

Die Nichtberücksichtigung des Verlustes eines im Sinne des § 32a Abs. 3 Satz 2 GmbHG a.F. beteiligten Gesellschafters im Rahmen der nachträglichen Anschaffungskosten nach § 17 Absatz 2 EStG (BFH-Urteil vom 2. April 2008, BStBl II S. 706) ist daher – unter Beachtung der geänderten Beteiligungsgrenze – auch auf die Rechtslage nach MoMiG übertragbar.

6. Anwendungsregelung

Dieses BMF-Schreiben ist in allen noch offenen Fällen anzuwenden, bei denen auf die Behandlung des Darlehens die Vorschriften des MoMiG anzuwenden sind. Ein Darlehen ist nach den Vorschriften des MoMiG zu behandeln, wenn das Insolvenzverfahren bei einer GmbH nach dem 31. Oktober 2008 eröffnet wurde oder wenn Rechtshandlungen, die nach § 6 AnfG der Anfechtung unterworfen sind, nach dem 31. Oktober 2008 vorgenommen wurden. Für die übrigen Darlehen gilt weiterhin das BMF-Schreiben vom 8. Juni 1999 (BStBl I S. 545).

Dieses Schreiben wird im Bundessteuerblatt Teil I veröffentlicht.

Literaturverzeichnis

Fachbücher

Altfelder/Hellmer, Die Besteuerung der GmbH, Stuttgart, 2. Aufl. 2010

Altmeppen/Roth, GmbHG, München 6. Aufl. 2009

Baumbach/Hueck, Kommentar zum GmbH-Gesetz, München, 19. Aufl. 2010

Beck'scher Bilanz-Kommentar, München 7. Aufl. 2010

Budde/Förschle, Sonderbilanzen, München, 4. Aufl. 2008

Carlé/Korn/Stahl/Strahl, Umwandlungen, Bonn, 2007

Dötsch/Jost/Pung/Witt, Die Körperschaftsteuer, Loseblattsammlung, Stuttgart, 70. Ergänzungslieferung 2010

Erle/Sauter, Heidelberger Kommentar zum Körperschaftsteuergesetz, Heidelberg, 3. Aufl. 2010

Förster/Döring, Die Liquidationsbilanz, Köln, 4. Aufl. 2005

Gosch (Hrsg.), Körperschaftsteuergesetz, Kommentar, München, 2. Aufl. 2009

Hachenburg/Hohner, Großkommentar zum GmbHG, Berlin, 9. Aufl. 2001

von Heybrock (Hrsg.), Praxiskommentar zum GmbH-Recht, Recklinghausen, 2. Aufl. 2010

Hötten, GmbH-Anteilsverluste, Bonn, 2. Aufl. 2008

Hottmann, Die GmbH im Steuerrecht, Achim, 3. Aufl. 2011

Hibbel/Schneider, Die Liquidation der GmbH und UG, Nürnberg, 2011

Kirchhof, EStG Kompaktkommentar, Heidelberg, 10. Aufl. 2011

Kolvenbach/Sartoris (Hrsg.), Bilanzielle Auslagerung von Pensionsverpflichtungen, Stuttgart, 2. Aufl. 2009

Langenfeld, GmbH-Vertragspraxis, Köln, 6. Aufl. 2009

Lutter/Hommelhoff, GmbH-Gesetz, Kommentar, Köln, 17. Aufl. 2009

Madl, Umwandlungssteuerrecht, Stuttgart, 4. Aufl. 2008

Michalski (Hrsg.), Kommentar zum GmbHG, München, 2. Aufl. 2010

Passarge/Torwegge, Die GmbH in der Liquidation, München, 2008

Preißer (Hrsg.), Unternehmenssteuerrecht und Steuerbilanzrecht, Stuttgart, 10. Aufl. 2011

Roth/Altmeppen, GmbH-Gesetz, Kommentar, München, 6. Aufl. 2009

Rotthege, Beratung der GmbH, Köln, 3. Aufl. 2009

Rowedder/Schmidt-Leithoff, GmbHG, Kommentar, München, 4. Aufl. 2002

Scholz, Kommentar zum GmbH-Gesetz, Köln, 10. Aufl. 2006

Scherrer/Heni, Liquidations-Rechnungslegung, Düsseldorf, 3. Aufl. 2009

Schmidt, Kommentar zum EStG, München, 30. Aufl. 2011

Veit (Hrsg.), Sonderbilanzen, Herne 2004

Winnefeld, Bilanzhandbuch, München, 4. Aufl. 2006

Fachaufsätze

Alt/Stadelbauer, Abfindung von und Verzicht auf Pensionszusagen - Zulässigkeit und Konsequenzen DStR 2009, 2551

Bayer, Verlorene Gesellschafterdarlehen im steuerlichen Privatvermögen, DStR 2009, 2397

Beste, Die Auflösung der GmbH durch Gesellschafterbeschluss, StuB, 2002, 692

Bisson, Die Strafbarkeit des Geschäftsführers oder Liquidators einer GmbH wegen Insolvenzverschleppung, GmbHR 2005, 843

Bode, Nachträgliche Anschaffungskosten beim Ausfall von Gesellschafterdarlehen nach MoMiG und Einführung der Abgeltungsteuer, DStR 2009, 1781

Bron/Seidel, Wann gilt das Halbabzugsverbot des § 3c Abs. 2 EStG noch? DStZ 2009, 859

Bruckmeier, Die Liquidationsbesteuerung der GmbH, GmbH-StB 2003, 289

Bruschke, Verluste aus der § 17 EStG und Eigenkapitalersatz, DStZ 2010, 535

Carlé/Bauschatz, Sachauskehrung im Gesellschafts- und Steuerrecht, GmbHR 2001, 615

Dötsch/Pung, Systemübergreifende Liquidation: Die Wahlrechte und ihre steuerlichen Auswirkungen, DB 2002, 1232

Dötsch/Pung, Die Auflösung und Abwicklung von Körperschaften: Das Einführungsschreiben des BMF vom 26. 08. 2003, DB 2003, 1922

Ehlers, Zwei Jahre MoMiG – Ein Resümee, NWB 2010, 2470

Erle, Die Funktion des Sperrjahres in der Liquidation der GmbH, GmbHR 1998, 216

Erle, Anforderungen an die Kapitalausstattung einer aufgelösten GmbH bei ihrer Fortsetzung, GmbHR 1997, 973

Ewald, Die Auslegungsprobleme des § 17 Abs. 2 Satz 6 EStG – Keine Lösung in Sicht?, DB 2007, 1159

Fichtelmann, Die Fortsetzung einer aufgelösten GmbH, GmbHR 2003, 67

Förster, Reichweite des Halb- bzw. Teilabzugsverbots gemäß § 3c Abs. 2 EStG bei Beteiligungsaufwand, GmbHR 2010, 1009

Förster, Steuerliche Folgen der Übertragung von Pensionszusagen, DStR 2006, 2149

Fuhrmann, Darlehensausfall weiterhin nachträgliche Anschaffungskosten, NWB 2009, 3990

Fuhrmann, Liquidation der GmbH im Zivil- und Steuerrecht, KÖSDI 2005, 14906

Galla, Fortsetzung einer GmbH in Nachtragsliquidation, GmbHR 2006, 635

Geilert/Retzlaff/Schnathmeier, Pensionszusagen gegenüber beherrschenden Gesellschaftern-Geschäftsführern, Übertragung auf eine Pensionsgesellschaft in Altfällen, Kein Zufluss von Arbeitslohn? DStR 2010, 8

Geist, Die ordentliche Liquidation einer GmbH unter dem Einfluss von Mindestbesteuerung und steuerfreiem Sanierungsgewinn, GmbHR 2008, 969

Gold, Liquidationsbesteuerung und zeitlicher Übergang ins Halbeinkünfteverfahren, GmbHR 2007, 682

Grögler/Urban, Die Befreiung einer Kapitalgesellschaft von lästig gewordenen Pensionsverpflichtungen, DStR 2006, 1395

Grögler/Urban, Verlorenes Sanierungsdarlehen als Anschaffungskosten einer GmbH-Beteiligung, SteuerConsultant 2009, 27

Hasselberg, Abfindungen oder Übertragungen von Pensionszusagen an beherrschende Gesellschafter vor Erreichen der Altersgrenze, GmbHR 2003, 992

Heidemann, Gestaltungen im Vorfeld der Liquidation einer GmbH, INF 1998, 716 und 746

Heuermann, Veräußerungsgewinne nach § 17 EStG: Eine hybride Besteuerung im Spiegel aktueller Rechtsprechung, DB 2010, 551

Holzinger, Liquidation einer GmbH – Geschäftsführerhaftung besser als freiwillige Zahlungen, GmbH-StB 2005, 94

Intemann/Cöster, Schuldzinsenabzug nach Veräußerung oder Aufgabe einer wesentlichen Beteiligung – Änderung der Rechtsprechung?, DB 2007, 2059

Janssen, Ein gefährlicher Irrtum bei Pensionszusagen, NWB 2010, 4027

Janssen, Neue Wege zur Beseitigung einer Pensionszusage eines Gesellschafters- Geschäftsführers, NWB 2011, 562

Jehke/Pitzal, Teilabzugsverbots gemäß § 3c Abs. 2 EStG bei einnahmelosen Beteiligungen, DStR 2010, 256

Jeske, Auslagerung von Pensionszusagen, NWB 2009, 3206

Jünger, Liquidation und Halbeinkünfteverfahren – Wurde die Liquidation vergessen? Ein Diskussionsbeitrag, BB 2001, 69

Jünger, Liquidation und Halbeinkünfteverfahren, BB 2002, 1178

Keil/Prost, Verzicht von Gesellschafter-Geschäftsführern auf den „future service" von bestehenden Pensionszusagen, DB 2010, 868

Knies, Das Patt in der Gesellschafterversammlung als wichtiger Grund für die Auflösungsklage bei späterer Erwerbsabsicht des Auflösungsklägers, GmbHR 2005, 1386

Kögel, Vermögenslose GmbH – offene Fragen zu ihrem Ende, GmbHR 2003, 460

Kohlhaas, Nachträgliche Anschaffungskosten auf eine GmbH-Beteiligung und wirtschaftliche Leistungsfähigkeit, GmbHR 2001, 556

Korn, Ausgaben und Verluste bei Anteilen an Kapitalgesellschaften in Teileinkünfteverfahren und Abgeltungsteuer, DStR 2009, 2509

Küster, Die Nachtragsliquidation von Kapitalgesellschaften unter den Blickwinkel des § 11 Abs. 1 Satz 2 KStG, DStR 2006, 209

Leibner/Pump, Die steuerlichen Pflichten des Liquidators einer GmbH, GmbHR 2003, 996

Ley, Ertragsteuerbrennpunkte bei der Liquidation einer GmbH & Co. KG, KÖSDI 2005, 14815

Linden, Gesellschafter-Geschäftsführer und Pensionszusagen – Durch „Einfrieren" ein Lohnsteuer- und Liquiditätsfiasko, DStR 2010, 582

Maack, Systemübergreifende Liquidation von Kapitalgesellschaften, DStR 2001, 1064.

Maus, Die umsatzsteuerrechtliche Organschaft in Liquidation und Insolvenz, GmbHR 2005, 859

Meier/Gilsing, Zulässigkeit der Amtsniederlegung durch den GmbH-Geschäftsführer, NWB 2009, 377

Meyer, Abberufung und Kündigung des Liquidators einer GmbH, GmbHR 1998, 1018

Müller, Einziehung von Forderungen gegen die Gesellschafter in der Liquidation der GmbH, DB 2003, 1939 ff

Neumann, Wie befreit man die GmbH von einer Pensionsverpflichtung gegenüber dem Gesellschafter-Geschäftsführer? GmbH-StB 2006, 142

Ott, Ablösung einer Pensionsverpflichtung, StuB 2006, 375

Peetz, Haftung des GmbH-Liquidators für ausstehende Steuererklärungen, GmbHR 2002, 1008

Peetz, Handelsrechtliche Rechnungslegung der aufgelösten GmbH, GmbHR 2007, 858

Perwein, Abfindung der Pensionszusagen für einen Gesellschafter-Geschäftsführer in der Handels- und Steuerbilanz, GmbHR 2010, 523

Pflüger, Der richtige Fahrplan für die Liquidation einer GmbH, GStB 2011, 190

Pflüger, Übertragung einer Pensionszusage auf eine Pensionärs-GmbH als Gestaltungsmittel, GStB 2010, 83

Pradl, Die Pensionszusage in der Liquidation der GmbH, GStB 2010, 342

Prost, Auslagerungsmöglichkeiten von Pensionszusagen, DB 2009, 2006

Reymann, Die Vertretungsbefugnis der Liquidatoren bei der GmbH, GmbHR 2009, 176

Römermann, Auflösung einer GmbH aufgrund der Einziehung eines GmbH-Geschäftsanteils? DB, 2010, 209

Saenger, Die im Handelsregister gelöschte GmbH im Prozess, GmbHR 1994, 300

Schmidt, Karsten, Die Prokura in Liquidation und Konkurs der Handelsgesellschaften, BB 1989, 229

Schmidt, Karsten, Vermeidung des Sperrjahres bei der Auskehrung vom Gesellschaftervermögen aus der Kapitalgesellschaft und Co., BB 2011, 707

Schwab, Missbrauchsbekämpfung durch die GmbH-Reform Schutzinstrumente und Schutzlücken, DStR 2010, 333

Schwedhelm/Olbing/Binnewies, Aktuelles zum Jahreswechsel 2010/2011 rund um die GmbH, GmbHR 2010, 1233

Sedemund/Schreiber, Abtretung des Körperschaftssteuerguthabens, DB 2009, 697

Seppelt, Gesellschafterdarlehen mit Rangrücktritt in der Liquidationsschlussbilanz, BB 2010, 1395

Semmler, Liquidation von Körperschaften und Personenvereinigungen, NWB Fach 4, 4755

Semmler/Zimmermann, Ausgewählte Zweifelsfragen zur erstmaligen Anwendung des Halbeinkünfteverfahrens bei der Liquidation von Kapitalgesellschaften, DB 2006, 1804

Völlmeke, Der Auflösungsgewinn oder -verlust gem. § 17 EStG, DStR 2005, 2024

Wälzholz, Die Vertretung der GmbH im Liquidationsstadium, GmbHR 2002, 305

Wälzholz, Steuerliche Probleme der GmbH in der Liquidation GmbH-Stb 2011, 117

Wallner, Die Liquidatoren der Vor-GmbH i.L., GmbHR 1998, 1168

Wellisch, Was tun mit erteilten Pensionszusagen? NWB 2010, 2862

Werner, Existenzvernichtungshaftung in der Liquidation, NWB 2009, 2667

Werner, Haftungsvermeidung bei Aktivierung einer Mantelgesellschaft, GmbHR 2010, 804

Witte, Liquidation von Kapitalgesellschaften unter handels- und ertragsteuerrechtlichen Gesichtspunkten, StuB 2000, 15

Wohltmann, Körperschaftssteuer und Gewerbesteuer in der Liquidation – Steuersparende Verlagerung durch Rechtsänderung 2008, NWB 2009, 950

Richtlinien und Verwaltungsanweisungen:

BMF-Schreiben vom 28. 05. 2002 zur verdeckten Gewinnausschüttung bei Pensionszusagen, IV A 2 – S 2742 – 32/02 BStBl. I 2003, 603

BMF-Schreiben vom 26. 08. 2003, Körperschaftsteuerliche Behandlung der Auflösung und Abwicklung von Körperschaften und Personenvereinigungen nach den Änderungen des UntStFG – IV A 2 – S 2760 – 4/03 – BStBl. I 2003, 434

BMF-Schreiben vom 31. 03. 2004 zur Anwendung des § 17 EStG im Liquidationsfall (§ 52 Abs. 34a EStG)

BMF-Schreiben vom 04. 04. 2008 zur Körperschaftsteuerminderung bei Auskehrung von Liquidationsraten (Nichtanwendungserlasse zu den BFH-Urteilen vom 22. 02. 2006, I R 67/05 und vom 18. 09. 2007, I R 44 /06), IV B 7 – S 2760/0, 2008/0158164

BMF-Schreiben vom 20. 01. 2009, Steuerliche Förderung der privaten Altersvorsorge und betrieblichen Altersversorgung IV C 3 - S 2496/08/10011 und IV C 5 - S 2333/07/0003, BStBl. I 2009, 273

BMF-Schreiben vom 21. 10. 2010, Auswirkung des Gesetzes zur Modernisierung des GmbH-Rechts und zur Bekämpfung von Missbräuchen (MoMiG) auf nachträgliche Anschaffungskosten gemäß § 17 Absatz 2 EStG – IV C 6 – S 2244/08/1001; im Anhang abgedruckt

Stichwortverzeichnis

(Die Zahlen verweisen auf Randnummern)

B

G

H

O

P

W

Z